LES ENTRELACEMENTS
DU MONDE

思想會
JINSI-TALK

世界的界

全球历史和全球思维

（16~21 世纪）

交织

［法］亚历桑德罗 · 斯坦齐亚尼 著

（Alessandro Stanziani）

马秀钰——译

社会科学文献出版社
SOCIAL SCIENCES ACADEMIC PRESS (CHINA)

HISTOIRE GLOBALE,
PENSÉE GLOBALE, XVIE-XXIE SIÈCLES

Originally published in France as:

Les entrelacements du monde by Alessandro Stanziani

©CNRS Editions 2018

Current Chinese translation rights arranged through Divas International, Paris

巴黎迪法国际版权代理 (www.divas-books.com)

Simplified Chinese translation copyright©2024 by Social Sciences Academic Press(China)

目　录

引言　全球历史和全球思维 ······································· *1*

  21 世纪的全球史思潮 ··· *8*

  比较与联系的对立 ·· *14*

  法式全球史？ ·· *23*

第一部分　作为历史哲学的全球史

第一章　历史的一种全球性意义：启蒙运动 ··············· *37*

  一种还是多种文明？ ··· *37*

  历史的用途：启蒙运动、农奴制与奴隶制 ··············· *48*

第二章　亚当·斯密在北京？应该说马克思在圣彼得堡

··· *60*

  马克思在全球史中的运用 ···································· *60*

  面对全球化世界的马克思 ···································· *65*

  布尔什维克革命：一个国家的历史普遍性与社会主义

··· *74*

第三章　西方的衰落？　⋯⋯⋯⋯⋯⋯⋯⋯⋯⋯⋯⋯⋯　*81*

　　历史的终结与文明的冲突　⋯⋯⋯⋯⋯⋯⋯⋯⋯⋯　*89*

第二部分　历史、全球性与社会科学

第四章　经济学的历史与比较　⋯⋯⋯⋯⋯⋯⋯⋯⋯　*111*

　　比较的一种类型：德国历史学派与韦伯　⋯⋯⋯⋯　*112*

　　去殖民化时代的比较：欠发达与历史性落后　⋯⋯⋯　*126*

　　史学和经济学的分离　⋯⋯⋯⋯⋯⋯⋯⋯⋯⋯⋯⋯　*135*

第五章　从涂尔干到年鉴学派　⋯⋯⋯⋯⋯⋯⋯⋯⋯　*146*

第六章　长时段　⋯⋯⋯⋯⋯⋯⋯⋯⋯⋯⋯⋯⋯⋯　*157*

　　空间层面　⋯⋯⋯⋯⋯⋯⋯⋯⋯⋯⋯⋯⋯⋯⋯⋯　*161*

　　时间层面　⋯⋯⋯⋯⋯⋯⋯⋯⋯⋯⋯⋯⋯⋯⋯⋯　*168*

　　迈向全球微观史？　⋯⋯⋯⋯⋯⋯⋯⋯⋯⋯⋯⋯　*174*

第三部分　文献学与全球档案

第七章　文献学与历史：文艺复兴的一项创举？　⋯⋯⋯　*183*

　　与伊斯兰教的相遇　⋯⋯⋯⋯⋯⋯⋯⋯⋯⋯⋯⋯　*196*

　　印度的文字　⋯⋯⋯⋯⋯⋯⋯⋯⋯⋯⋯⋯⋯⋯　*209*

第八章　帝国的记忆　⋯⋯⋯⋯⋯⋯⋯⋯⋯⋯⋯⋯⋯　*225*

　　亚洲帝国　⋯⋯⋯⋯⋯⋯⋯⋯⋯⋯⋯⋯⋯⋯⋯⋯　*225*

　　另类的俄国：东方与西方之间的折中　⋯⋯⋯⋯⋯　*232*

最强者的规则：西方殖民建构中的法律与历史 ………… *237*

第九章 重写历史与欧亚"现代性" ……………… *260*

被偷走的记忆，被商榷的记忆：英属印度的故事 ……… *272*

革命与档案：一种记忆的建构 ……………………… *281*

档案及其分类 ……………………………………… *287*

19 世纪历史的时间与语言 ………………………… *298*

第十章 历史的大转型 ………………………… *311*

革命、民族主义与历史（1917～1945） ……………… *312*

帝国的衰落（1945～1989）：什么样的历史性记忆？ …… *326*

结语 面对全球化与民族主义回归的全球史 …………… *348*

主要人名索引 …………………………………… *357*

概念和地名索引 ………………………………… *362*

引言　全球历史和全球思维

　　只需要在法国的任意一所大学——比如索邦大学——的走廊里或者历史系里徜徉片刻，你就会发现世界上所有大学——无论它是在罗马、莫斯科、华盛顿，还是在新德里或东京——都有一个共同点：历史等同于本国史；其他国家的历史被相应地划分在诸如中国研究、俄罗斯研究、印度研究或美国研究之类的院系里。这些院系里的学者和研究人员以每个国家具有其"特性"的名义，理所当然地认可着这种分类；俄罗斯不是法国，印度既不是中国也不是塞内加尔。对此，我们不会持有异议。但是，为什么要这样划分呢？

　　在这个问题上，事情变得有些复杂。如果抛去那些陈词滥调，诸如法国的中央集权和启蒙运动，美国的边界和自由，中国的体量和封建制王朝的官员，抑或意大利的黑手党和比萨……国家的特性以及它们的历史特性就不会显得那么突兀。然而，我们也不能通过轻描淡写的一句"像个法国人"（乔治·布什轻蔑地调侃民主党总统候选人约翰·克里的论调），来找到这个问题的答案。如果确实存在一种特性，那相比法国、德国或者中国及其历史，俄罗斯的特性及其历史特性又会是什么呢？

这种问题并不是意欲否定国家之间的所有差异，而仅仅是想更好地辨别出它们之间的差异，同时又避免先入为主地把这些差异看作"国家的文化"。法国之于法国人，中国之于中国人，俄罗斯之于俄罗斯人……诸多类似的口号不知不觉地从政治论调溜进了科学政策里。保存国家的历史，为移民们更好地讲述国家的历史而非解释不同世界之间的关联，这难道不是当今法国及全世界众多政治领导人所极力鼓吹的东西吗？

当前，在法国的政治活动里和学校里掀起的一系列沸沸扬扬的关于民族国家历史重要性的论战见证着这一点：思考历史的方式——尤其是从政治维度及区域、民族、殖民、全球、国际等层面——锻造出一种强大的工具，让我们来思索，我们究竟期望用何种方式来培养子孙后代。事实上，法国大部分大学及高等专业院校里的历史教育都是在围绕"高卢的"遗产、共和国及其价值观而展开，其他方面也囊括了诸如永恒的中国、保守的伊斯兰文化、神秘的印度以及专制的俄罗斯等。如此讲授的历史，强化了"墙与墙之间的对立"，更是将对世界的阐释强行描述为不同文明之间的冲突。因此，学校教材里对非洲和亚洲历史的吝啬介绍，在 21 世纪初期招致了来自政界极右翼人士最猛烈的抨击，随后，马克斯·加洛利用其关于身份特性的一些作品对这种历史进行了抨击，就连尼古拉·萨科齐也一跃跻身于这些人的行列。一些评论家、记者和知识分子，诸如阿兰·芬基尔克劳（Alain Finkielkraut）、洛兰特·道驰（Lorànt Deutsch）、迪米特里·卡萨利（Dimitri Casali）、埃里克·泽穆尔（Eric Zemmour）、帕特里克·布森（Patrick Buisson）等，都在呼吁要回归到一种符合法兰西国家价值观的历史。对本国史的捍卫，一味地严厉批评殖民史，以及对他国历史"犹抱琵琶半遮面"的态度，就是法国政界和思想界发生的这场关于历史之作用的论战的主要构成要素。这些攻击尤其针对帕特里克·布琼①领导编撰的作品，而这部作品获得的成功却远远地超过了他在书里所进行的批判。

不过，在这本著作备受争议的同时，严格意义上的政治论战也有所抬头。一方面，弗朗索瓦·菲永提出国别史的重要性；另一方面，本瓦·阿蒙以及一部分左翼人士极力支持帕特里克·布琼。实际上，这些争论并非法国所独有。近年来，关于历史的政治作用、历史课程，以及在此背景下的国别史与全球史或世界史之间的关系等方面的讨论，已经逐渐蔓延至美国（尤其是特朗普上任以后）、俄罗斯、印度（随着印度教民族主义政党掌握政权）、意大利、中国和日本，最近在波兰与匈牙利也开始露出萌芽。这是为什么？全球史究竟有什么特别之处，让它无论在历史学家、政客之间，还是在公众舆论中，都能引发一些极端反应？

这本书力图通过将这些问题置于一种长时段的——从16世纪开始——世界空间相互联系的框架内，来寻找它们的答案。这恰恰是从整体上对历史书写进行的一种批判性的、历史性的认识论，而整体性也正是本书的核心。文献学与社会科学、比较史学与关联史学、欧洲中心主义历史（及其定义本身）与底层研究之间的对峙将会被放在具体的背景中去剖析：欧洲的扩张、民族国家与帝国的形成、"现代性"的发展、20

---

① Patrick Boucheron (dir.), *Histoire mondiale de la France*, Paris, Seuil, 2016.

8 世纪的灾难，一直到去殖民化和现在的全球化。

在介绍了全球史的主要思潮（引言）之后，第一部分（第一章、第二章、第三章）会探讨历史、整体性与哲学之间的关系。历史是否有意义？何为历史的意义？几个世纪以来，不仅是在西方，在世界其他地区，也有不计其数的学者绞尽脑汁想找到这些问题的答案。问题当然不在于全方位地讨论历史的研究范式：我们主要还是跟踪全球史中现存的一些思潮，尤其是世界史和通史（universal history）（从综合研究到后马克思主义研究范式）。我们提出的观点是：这些研究范式遵循着一条规范的历史的轨迹，这种规范的历史以前被定义为历史哲学。在大屠杀以及苏维埃阵营解体之后数次被宣布已经消逝的历史哲学，在部分程度上已经被一种极为规范化又具有包容性的历史的诞生所弥补。在历史学家用何种形式与国家融为一体这一问题的前提下，追溯这些承袭非常重要。这种将哲学与历史学联系在一起的范式，早在中世纪和现代时期就已经出现，借助启蒙运动（第一章）和马克思（第二章）的力量得以确立。在我们这个时代，这些学者与他们敬畏历史的方式，以及他们的历史哲学，遭到了一股又一股思潮的严厉批判。诸如爱德华·萨义德（Edward Said）和底层研究者之类的学者从中发现了欧洲中心主义不可撼动的地位。实际上，我们会发现，启蒙运动为 18 世纪的全球化提供了另类的答案，就像马克思为 19 世纪的全球化提供了另类答案一样。启蒙运动及马克思的思想在欧洲以外地区传播的强度及其局限性，恰好为回答这些问题提供了一些尝试。

接下来我们会审视政治哲学与历史学在整体背景中自我表

达的方式。两次大战之间的历史哲学与西方衰落这个议题之间始终保持着危机四伏的联系。这些联系彻底改变了当今世界的面貌。

最后，我们会为 20 世纪后半叶到 21 世纪初期的政治学、哲学与世界-普遍历史学之间填补一种联系，通过讨论福山的《历史的终结》（第三章），来对第二次世界大战之后的幻觉及 1989 年之后的幻灭做出回应。事实上，我们见证了关于全球化及经济危机本质的原教旨主义的重现。西方世界会赢得战争、失去和平吗？

这一点也正是除了世界史和历史哲学之外，全球史必须面对的另一种范式：比较史学，特别是在其社会经济变体中。历史学家和非历史学家们通常都不由自主而且乐此不疲地践行着这种研究范式，与此同时，他们也在思考一些问题，例如，与俄罗斯和中国相比，到底是什么塑造了法国的特性？得益于这种比较的研究范式，一连串的问题开始被摆上台面。例如，为什么一些国家富得流油，而另一些国家却民不果腹？为什么一些国家实行议会制，而另一些国家则不实行议会制？

我们同样也会通过研究一种特殊的思潮来追溯这种范式的系谱。这种思潮在 19 世纪伴随着德国历史学派而出现，然后我们会探讨韦伯（第四章），剖析韦伯思想在第二次世界大战之后的发展经济学中，以及在当今关于中欧之间大分流论战中的迁移。正如对哲学性的全球史（l'histoire globale philosophique）来说那样，模式与史料之间的张力，即历史的规范化问题，是核心问题。这些讨论将会与政治社会的重要问题相联系：两德统一的意义；经济增长"迟缓"的本质；西

9

方国家和北方国家没有以经济效率和几乎带有种族主义意味的第三世界主义为前提，去思考非殖民化所遇到的困难。中国重回世界舞台，全球史理解这一回归所运用的方式，乍一看这些仅仅是角度的一种转变。因为这些研究范式的意图恰恰是倡导一些可采取的措施以减少贫困、推介民主，等等。历史因此被召唤，用以证实或肯定这些观点。

使历史与社会科学相互产生影响的另一种范式，就是接受了涂尔干（Émile Durkheim）观点的范式，他的思想在法国大行其道。我们会探究这种范式的起源（第五章），然后探讨年鉴学派的萌芽及演变，也特别会深入探讨布罗代尔（Fernand Braudel），一直到微观全球史（第六章）。在这种情况下，人们也会质疑涂尔干的思想与全球史研究范式的兼容性。这对理解法国的历史书写与民族、法兰西共和国和全球化世界之间张力的关系至关重要。

从布罗代尔式的历史，到比较史学、社会经济史、哲学及通史（第一章至第六章），这么多的"历史"都是另一种思潮的批判对象，这种思潮最先被印度和拉丁美洲的学者们提出，后来非洲的学者们也开始跟进，最后西方的学者们也深入其中。这些学者批判本书所探讨的一些研究范式——启蒙运动、马克思、韦伯、涂尔干、布罗代尔，等等——都是欧洲中心主义的范式。整个全球史都旨在从起源、阐释、范畴及模式中提出其他的视角。第三部分的最后四章（第七章到第十章）认真地讨论了这个问题。随着时间的流逝，"欧洲中心主义"是否真的存在过？甚至，历史是否被"绑架"过？

正如对待之前的问题那样，我们不会去回答西方历史是

否真的属于欧洲中心主义（大概率是欧洲中心主义的），也不 10
会去回答各个帝国和殖民国家是否从某种程度上剥夺了土著人
民的历史（从某种程度上来说这也确实是事实），而是会去分
析欧洲中心主义对于自 16 世纪以来处于不同时期、不同地点
的学者究竟意味着什么。我们应该在历史复杂性与历史广度里
重新思考欧洲中心主义，以便在一个全球化的世界里讨论及超
越它。我们会重点讨论文献学及其发展；相比之前几个章节里
讨论过的哲学、社会学或经济学的意图，这一学科通常被认为
是真正的史学研究方法。我们会将这种文献学研究范式同时内
嵌于全球化与政治化的维度来谈论。问题将会是探寻文献学是
不是和社会学及经济学一样，真的彻底地以欧洲为中心，抑或
它提供了另一种视角；如果它确实提供了另一种视角，那又是
什么样的一种视角呢？只有将史料的形成（其中包括一些档
案）以及它们的阐释置于国家建构的历史与国家演变的历史
之中，我们才能回答这个问题。深深扎根于领土之上的建筑影
响着对历史的书写以及史料。我们将会研究 15 世纪以来这方
面的知识（第七章），以及亚洲和欧洲帝国建构与历史记忆之
间的关系（第八章）。接下来，我们会欣赏 18 世纪与 19 世纪
由西方权力机构构建的"他国的"历史（第九章），但同样也
会研究这个时期开始的底层历史的书写。最后（第十章），我
们会研究 20 世纪一些事件的档案与历史记忆之间的关系，从
俄国革命到民族主义独立运动，以去殖民化时期"南方"国
家的历史书写作为完结篇章。

　　在结语中，我们会从教学、研究以及大众讨论的作用的角
度，在历史书写及全球化思维中，理出这篇漫长游记的主线。

21世纪的全球史思潮

与一些批判声音相左的是，世界历史与全球化的历史只是全球史众多研究范式中的两个组成部分。从通史到比较史学再到"关联的历史"，全球史囊括了所有并不仅仅局限于研究某种文化或某个国家的范式。这些丰富多样的范式使研究角度更加去中心化，也再次质疑了编年学以及一些已经根深蒂固的思潮（orientations）。因此，全球史并没有强调西方思想在普遍性方面领先于其他诸如科学性、法学、自由及技术进步等领域，而是突出了不同价值观与不同范式之间的互动性。它刻画出一些多极化的变革：西方的霸权在一个极其有限的时期内——大约从19世纪初到20世纪末——在某些领域（地理的、军事的、经济的）得以体现。在这段短暂时期的前后，世界其他地区也在努力树立各自的权威，也可以说，通常是多极化在占主导地位。中国、印度以及非洲很多国家的历史从来没有像最近这些年那样，吸引着史学家、社会学家、政治学家、教师以及大众的眼球。[1] 通过这些，全球史开始让人们重新讨论关于古代史、中世纪史、现代史以及当代史这些传统的"欧洲中心主义的"的历史分期[2]，认识到罗

---

[1] 其中一例，2015年10月布卢瓦成功举办了以"帝国"为主题的历史节庆活动，吸引了数万人参加。

[2] Caroline Douki, Philippe Minard, "Histoire globale, histoires connectées: un changement d'échelle historiographique?", *Revue d'histoire moderne et contemporaine*, 54-4 bis (2007), pp. 7-22; Patrick Manning, *Navigating World History: Historians create a Global Past*, Basingstoke, Palgrave Macmillan, 2003; Christopher Bayly et al., "On Transnational History", *American Historical Review*, 111-5, décembre 2006, pp. 1441-1464.

马新史、中国古代史、欧亚大陆古代史①，尤其是长期以来被传统史学家忽视的非洲古代史的重要性②……全球史提出了新的阐释，其中包括对科学的发展③、资本主义及其变革④的新阐释，这些不再被视为西方世界独有的成就，而被视为一种漫长的全球化进程，其中，不同国家之间的相互影响是其准则。全球史不仅重申了伊斯兰教、亚洲以及非洲在世界历史中的重要性，而且强调了这些不同的世界在数千年里的相互碰撞。全球史没有否认西方世界的霸权，但不再将其解释为历史的必然和一项建立在西方的认知和制度之上的创举。从此以后，我们就可以名正言顺地谈论当前这个切实存在的全球转折点，这个出现在 20 世纪六七十年代（当时的历史重点关注社会变化）的社会转折点与 20 世纪八九十年代的文化转折点（当时的历史重点关注知识在历史变化中的作用）之后的转折点。

乍一看，全球史同世界史一样，都是在回答当今全球化的

①　此处以及之后，仅仅为举例而从繁杂的参考书目中引用个别例子：Martin Pitts, Miguel John Versluys, *Globalisation and the Roman World*, Cambridge, Cambridge University Press, 2014；Peter Fibiger Bang, Christopher Bayly（dir.）, *Tributary Empires in World History*, New York, Palgrave Macmillan, 2011；Nicola Di Cosmo, *Ancient China and Its Enemies：The Rise of Nomadic Power in East Asian History*, Cambridge, Cambridge University Press, 2002；Claude Nicolet, *L'inventaire du monde. Géographie et politique aux origines de l'Empire romain*, Paris, Fayard, 1988。

②　Erik Gilbert, Jonathan Reynolds, *Africa in World History, from Prehistory to the Present*, Londres, Pearson, 2012.

③　Morris Law, *Beyond Needham. Science, Technology and Medicine in East and South-East Asia*, Chicago, University of Chicago Press, 1998；Kapil Raj, *Relocating Modern Science*, Basingstoke, Macmillan, 2007.

④　Sven Beckert, *Empire of Cotton*, New York, Kopf, 2014.

问题：全球不同区域的相互依存，都会前所未有地推动着历史学家们提出世界史的研究范式。毋庸置疑，这种阐释是片面的，因为当今所谓的世界的历史（世界史）是在一个极其特殊的背景下从美国发展起来的，它起源于太平洋的夏威夷岛。这个小岛更为著名的是，它有能吸引美国有钱人的椰子树和度假胜地，而夏威夷群岛的大学对公众来说却并不是那么如雷贯耳。然而，20 世纪 90 年代中期，夏威夷群岛上一些长期被"打入冷宫"的大学开始意识到，无论如何，在美洲和亚洲之间找准其自我定位，可以为其带来一些研究方面的优势，尤其当时中国正在不断表露出崛起的迹象。当时的历史背景非常特殊：比尔·克林顿和托尼·布莱尔极力鼓吹市场和全球化的好处。尽管那个时期发生了俄克拉荷马城爆炸案（168 人死亡）、伊萨克·拉宾遇刺事件以及大约 7000 名穆斯林在波黑战争中被杀害的事件，但公众对市场和全球化的热情依然很高涨。柏林墙的倒塌、冷战的结束、对全球化的关注以及后来延伸至对中国及印度崛起的关注，在美国学术圈内部产生了深刻影响。在公开的研讨会上，"全球性的"成为一种主要范畴。铺天盖地的论文和教学课程开始以国别史为主要研究内容，针对文化领域的研究开始被边缘化，这一现象引发了一些人的担忧。夏威夷大学和其他一些大学陆续举办了一系列研讨会，以探讨这种分界，《世界历史》也因此在夏威夷大学出版社创刊并出版：该刊不仅研究中国和印度，而且从整体性的维度来研究世界。这本期刊有着"世界历史"的宏伟目标，概而言之，即为读者提供一种不同的世界历史的模式，不再是一种以西方及西方的扩张为中心的世界历史的传统面貌。自此以后，越来越多关于世界历史的著作开始问世；在数不胜数的作者之中，有一些作者——例如贝利、达尔文、库珀（Fred Cooper）、伯班克、奥斯特哈默等[1]——在著作中提出的对世界历史的阐释与其他人——例如霍布斯鲍姆、卡梅隆、诺斯以及托马斯[2]等——的阐释截然不同。这些新锐一方面在为西方歌功颂德，一方面也提出了新的多极化的研究范式。

13

思考世界历史的方式并非处处雷同。在俄罗斯，世界历史通常受到的是从通史到苏维埃历史的影响，其中夹杂着对世界主要区域的不间断的描述，处于一种最终显示出一定程度的文明主义和"欧洲中心主义"的等级制度之中。至于美国的世界历史，则不由自主地将美洲置于其研究的中心地位，无论是在批判资本主义与美国的帝国主义时，还是在为由美国发起的为自由和世界民主的斗争表达溢美之词时。[3]日本则更不一样，即使日本也在使用诸如世界历史、全球历史

<hr />

[1] Christopher Bayly, *The Birth of the Modern World*, *1780 - 1914*, Londres, Blackwell, 2004；法译本 *Naissance du monde moderne*, Paris, Éditions de l'Atelier, 2006；John Darwin, *After Tamerlane: The Rise and Fall of Global Empires*, *1400-2000*, Londres, Penguin Book, 2007；Jürgen Osterhammel, *The Transformation of the World. A Global History of the Nineteenth Century*, Princeton, Princeton University Press, 2014；法译本：*La transformation du monde. Une histoire globale du XIXᵉ siècle*, Paris, Nouveau Monde éditions, 2017；Jane Burbank, Frederick Cooper, *Empires in World History*, Princeton, Princeton University Press, 2010, 法译本：*Empire*, Paris Payot, 2011。

[2] Eric Hobsbawm, *The Age of Revolution*, *1789 - 1848*, Londres, Weidenfeld and Nicolson, 1962, 法译本：*L'ère des révolutions*, Paris, Fayard, 2011；Rondo E. Cameron, *A Concise Economic History of the World*, Oxford, Oxford University Press, 1993；Douglass North, Robert Thomas, *the Rise of the West: A New Economic History*, New York, Norton, 1973。

[3] Dominic Sachsenmaier, *Global Perspectives on Global History: Theories and Approaches in a Connected World*, Cambridge, Cambridge University Press, 2011.

或关联世界的历史（日本在其中保持着"独特"地位）等同
样的表述①……

　　除了这些个人著作，一些丛书近些年也开始大规模地涌
现；英美国家一些主要的出版社——威利、剑桥、牛津、帕
尔格雷夫、劳特利奇——都开始出版全球史丛书，让人不禁
联想起它们曾经出版过的通史以及类似的传统丛书（剑桥大
学出版社出版的《剑桥中国史》《剑桥非洲史》《剑桥印度
史》《剑桥俄罗斯史》，等等）。和它们前期出版的各种丛书
一样，新的世界史也从某个特定的时间节点来阐释被研究者
的现状。这些丛书都是精选的论文而非开拓性的成果，依赖
的是组织者的关系网；这些丛书大部分都与时俱进，没有引
起特别的轰动，也没有突出某些篇章。然而，其中的一些方
面还是体现出这些新的丛书与之前出版的通史的不同。首先
是研究的时期：全球史会毫不犹豫地追溯历史，一直追溯到
旧石器时代甚至更久远。历史不再以书写为开端，也不再努
力去证明西方必然的崛起。我们应该从变革中保留什么？又
如何看待这种变革？

　　"如果上帝不存在，那一切都可以做"，陀思妥耶夫斯基
的这种恐慌也是众多历史学家面对世界历史时产生的担忧。这
种担忧被批判为肤浅的、缺乏严谨性的、对所探讨的区域缺乏
了解，陀思妥耶夫斯基也因借助了二手文献而备受攻击。② 然

---

① Masashi Haneda, *Toward Creation of a New World History*, Tokyo, Japan Publishing Industry Foundation for Culture, 2018, original in Japanese, 2011.

② Chloé Morel, *Manuel d'histoire globale. Comprendre le "global turn" des sciences humaines*, Paris, Armand Colin, 2014; Sebastian Conrad, *What is Global History?*, Princeton, Princeton University Press, 2016.

而，批判这样的世界历史的做法无异于打错了靶子：这些综述都是颇受欢迎的高级教材，根本不可能无视其存在，除非有人认为平庸的大众和大学生们不值得被关心，或只有国别史值得被重视。以这些著作主要参考了二手资料为借口来对它们大肆批判已不再具有什么意义；霍布斯鲍姆的历史著作将重点放在英国和法国的工业革命上，这一点可以被人们接受；而一位印度专家写出来的同样的作品就会受人指摘。其中的原因何在？

这大概就是困扰我们欧洲人的一个方面，如何来撰写一部世界历史，而不再将欧洲置于这些变革的中心？

实际上，近年来这些模式的主要局限，在于它们难以跨越欧洲中心主义的定位，这完全违背了它们的作者口口声声所强调的原则。因此，贝利并没有质疑英国的霸权，即使他在努力地将其嵌入全球的变革之中。在这些变革之中，欧洲以外的世界只不过普遍都是英国和西方世界的被动接收者。① 奥斯特哈默的著作也是如此，他在著作中并没有谈论民族史研究所做出的贡献。他没有再次质疑工业革命及其概念的重要性，尽管这方面产生了无数争论，历史研究也获得了很多进步。最终，这些英美出版社出版的综述和鸿篇巨制，几乎无一例外地都出自英国和美国大学的学者之手。他们总是会忽视用英语以外的语言所书写的史学文献。我们来回忆一下 1933 年布洛赫（Marc Bloch）所指出的问题：面对全世界越来越多的通史及世界史的著作，一方面，他批判国家史与国别史的缺失；另一方面，

15

---

① 这些综述当然会令人想起过去的通史，但仍然与现在的通史大有不同：这些著作将西方扩张之前、之中及之后的非欧洲世界的变化置于首要地位。

他也认为，这些著作从来没有提及其作者的问题和认知缺陷。[1] 这两种批判迄今为止价值犹存。

比较与联系的对立

近几十年的全球化很大程度上是全球史兴起的根源；反之，全球史的主要目标通常是研究全球化。如果说所有的研究者都一致认可这种全球化所呈现的新兴的、大规模的特性，那他们的分歧就在于全球化的时间性：这一切始于何时？[2]

不少学者强调的是冷战结束与独立及管制放松的经济体崛起之间的巨大鸿沟。在他们看来，全球化是近三十年的产物。[3] 然而，还有一些人指出，这种变革在更早的时候就已显露出痕迹，早在 20 世纪 70 年代，全球化就已经开始显现，它的出现伴随着去殖民化、石油危机以及社会主义国家的危机，也伴随着新自由主义取得的成功。[4] 另外一些人认为，1929 年的危机已然是一种全球化的现象；他们认为，全球化的根源藏身于 1918 年之后的经济活动之中，甚至也隐匿在 1870~1914 年的大浪潮之中。当时，股市、通信业的兴盛，交通工具的发

---

[1] Marc Bloch, "Manuels ou synthèses", *Annales d'histoire économique et sociale*, 1933, pp. 67–71, reproduit in *Histoire et historiens*, Paris, Armand Colin, 1995, pp. 66–71.

[2] Jürgen Osterhammel, Niels S. Peterson, *Globalization, a Short History*, Princeton, Princeton University Press, 2009.

[3] Peter Stearns, *Globalization in World History*, New York, Routledge, 2010.

[4] Frederick Cooper, *Colonialism in Question*, Berkeley, University of California Press, 2005, 法译本：*Le colonialisme en question*, Paris, Payot, 2010, 特别是第 4 章。

达已经引发了一场全球化的运动，进而影响到个人（全球化的迁移）、财产以及信息本身（商品交易和证券交易[①]）。

让我们更进一步来看看全球化的起源，往更久以前追溯。其实，一些历史学家在 18 世纪和 19 世纪之交出现的工业资本主义萌芽中就已经发现了全球化的雏形，以及不同时间层级之间的统一性。甚至一些"长时段"理论的支持者借助这种研究方法往更久以前追溯，发现了全球化的萌芽在 17 世纪显现的痕迹，认为它的出现是在三大发现、殖民化之后，尤其是在航海领域出现了科学性进步之后。[②]

当然，也有一些中世纪史的研究者争先恐后地指出，这些同样具有重要意义的联系在 12 世纪就已经出现了，无论是在欧洲还是在其他地方。[③] 那些受古代艺术所影响的人对此进行了反驳，他们强调了古时候交换与全球流动的重要性。而与此同时，研究旧石器时代的专家们、甚至连研究新石器时代的专家们都认为（原书如此。似应为"新石器时代"在前，"旧石器时代"在后，较符合逻辑。——编注），在他们所潜心研究的那些个时代里，早就已经出现了全球化。[④]

---

① Philippe Aghion, Geoffrey Williamson, *Growth, Inequality and Globalization : Theory, History and Policy*, Cambridge, Cambridge University Press, 2000; Kevin O'Rourke, Geoffrey Williamson, *Globalization and History : The Evolution of a Nineteenth-Century Atlantic Economy*, Cambridge, MIT Press, 1999.

② Antony G. Hopkins (dir.), *Globalization in World History*, Londres, Pimlico, 2002.

③ Jacques Le Goff, *Faut-il vraiment découper l'histoire en tranches?*, Paris, Seuil, 2014; Benjamin Kedar, Merry Wiesner-Hanks, *Expanding Webs of Exchange and Conflict*, The Cambridge World History, vol. 5, Cambridge, Cambridge University Press, 2015.

④ 可参考 David Christian, *Maps of Time : An Introduction to Big History*, Berkeley, University of California Press, 2004。

　　在我们所处的这个时代里，一切都已经全球化，但我们并不能确切地解释这种现象的成因。实际上，全球化的历史通常也与一种欧洲中心主义的历史相重叠，后者将西方的发展作为其主要甚至是唯一的目标和论证。通过赋予现实世界及世界的关切一种永久价值而反方向地创作历史，从而吸引了数量众多的读者，这对处于任何时代的整个世界来说都是具有价值的。这是忘记了历史选择的重要性，忘记了历史的分支：我们是否确信，这个世界注定要被全球化？

　　这种担忧恰恰也是关于"大分流"的主要争论之处。彭慕兰著作的大获成功成为自我研究的一项主题。实际上，在这之前的其他著作也提出过一些类似观点，比如黄宗智和李伯重，尤其是李伯重于20世纪80年代在中国出版的一些著作，后来也被翻译成英文。① 但彭慕兰获益于一个能吸引眼球的题目，也得益于与一些经济学家的成功交锋。② 正是这些经济学家将彭慕兰的作品推到了历史学家和普通大众的面前，但是，这次成功也是大势所趋：在新千年的转折点，中国凭借其实力重归世界舞台。这不再是资本主义与共产主义

---

① Bozhong Li, *Agricultural Development in Jiangnan*, New York, St Martin's Press, 1998.

② Kenneth Pomeranz, *The Great Divergence : China, Europe, and the Making of the Modern World Economy*, Princeton, Princeton University Press, 2000；法译本：*Une grande divergence : La Chine, l'Europe et la construction de l'économie mondiale*, Paris, Albin Michel, 2010；Alessandro Stanziani, " Kenneth Pomeranz et les avantages du colonialisme", Alessandro Stanziani 对《大分流》的评论，参见法国社会科学高等研究院建院 40 周年的网页（40ans. ehess. fr/fr/2015/05/07/kennethpomeranz- et-les-avantages-du-colonialisme/）；Patrick O'Brien, *Ten Years of Debate on the Origin of the Great Divergence*（http://www.history. ac. uk/reviews/review/1008）。

相较量的时刻，而是资本主义不同形式之间的冲突，尤其是西方与亚洲的冲突，这种冲突在日本与"亚洲四小龙"崛起的时代尤甚。中国一跃成为西方强大的竞争对手，却远远置身于西方强国的地缘政治影响之外。正是在这种背景下，历史学家以及政治学家、经济学家都纷纷开始走近中国、研究中国。

从马克斯·韦伯开始，中国在西方的传统印象中，主要是在私有财产保护和竞争方面存在"不足"，而他们对中国无处不在的角色和外溢性特征却不怎么关注。韦伯将这些特性再次与孔子的儒学联系在一起，然而他和他的追随者们从来没能证实过这种联系。不少政治学家及观察家用同样肤浅的方法，从儒家思想的观点出发来解释中国在近几十年来取得的大发展，他们认为，正是儒家思想让人们毫无怨言地工作，默默地进行着积累。倘若是在一个小餐馆里，这种观察完全站得住脚；但如果在某所大学的教室里或某本专业期刊里，就另当别论了。因此，面对中国这种矛盾的状况，20 世纪 90 年代末，经济史和社会史的一些著作展示了一种与这个国家及其历史完全不同的形象：这些著作的作者指出，19 世纪之前的中国并不是闭关锁国，恰恰相反，它比大英帝国更为"资本主义"、更具竞争力，这让它的经济更加繁荣。这与传统观点大相径庭。中国的这种繁荣并没有在 16 世纪与欧洲的繁荣"背道而驰"，而是从 19 世纪才开始渐行渐远。这种偏离并不能用中国式的精神状态或制度（特别是国家）来解释，而只是简单的资源的不同配置。英国得益于靠近便捷航道的煤矿及铁矿，而中国的煤矿却远离水源，开采难度很大。此外，英国依靠的是美国的市场和资源，也从大英帝国时期及后殖民帝国时期受益，而中国在亚洲没有能够较量的对手。[①]

如果说围绕彭慕兰的著作而产生的激烈争论让他们的关注点开始聚焦于量化数据以及中国与英国的人均收入水平估算，之后又延伸至印度、日本及其他欧洲国家的人均收入水平估算，这也不足为奇。一批又一批的经济学家和他们的学生殚精竭虑，为寻找和分析数据而奔波，反复进行估算，却从来没有质疑过他们手头资料的来源。[②] 我们暂且不谈这些被引用的数据所带来的严重问题，对经济增长的持续关注导致他们忽视了每个国家内部以及国与国之间的分配与不均衡的问题。对全球化这个在 20 世纪 90 年代被视为全人类福祉的关键因素的追捧，恰恰是这种立场的根源。接下来的几年里，这种信任被一扫而光。问题在于，先不谈"大分流"提出的前提，"大分流"颠覆了韦伯的理论，却保留了其中的主要假设，保留了他的"欧洲中心主义"。彭慕兰从其他历史学家用来解释欧洲霸权的准则出发来解释中国的经济变革，也就是人口增长、对私有财产的保护、商业及原始工业化（proto-industrielle）的变

---

① Robert C. Allen, Jean-Pascal Bassino, Debin Ma, Christine Moll-Murata, Jan Luiten van Zanden, "Wages, Prices, and Living Standards in China, 1738-1825: In Comparison with Europe, Japan and India", *Economic History Review*, 64/1 (2011), pp. 8-38.

② Stephan Broadberry, Bishnupriya Gupta, *The Early Modern Great Divergence: Wages, Prices, and Economic Development in Europe and Asia, 1500 - 1800*, Warwick Universityonline paper, 2003; Robert C. Allen, *The British Industrial Revolution in Global Perspective*, Cambridge, Cambridge University Press, 2009; Prasannan Parthasarathi, *Why Europe Grew Rich and Asia Did Not : Global Economic Divergence, 1600-1850*, Cambridge, Cambridge University Press, 2011.

革。① 换言之，它仍然是在借助理想的英国模式——公共土地私有化，无产阶级化，工业化，资本主义精神以及个人主义，等等——并将这种模式沿用至中国。因此，关于大分流的论战就是单一思想的后果，也是柏林墙倒塌的结果：只存在唯一一种发展模式，即理想的资本主义。这场论战将 20 世纪 90 年代对资本主义的狂热展露无遗，这种狂热认为资本主义是通向现代性的唯一路径。不同国家之间的差异导致它们在资源方面产生不同的需求，而与此同时，随处可见的统一制度（保护私有财产、保护竞争）保证了全世界的福祉。

这是众多汉学家批评此种研究范式的原因之一，他们批判彭慕兰，认为他抹杀了中国的特性。② 我们从中能感受到一种极具象征意义的"针锋相对"：一方面是突出对语言及当地风俗的认知，将从来没有被真正定义过的"特性"置于首要地位③；另一方面，是在没有太多站得住脚的资料的情况下，企图树立唯一一种被认为是"科学"的研究范式。文明的独特性及其特征与单一模式的"科学性"的对抗④，就是围绕着全球史

---

① Kenneth Pomeranz, *The Great Divergence*, *op. cit.*
② HSS 年鉴报告 61/6（2006）；*The Journal of Asian Studies*，61/2（2002），中的讨论，Philip Huang，Robert Brenner，Christopher Lee 等人的论文。
③ Robert H. Bates, "Area Studies and the Discipline: A Useful Controversy?", *Political Science & Politics*, 30（1997），pp. 166-169.
④ Fred Eidlin, *Reconciling the Unique and the General: Area Studies, Case Studies, and History vs. Theoretical Social Science*, Working Paper 8, May 2006, C&M Committee on Concepts and Methods, URL: cwww. concepts-methods. org/papers_list. php? id _ categoria = 2&titulo = Political % 20Methodology, 2008; Michel Cartier, "Asian Studies in Europe: From Orientalism to Area Studies" in Tai-Hwan Kwon, Oh Myungk-Seok（dir.），*Asian Studies in the Age of Globalization*, Seoul, Seoul National University Press, 1998, pp. 19-33.

19 所诞生的最基本的方法论问题之一：要想认识世界，我们应该依赖对语言及"文化"的认知，还是依赖普遍的阐释性模式？

为了超越这些竞相抢占风头的阐释，我们面临两种可能性。第一种要求我们仔细审视非西方的价值观及思想范畴，例如佛教、印度教、伊斯兰教；第二种则是要把重点放在不同文化之间的联系上。在第一种情况下，葛兰西（Anthony Gramsci）认为，学者们，尤其是那些倡导底层研究的印度学者表明，语言是权力的要素之一，也是等级制度的要素之一。尤其是英语，它在被殖民的印度广泛应用，后来流通至全世界。查卡拉巴提在这一点上的态度非常坚定：诸如雇佣劳动者、资本、国民和公民社会等这些范畴，都是在欧洲被创造出来然后被输送到其他环境中的，其中就包括印度。① 他建议参考其他来自印度传统的概念和范畴。②

这种进程在其他的背景下会更容易模式化；翻译，媒体，法律标准的流通及国际组织的语言，都被看作权力的工具及"北方"国家对"南方"国家的统治工具。西方价值观与其他价值观之间的这种不对称，一直延续到我们现在这个时代，甚至在大学里也会出现：非西方国家的历史学家及大学生被认为应该也懂历史学、经济学、西方哲学，反之则不成立。在西方大学的历史课程里，国别史占主导地位，而其他国家的历史或者处于缺失状态，或者被边缘化。当未来研究中国的史学家必

① Dipesh Chakrabarty, *Provincializing Europe*, Princeton, Princeton University Press, 2000，法译本：*Provincialiser l'Europe. La pensée coloniale et la différence historique*, Paris, éditions Amsterdam, 2009。

② 这方面我们在接下来的章节中会多次谈论。

须学习欧洲历史时，研究法国的史学家就可以渐渐忽视非洲史或中国史。

查卡拉巴提倡导的研究方法的优点，在于提出了范畴的问题，与其他国家相比，我们运用哪些范畴来思考自己的国家？他也提出了重视其他文化价值观的重要性问题。因此，其他文化里诸如人权①、公民社会、世界性②，甚至宗教、世俗化③等概念是否存在不对等？这个问题完全值得我们去思考。这类问题会此起彼伏地出现在最容易出现问题的不同世界与价值观的相互碰撞中，不仅会出现在欧洲和美国——与伊斯兰教的碰撞——同样也会出现在其他地区（印巴冲突，甚至非洲内部价值观的对立）。这种对"其他"价值观的关注是必需的，而且也是普遍的，但它也带来了风险。对印度的、中国的或穆斯林的"真正"价值观的坚持成为民族主义大业④的一部分；通常来说，对所谓"文化"或"文明"的单一整体的强调忽视了它们的碰撞问题，忽视了它们之间的混合及相互影响，无论是过去还是现在。⑤ 这也是关联史学对底层研究的主要批判之一。关联史学做出的最大贡献，是它实际上指明了不同世界之

20

① Jose-Manuel Barreto（dir.）, *Human Rights from a Third World Perspective*, Cambridge, Cambridge Scholars, 2013.

② Corinne Lefèvre, Ines G. Zupanov, Jorge Flores（dir.）, *Cosmopolitismes en Asie du Sud. Sources, itinéraires, langues, XVIIᵉ-XVIIIᵉ siècles*, Paris, EHESS, 2015.

③ Nilufer Göle, "La laïcité républicaine et l'islam public", *Pouvoirs*, 115/4（2005）, pp. 73-86.

④ Sebastian Conrad, *What is Global History ?*, op. cit.

⑤ Sanjay Subrahmanyam, "Du Tage au Gange au xvie siècle. Une conjoncture millénariste à l'échelle eurasiatique", *Annales. Histoire, Sciences sociales*, 2001, pp. 51-84; Id., "Connected Histories. Notes towards a Reconfiguration of Early Modern Eurasia", *Modern Asian Studies*, 31/3（1997）pp. 735-762.

间的相互影响。无论是帝国统治的形式、宗教、技术知识，还
是法律与主权的概念和实践，关联史学都表明，欧洲的价值观
和实践都深受与非西方世界互动的影响。[①] 这没有将全球化视
作一种冲突，而是将之视为不同世界之间的对话。这种尝试向
前迈进了基础性的一步。

　　然而，这种立场却经常与事实相矛盾。我们应该明确人
物、作品及思想流通或停滞的具体条件，包括交通、关系、影
响、市场，宗教联系。研究迁移与流通的缺失与研究关联具有
同等重要的地位。知识的流通应该被内嵌到结构性的变革
中——经济的和社会的——并且这些结构性变革不能局限于塞
巴斯蒂安·康拉德所著的《全球史是什么》一书的最初几
章。[②] 关联史学趋向于摒弃在马克思及韦伯的研究范式中（也
包括底层研究）被置于首位的社会等级。对流通的重视导致
人们通常会忽视这样一个事实：这些流通从来都不是平等的，
而是会创造新的等级，当然，从长期来看，这些等级是有可能
逆转的（正如当前亚洲的回归所证明的那样），但也是至关重
要的。这些不平等并不是就这样成为某种价值观或思想的一种
固有优势，而更像是不同价值观、思想与结构性变革——经济
的、政治的和社会的——之间的一种强有力的内部联系。这是
流通与等级、融合与排外之间的张力，这值得从一个长时段的
视角来进行分析。[③] 因此，我们也并不会惊异于关联史学通常

---

① Sanjay Subrahmanyam, *Is Indian Civilization a Myth ?*, Delhi, Permament Black, 2013.

② Sebastian Conrad, *What is Global History ?*, *op. cit.*

③ Roger Chartier, "La conscience de la globalité?", *Annales HSS*, 56/1（2001）, pp. 119-123.

聚焦于知识的流通者，而忽视了诸如农民等很少发生流动且不能提供太多史料的群体。[①]

这同样也是将关联史学与比较史学相对照的做法看似毫无意义的原因。[②] 比较史学与关联史学之间的这种对立——一种看起来是主观的，而另一种是客观的且史料丰富——实际上是在相互削弱。从档案中深度挖掘出来的联系与历史学家所做的比较相比，主观性程度相差不大。档案和文献从来都不是现成的，它们是多方共同努力的结晶，包括官僚机构、企业及其最初的参与者，也包括后来的档案工作者和他们的分类工作，还包括对文献进行筛选并且将其以一种特殊方式呈现给大众的历史学家们。[③]

法式全球史？

这里所探讨的不同思潮主要是英美国家及德国、印度等其他国家的学者们所认可的传统思潮。然而，和西班牙、葡萄牙或意大利以及非洲国家、俄罗斯、日本的历史学家们一样，这其中少见法国历史学家的踪影。原因何在？

22

---

① 有两个重要的例外：Nancy Green avec l'histoire de l'émigration et Bénédicte Zimmermann avec une sociologie historique du monde du travail en Allemagne et en France。也可参见我的 "Les paysans et la terre" 一章，in Pierre Singaravélou, Sylvain Venayre（dir.）, *Histoire du monde au XIXᵉ siècle*, Paris, Fayard, 2017, pp. 35-49。

② Michael Werner et Bénédicte Zimmermann（dir.）, *De la comparaison à l'histoire croisée*, Paris, Seuil, 2004.

③ Heinz-Gerhard Haupt, Jürgen Kocka（dir.）, *Comparative and Trans-national History*, New York, Berghahn, 2009.

原因在于法国对历史研究的承袭，也在于法国的制度及政治环境。因此，在法国的大学里，历史（主要是法国历史）系与研究文化的部门仍然是分开的。在历史课程中，学生很少能涉猎到关于非欧洲世界的历史的内容。如果法国历史的课程中加入一部分欧洲历史的内容，就已经算是锦上添花的事了。通常情况下，高等专业学校不愿屈服于主流大学的教育理念，然而在这些特殊的学校里，我们依然发现了同样的割裂。在法国社会科学高等研究院（EHESS）关于历史分期的课程里，没有划分古代史、中世纪史、现代史及当代史，这是我们发现的唯一例外。在其余的大学里，像其他地方的大学一样，学习中国史的大学生必须了解一点欧洲史的基础知识，但对学习欧洲史的大学生来说，中国史的学习则非必须。在未来的课程规划中，只有一种其他"领域"将成为研究法国史或欧洲史的人的必修课程。如何来解释这些局限性？

最近，《年鉴》杂志与法国社会科学高等研究院出版社合作，编辑出版了一部在《年鉴》杂志上发表过的文章的合辑：从布罗代尔到肖努，再到王国斌，这些人的作品都被看作关于全球史的论述。其中的问题是，这些学者的研究范式大相径庭，还经常相互冲突，并且对其中大部分人来说，他们从来都没有想象到，自己会成为研究全球史的史学家。[1] 我们在之后的篇章中会尝试着去回答的一个开放性问题，就是了解一些研

① *Parcours historiographiques. Histoire globale. Les Annales et l'histoire à l'échelle mondiale*, sélection d'articles par étienne Anheim, Romain Bertrand, Antoine Lilti, Stephen Sawyer, Annales, URL: http://annales.ehess.fr/index.php? 247.

究范式之间的异同，一些过去的研究范式与如今被定义为全球
史研究范式之间的异同。

　　尽管如此，我们也要感谢诸如洛朗·泰斯托[①]等推广者和
记者们的倡导，他们经常受到一些专业历史学家的错误批判。
起初是泰斯托和他的同事在《人文科学》这本杂志中掀开了
法国这场大论战的序幕，后来他们又合作建立了网站和博
客[②]，为这场论战做出了极大的贡献。泰斯托和他的伙伴菲利
普·鲍嘉尔（Philippe Beaujard）、洛朗·贝尔日（Laurent
Berger）以及菲利普·诺海勒还一起出版了一本专著，收纳了
在这一领域用英语发表的主要文章。[③]《世界》杂志同样也促
进了全球史在法国的流通。彭慕兰的著作也得到了菲利普·米 　23
纳尔等现代主义者及马修·阿尔诺等中世纪研究者的极大支
持。他们不仅鼓励将彭慕兰的著作翻译成法文[④]，也出版了一
些新的著作。[⑤]受彭慕兰启发，阿尔诺提出了一种新的比较分
析，分析了从古代到 18 世纪中国与欧洲大陆的生态及能源。[⑥]
但这只是个例。整体来看，关于"大分流"的论战在法国引

---

① Laurent Testot, *Histoire globale*, Pa, Sciences Humaines, 2008, nouv. éd. 2015.

② URL：www. histoireglobale. com/.

③ Philippe Beaujard, Laurent Berger, Philippe Norel（dir.）, *Histoire globale, mondialisation et capitalisme*, Paris, La Découverte, 2009.

④ Kenneth Pomeranz, *Une grande divergence*, op. cit.

⑤ Kenneth Pomeranz, *La force de l'Empire. Révolution industrielle et écologie*, Paris, ERE, 2009; Caroline Douki, Philippe Minard, "Histoire globale, histoires connectées：un changement d'échelle historiographique?", *Revue d'histoire moderne et contemporaine*, 54/4-bis（2007）, pp. 7-22.

⑥ Mathieu Arnoux, "European Steel vs Chinese Cast-Iron：From Technological Change to Social and Political Choices（Fourth Century BC to Eighteenth Century AD）", *History of Technology*, 32（2014）, pp. 297-312.

起的反响并不如在其他国家引起的反响大。[1] 其中的原因，一部分在于大部分法国的经济史学家关注的是法国史；另一部分在于汉学家们的批判，他们沉醉于传统研究，只关注与社会科学方面的对话。但其中有两个人极为特殊——魏丕信和他的弟子施振高。

另一种范式旨在将法国史内嵌到全球的变化中去研究。布罗代尔在其《法兰西的特性》中迈出了尝试的第一步，之后这种研究范式被多次使用，最近在皮埃尔·辛加拉维鲁[2]，特别是帕特里克·布琼[3]的作品中被重新捡起。这本受到法国媒体和公众前所未有关注的作品，不仅关于全球史，也关于一段短期历史。这种研究范式在其他国家也引发了越来越多的反响。因此，印度、中国甚至意大利也都出现了全球史，就像一个个出版社，将某个国家（诸如美国）置于世界变化的中心来研究［例如斯文·贝克特（Sven Beckert）的著作，从某种意义上来看也包括彭慕兰的著作，他们视美国市场及其资源为资本主义发展的一个关键因素］。这些观点铲除了历史研究中传统的民族主义，因此备受欢迎。但是，这些观点在全球层面突出了某个国家的影响，其中是否也蕴藏着风险？是否会面临民族主义的一种新的回归方式？从此，这种研究范式可能受到读者及媒体的青睐，也是司空见惯的事。面临日益高涨的民族

24

---

① Olivier Christin, *Dictionnaire des concepts nomades en sciences humaines*, Paris, Métailié, 2010.

② Pierre Singaravélou, Sylvain Venayre（dir.）, *Histoire du monde au XIXᵉ siècle*, *op. cit.*

③ Patrick Boucheron, *Histoire mondiale de la France*, Paris, Seuil, 2016.

主义的阻挠，法国历史的全球化不再将法国历史置于全球变化的背景之中去考虑。与之相反，法国历史被置于舞台前沿。因此，实际的困难并非在于研究非欧洲世界，而在于研究它们并弱化它们在历史中的引擎作用。这正是布琼著作的关键所在，也是这本著作引发政治反响的原因。一些历史学家批评说，作者们没有在前言中介绍全球化，而简单的出版说明——有时由勉强称自己支持全球史观点的历史学家撰写——相比说明本身所提出的，还不如说明中没有提及的方面有趣。整体来说，出版说明提出的都是历史学家长久以来已经熟知的信息，通常涉及处于大环境之外的事件。这部著作的主要创新，不是它将法国历史与世界其他地区历史相联系的能力，而是它将日期置于首位，冲破了国家与民族主义编年学的束缚。然而，如果是这样，那我们就会反对布罗代尔式的研究范式，他主张通过时期而不是事件来研究国别史，就像现在这种情况一样。这种态度不得不让我们想起列维－斯特劳斯笔下的卡德谟斯："卡德谟斯，文明的使者，种下了龙的牙齿。在这片被恶魔的气息侵蚀和焚烧的土地上，他等待着人类的萌芽。"① 在第二部分中，我会用大幅篇章来论述这一点。

事实上，这是关联史学的多种变体，它在法国获得了极大的成功。在最初的变体中，这种历史通过公开反对比较主义而自我延展，强调文化迁移。② 2011～2014 年担任欧洲通史和全

① Claude Lévi-Strauss, *Tristes tropiques*, Paris, Plon, 1995, pp. 140-141.

② Michel Espagne, "Sur les limites du comparatisme en histoire culturelle", *Genèse*, 17/1 (1994), pp. 112-121; François Dosse, *La marche des idées : histoire des intellectuels, histoire intellectuelle*, Paris, La Découverte, 2003.

球史网络（European Network in Universal and Global History）主席的米歇尔·艾斯巴涅 2014 年在巴黎年会的开幕式上致辞时，出人意料地批判了比较的全球史，反对其关于迁移和流通的研究范式。这种研究范式有助于突出不同地区之间通常不为人熟知的关联；它的主要问题在于研究范围的局限性（知识）以及它并没有解释这些迁移发生的原因。一切与相关结构性条件的关联——经济的、社会的、政治的——都处于次要地位，因此这些思想的流通看起来都只是空谈。在他看来，交叉史①带来了一个强烈反思的空间，促进了其与社会科学之间的对话，但遗憾的是，交叉史缺少了艾斯巴涅的研究范式。交叉史接受了概念的融合和去中心化以及西方的实践，致力于将底层研究与关联史学联系起来。交叉通常是双向的。但交叉史是对等的吗？

25

罗曼·贝特朗②对此问题的回答可能是否定的，他公开的目标是创造出一种"部分对等的历史"。这种独特的提法强调必须给予所有被质疑的史料以同等的重要性，而不能认为只有西方的叙事才值得重视。这种研究范式与印度的底层研究范式类似，都体现了同样的志趣，但也面临同样的局限性。底层研究希望借助于地方性史料和范畴，以摆脱欧洲中心主义的桎梏。问题正如我们所指出的，殖民统治阶层的社会精英们所表现出的态度远比我们想象中的要复杂得多：很大一部分学者和官员所站的立场几乎都是几十年之后"底层研究"所提出来的那种立场。确实，很多殖民公司的叙事及报告都强调要学习

① Michael Werner et Bénédicte Zimmermann (dir.), *De la comparaison à l'histoire croisée*, op. cit.

② Romain Bertrand, *L'histoire à parts égales*, Paris, Seuil, 2011.

地方性语言和文化；这些书面材料与世界性的、欧洲中心主义的叙事相冲突。这种批判性的态度在葡萄牙、荷兰、英国、西班牙及法国等殖民帝国内部广泛流通，而当时，被殖民者尤其是亚洲的被殖民者正在面临与非欧洲世界的冲突。当时的报告及研究仍然被当今的历史学家熟知并运用；我们应该给这些史料正名，以便为关于殖民地的知识和作用塑造一个合适的形象。从这些史料中，我们可以看出"对等的历史"意味着什么吗？对本土文本资料的还原存在难度，因为大部分史料通常都是由殖民统治者自己收集、编辑及翻译的。将这些经过处理的史料视为"对等的部分"，其问题性就不言自明。问题不仅在于这些史料本身都是由殖民统治阶层创造的，还在于如我们后来所看到的，地方性参与者也为这些史料的构建付出了努力。贝特朗与底层研究的研究范式更多适用于实力对等的帝国，而不是对等的历史，也就是说，在使用欧洲中心主义与世界性研究成果及西方研究范式的同时，帝国建构在它们内部也创造出了不同的范式。

26

　　在一系列于全球获得强烈反响的著作中，塞尔日·格鲁金斯基最恰当地在比较与关联之间搭建了桥梁。[1] 伊夫·科恩用部分相似的办法协调了比较与流通之间的关系，他指出，19世纪末至20世纪中期欧洲的权力形式，不仅适用于国家之间的流通，也适用于民族繁荣的传递[2]，即使是在与法国、纳粹

---

[1]　Serge Gruzinski, *La pensée métisse*, Paris, Fayard, 1999; *Les quatre parties du monde*, Paris, Seuil, 2004; *Quelle heure est-il là-bas?*, Paris, Seuil, 2008; *L'histoire, pour quoi faire?*, Paris, Fayard, 2015.

[2]　Yves Cohen, *Le siècle des chefs*, Paris, éditions Amsterdam, 2013.

德国及苏联等完全不同的背景下。权力的历史和共产主义等级
的历史必须在与自由主义同样的运动中塑造。这就是历史文献
分析给还在盛行的冷战画上结束符的巧妙之处；相比把两个世
界放在对立的位置，更重要的是突出它们的关联与相似之处。
全球化更像是一种货真价实的历史现象，而不是一项思想大
业。思考世界相当于同时思考不同价值观之间的联系与不平
等；这同样意味着形成一种比较性反思，反思错过的交汇与平
行的路径。这种多维度的思考需要社会理论的流动及不同语言
的汇集。毫无疑问，这种研究范式归功于杜威（John Dewey）
的实用主义，但又在福柯的框架内被重新审读。深入研究世界
需要一种反思的态度，然而，这种反思态度在盎格鲁-撒克逊
的研究成果中却常常不见其踪。

相反，我们应该承认某种多语言的关联史学的优势，它聚
焦于非欧洲的世界。例如，考虑到殖民势力、当地制度及二者
融合的不断增强，印度尼西亚及"十字路口"爪哇比较适合
这种范式。我们是否还应该避免用一种帝国主义或后殖民主义
的视角去解读这个复杂的世界？值得一提的是，20世纪80年
代末德尼·隆巴尔出版了一部先驱性的著作，在这部著作中，
他借助爪哇地区的多种语言，跨越了帝国与其殖民地之间传统
的紧张关系。在这部优秀的作品中，相互影响、流通、制度变
迁全部在发挥着作用。这本书经常被与布罗代尔的《地中海》
相提并论。[1] 正如布罗代尔所认为的，正是历史的时间顺序被
叙事文本的断断续续和每个岛屿独有的时间性打乱，因而要将

---

[1] Denys Lombard, *Le carrefour javanais. Essai d'histoire globale*, 3 vol., Paris, EHESS, 1990.

其嵌入全球的动态变化之中。我们还需弄清楚的是，这种研究范式是否可以扩展至科学领域，还是只能局限在文学作品的研究上？在这种情况下，借助于相异但相关联的语言和范畴越是表现为一种明显的现象，宣扬这样的相对主义就越是显得困难重重，例如在科学领域。归根结底，难道不是西方科学在树立自己的威信吗？

　　答案有多种可能：根据粗略的阅读，将科学知识嵌入认知的全球性流通非常重要。"科学"与"非科学"的差异是一种历史建构，我们应该去阐明这种建构，而不是原封不动地接受它。① 在这种背景下，我们就非常有必要去了解科学与非科学之间的局限性在欧洲得以确立的方式以及其随着学者、地点、时期尤其是与非欧洲世界相互作用不断变化的方式。在这种情况下，交换的不平等会经过翻译的复杂机制而产生，而在这种机制中，在获取关于非欧洲世界知识的同时，还存在着将欧洲中心主义的观点变成普世观点的企图。法国的作品则与欧洲其他国家的完全不同。尽管大部分生活在法国的研究者的著作也沿袭了存在部分差异的阐释，但他们都在尽力避免提出这样的问题：为什么是欧洲的科学取得了胜利？卡皮尔·拉杰、安东内拉·罗曼诺或者莉莉安·西莱尔－佩蕾（Liliane Hilaire-Perez）认为，这个问题揭示了"科学"的本质，阻碍了人们去了解知识及关联的世界中基础性的分支。因此，我们就有可能通过展示地方性知识在西方科学流通中的作用，来避免这种

---

① Antonella Romano, *Impressions de Chine. L'Europe et l'englobement du monde* (*xXVI^e^-XVIIi^e^ siècles*), Paris, Fayard, 2016.

所谓"多样化的现代性"研究范式带来的风险。[1]

　　在法国，关联史学，特别是知识因此被广泛流通，影响了全球化的历史及比较经济史。这种立场与英美国家及部分德国研究者的立场完全不同。我们可以开玩笑地说，在英美国家，借鉴社会学及经济学的全球史大行其道；而在法国，是哲学及博学（l'érudition）占据权威并且指导着对思想流通的研究。前者通常提倡的是简化的、欧洲中心主义的模式，而后者则通常提倡要借助文献学所谓的普世概念（忽视了历史知识及历史编纂的研究范式的关联性建构的历史）。诚然，不可忽视捍卫这种"普世式"（œcuménique）研究范式及支持借助于所有范式的必要性。但当前无论是在法国，还是在法国以外的大部分大学或学术机构里，情况并不都是这样。尤其是经济学家，也包括部分社会学家及政治学家，都接受过历史和外语（不包括英语）方面最基础的培训。相反，历史学家们对限定领域和语言的细微差别熟稔于心，但他们却只会一种或两种语言（只能借助二手文献来研究世界的其他地区）。另外，历史学家们对社会科学抱有强烈的成见，因此常常将自我局限于描述的工作。因此，尽管都在呼吁跨学科研究，但历史学家与社会科学的大家们之间产生了分歧，前者的老生常谈是"这在以前发生过了""完全要比这个复杂得多"。先例和复杂性被用来作为解释，他们所做的不过是增加实例、人物形象，但人们不知道为什么要让他们这样做。如

28

---

① Kapil Raj, *Relocating Modern Science*, op. cit.

果只是为了得出"世界是复杂的"这一结论，那我们早在所有历史调查之前就已经明白这个道理了。

　　然而，在经济学及社会科学中，我们经常会不断地提出问题，但更多时候，资料是为模式的需求而服务的。只要想想我们讨论资本主义与市场的方式就够了：是否存在一种接近自然、全球适用的机制？或者，经济要素是否也属于"文化"要素？如果是，那在这种情况下，如何能够跳出循环理论的束缚来识别其中的文化要素（用思维方式来解释思维方式）？例如，非洲一些国家的经济困难是否与某些经济"思维方式"（对利益的漠视，对消费的关注）、制度（私有财产的缺失、腐败）甚至与资金的不足相关联？

　　这些讨论从经济学的规范化中找到了立足之地：我们应该决定究竟要采取哪种政策。相反，政策在历史领域的使用却招致了两种主要的批判：一方面是批判历史决定论，以及批判事后经过简单的经济学思考而可能为所有历史性方案辩护的行为；另一方面，批判对几乎不符合历史现实的两种理想化形态——中国与西方——的抽象比较。在一个完全全球化的范围内，是否还存在其他的可能性，能够让历史与社会科学相互产生作用？

　　为了回答这个问题，我们应该近距离审视这场论战所隐含的认识论问题，尤其是全球性的变革：全球性的变革是否可以与史料保持一致？鉴于不能忽视语言的获得问题，那它们之间又是用何种方式来保持一致？然后，还有比较主义：在布洛赫与韦伯的比较主义之间，是否存在相似性？它们之间的差异又体现在哪里？问题当然是去发现比较主义是否与

29

文献学及历史学研究范式不相兼容，这一点布洛赫本人可能都没有承认，或者相反，它们之间可以相互包容，那又可能通过哪种方式去实现？最后，我们应该反思语言、文献学与历史编纂学的建构之间的关系：从什么时候开始，这种模式开始建立？为什么在现在看来，这种模式与全球史之间产生了冲突？

我的目的，并不是提出关于历史实践的一种抽象的理论，而是想介绍近年来的关联史学和全球史。简而言之，就是想提出一种作为关联学科的批判性、历史性的认识论。

第一部分 | 作为历史哲学的全球史

历史有意义吗？

几个世纪以来，这个问题一直在全世界范围内引发着人们的不断思考。这一问题远远超越了"历史"领域，它似乎更接近于历史哲学的范畴，也以规范化为目标，而这种目标更多是建立在理论性思考的基础上，而非以史料为基础。这一观点值得思考：历史哲学与历史的分离始于何时？缘于何因？此外，历史学家认为自己用什么方式参与政治论战？

正如我们所看到的，这些问题更有意思的方面是，全球史的一个重要思潮表现出对通史和政治史的极度关注；这也由此说明一个问题：这是否涉及历史哲学的又一种新形式？为讨论这些方面，我并不想勾画出历史哲学的一个全貌。相反，我要沿着历史哲学的一个特殊系谱来前进，这种历史哲学从启蒙运动开始，经过马克思、斯宾格勒（Oswald Spengler）、阿隆（Raymond Aron），一直到当今的福山；这种历史哲学不仅思考着分裂与延续的问题，或许也思考历史与"他者"的相遇问题，思考全球化给认同建构带来了什么的问题。我们会发现，一旦从欧洲及西方优越性的意义出发，那欧洲中心主义就只不过是启蒙运动时期众多观点中的冰山一角。这种思潮完全在 19 世纪站稳了立场，伴随着黑格尔和马克思的思想，在集权制时期得到增强，在去殖民化时期仍然具有重要意义。今天，诸多自认为属于全球史研究专家的学者踏足这个领域，将欧洲中心主义作为他们的主要研究对象。还需要用什么结果来验证它的存在呢？

第一章　历史的一种全球性意义：启蒙运动

一种还是多种文明？

在前几百年争论的余波中[1]，历史及其范式、历史与社会科学及哲学的关系、世界与"文明"之间的张力，在18世纪都相应地发生了显著变化。

最近关于启蒙运动的争论极大改变了传统的研究范式。传统的研究范式重点关注的是启蒙运动的世界性进步作用，尤其是法国和英国的启蒙运动：宗教和与之对立的世俗化，商贸中的合作及制约和与之对立的自由市场，专制政权和与之对立的代议政体，旧制度和与之对立的现代性。[2] 在这一背景下，文明和进步的流通从欧洲（西方）走向其他地

---

① 对此我们会在第三部分详细论述。

② William H. McNeill, *The Rise of the West: A History of the Human Community*, Chicago, University of Chicago Press, 1963; Pierre Chaunu, *La civilisation de l'Europe des Lumières*, Paris, Flammarion, 1982.

方。① 这首先带来的是致力于底层研究的学者对以欧洲中心主义为特色的启蒙运动的批判，而后，全球史学家也加入了这一阵营。②

事实上，启蒙运动是欧洲的③，甚至也是世界的④，是一种综合的现象⑤，尽管有时候它会遵循一些在欧洲大陆并不盛行的模式。随之而来的问题是：是否可以将其他的"现代性"与发生在法国和欧洲的启蒙运动置于同一层面上讨论？启蒙运动在欧洲以外地区的流通，带来的是对帝国主义的鼎力相助？抑或成为帝国主义的桎梏⑥？因此，如果说萨义德和底层研究

---

① Tzvetan Todorov, *L'esprit des Lumières*, Paris, Laffont, 2011; John M. Headley, *The Europeanization of the World : On the Origins of Human Rights and Democracy*, Princeton, Princeton University Press, 2008; Anthony Pagden, *Worlds at War : The 2500-Year Struggle between East and West*, Oxford, Oxford University Press, 2008.

② Daniel Carey et Lynn Festa (dir.), *The Postcolonial Enlightenment : Eighteenth-Century Colonialism and Postcolonial Theory*, Oxford, Oxford University Press, 2009.

③ Franco Venturi, *Settecento riformatore*, 5 vol., Turino, Einaudi, 1966-1990; Hugh Trevor-Roper, *History and the Enlightenment*, New Haven, Yale University Press 2010; Jonathan Israel, *Enlightenment Contested : Philosophy, Modernity, and the Emancipation of Man, 1670-1752*, Oxford, Oxford University Press, 2008; Silvia Sebastiani, *The Scottish Enlightenment*, Londres, Palgrave Macmillan, 2013.

④ John G. A. Pocock, *Barbarism and Religion*, 5 vol., Cambridge, Cambridge University Press, 1999-2011; Shmuel N. Eisenstadt, *Multiple Modernities*, special issue, *Daedalus*, 129/1 (2000); Karen O'Brien, *Narratives of Enlightenment : Cosmopolitan History from Voltaire to Gibbon*, Cambridge, Cambridge University Press, 1997.

⑤ Sanjay Subrahmanyam, "Hearing Voices: Vignettes of Early Modernity in South Asia, 1400-1750", *Daedalus*, 127/3 (1998), pp.75-104; Sebastian Conrad, "Enlightenment in Global History. A Historiographical Critique", *American Historical Review*, octobre 2012, pp.999-1027.

⑥ 关于这些论战可见 Karen O'Brien, "The Return of the Enlightenment", *American Historical Review*, 115/5 (2010), pp.1426-1435。

支持的是第一种阐释①，那其他人则重点强调了启蒙运动对殖民主义的批判。② 这些争论提出的问题之一，即它们通常所要遵循的规范性特征；因此，甄别纷繁多样的现代性的可能性，也意味着要找到这种"现代性"所表达的一种普遍的、非历史性的概念。③ 事实上，当今世界一个至关重要的问题是要知道"西方的现代性"是否真的存在，这种"西方的现代性"是否可以被定义，如何来定义，它是否具有包容性，它与其他的"现代性"在哪些方面无法兼容④？我们是否可以确定，伊斯兰世界没有体现出任何"现代性"？以及，为什么在当今世界，只要一开始讨论与其他价值观和其他世界的相互作用这一问题，欧洲的现代性就遭遇了重大阻碍？

　　为了回答这些问题，首先得先将这场思想界的论战放在当时的大背景中来考虑。对"启蒙运动"的反思顺应着全球的变革，尤其那些涉及国家、社会和经济建构的变迁，体现在商

---

① Gayatri Chakravorty Spivak, *A Critique of Postcolonial Reason : Toward a History of the Vanishing Present*, Cambridge (Mass.), Harvard University Press, 1999.

② Sankar Muthu, *Enlightenment against Empire*, Princeton, Princeton University Press, 2003; Jennifer Pitts, *A Turn to Empire : The Rise of Imperial Liberalism in Britain and France*, Princeton, Princeton University Press, 2006.

③ Shmuel N. Eisenstadt, *Multiple Modernities*, special issue, *Daedalus*, 129/1 (2000); Dominic Sachsenmaier, Jens Riedel, Shmuel N. Eisenstadt (dir.), *Reflections on Multiple Modernities : European, Chinese, and Other Interpretations*, Leiden, Brill, 2002.

④ Nilufer Göle, *Interpénétrations. L'islam et l'Europe*, Paris, Galaade, 2005; Id., "Decentering Europe, Recentering islam", *New Literary History*, 43 (2012), pp. 665-685; Jocelyne Dakhlia, *Islamicité*, Paris, PUF, 2005.

贸、消费及原始工业化活动重要性的不断增强方面。① 这些变
迁不仅发生在法国和欧洲，也发生在亚洲，这些地区都存在着
对人们反思现在与过去、反思延续及割裂方式的质疑②，甚至
存在着对历史书写方式的质疑。因此，正如我们在第三部分所
要详细讨论的，从17世纪末开始，在中国的一些耶稣会会士
就提出一种观点：只要儒学不会成为一种宗教，而是作为一种
哲学和公民态度，那么就存在将儒学和基督教融合的可能
性。③ 这种观点在1742年招致了来自教会方面的批评，引发了
一场关于宗教、历史和政府的广泛讨论。伏尔泰对这些讨论进
行了回应。在从多个方面批评中国的同时，他也将中国通过考
试而形成的社会等级制度与法国通过身份而划分的等级制度进
行了对比（这种方法并非完全正确）。他认为，中国的考试制
度是"自由的"，而法国的身份制度则是"不公平的、专
制的"。④

---

① 关于18世纪的经济与社会的全球性变革：David Armitage, Sanjay
Subrahmanyam (dir.), *The Age of Revolutions in Global Context*, *c.1760–1840*,
New York, Palgrave Macmillan, 2010; Felicity Nussbaum (dir.), *The Global
Eighteenth Century*, Baltimore, John Hopkins University Press, 2003; Kenneth
Pomeranz, *The Great Divergence*, op. cit。

② Takahiro Nakajima, Xudong Zhang, Hui Jiang (dir.), *Rethinking Enlightenment in
Global and Historical Contexts*, Tokyo, UTCP booklet, 21, 2001; Anne Cheng,
"Chine des Lumières et Lumières chinoises", *Rue Descartes*, 84/1 (2015), pp. 4–
10; Anne Cheng, *Histoire de la pensée chinoise*, Paris, Seuil, 1997; Jacques
Gernet, *L'intelligence de la Chine. Le social et le mental*, Paris, Gallimard, 1994.

③ Laszlo Kontler, Antonella Romano, Silvia Sebastiani, Borbala Szusanna Török
(dir.), *Negotiating Knowledge in Early Modern Empires: A Decentred View*, New
York, Palgrave Macmillan, 2014.

④ Voltaire (François-Marie Arouet), *Essai sur les moeurs et l'esprit des nations*, Paris,
Lefèvre, 1756.

　　从 18 世纪初开始，对中国及中国文化的狂热令众多哲学家趋之若鹜。① 1705 年皮埃尔·培尔在《多样思想的延续》一书中，试图将中国古典哲学思想与斯宾诺莎的哲学思想相提并论，他从中不仅发现了一种宗教的自由，而且提出了社会与政治稳定依赖于道德伦理的观点。他也提到了贝尼尔及其旅行，他指出，类似的观点在印度、波斯以及苏菲派教义中同样普遍存在。② 这种儒学、苏菲教派、印度教及斯宾诺莎主义之间的联结，在 18 世纪上半叶得到了延续，无论是在支持斯宾诺莎的人之中，还是在诋毁他的人［例如马勒伯朗士（Nicolas Malebranche）］之中，都得到了发展。然而，伏尔泰在其《风俗论》中就此提出了异议。他认为，中国的哲学家是与斯宾诺莎思想完全不能融合的"自然宗教"的推崇者。③ 孟德斯鸠的立场与伏尔泰相似，但他提出了不一样的理由：他指责耶稣会会士，认为他们提供了对中国的错误描述。他认为，中国人的生活遵循着世界上最高级的道德准则之一，而这些道德准则与宗教原则无关。④ 在这种背景下，经济学家，甚至重农学派的

---

① Renéétiemble, *L'Europe chinoise*, t. 2: *De la sinophilie à la sinophobie*, Paris, Gallimard, 1989; David E. Mungello, *The Great Encounter of China and the West, 1500-1800*, Lanham (Md.), Rowman and Littlefield, 2009; Jonathan D. Spence, *The Chan's Great Continent: China in Western Minds*, New York, Norton, 1999; Julia Ching, Willard G. Oxtoby (dir.), *Discovering China: European Interpretations in the Enlightenment*, Rochester (N. Y.), University of Rochester Press, 1992.

② Pierre Bayle, *Continuation des Pensées diverses*, Rotterdam, Reinier Leers, 1705.

③ Voltaire, *Essai sur les moeurs*, *op. cit.*; Zhan Shi, "L'image de la Chine dans la pensée européenne du xviiie siècle: de l'apologie à la philosophie pratique", *Annales historiques de la Révolution française*, 347 (janvier-mars 2007), pp. 93-111.

④ Montesquieu, *De l'esprit des lois*, t. 1, Genève, Chez Barillot et fils, 1748.

主要代表人弗朗索瓦·魁奈都对中国充满了热情，醉心于中国的农业及其开明的专制。①

对伊斯兰教的重视更加确证了哲学家们面对其他文化时体现出的这种态度。② 17 世纪后半叶，很多作品被从阿拉伯语翻译成拉丁语，后来又陆续被翻译成西班牙语及其他欧洲主要语言（见第八章、第九章）。这些作品在 18 世纪陆续出版，再一次引发了对阿维洛伊主义及伊斯兰教的论战。皮埃尔·培尔首先发难，在其《历史批判辞典》中，他强调了阿拉伯科学及哲学思想的重要性。基于一些被译成西班牙语的著作中体现出的阿维洛伊主义悠久的传统，他指明了阿拉伯科学及哲学思想的力量，发现了阿维洛伊与斯宾诺莎之间存在的重要共同点。③

意大利那不勒斯人皮埃特罗·加诺内（1676～1748）呼吁人们要更深入地去了解被视为"基督教的姐妹"的伊斯兰教。④ 布兰维里埃在其《穆罕默德的一生》（1730 年出版，尽管在那之前的十几年前就已经完成了初稿）一书中，更加坚

---

① François Quesnay, *Despotisme de la Chine*, édition orig. in *Les éphémérides du citoyen*, 1767, reproduit in François Quesnay, *OEuvres économiques complètes et autres écrits*, 2 vol., éd. Christine Théré, Loïc Charles, Jean-Claude Perrot, Paris, Ined, 2005.

② Humberto Garcia, *Islam and the English Enlightenment, 1670-1840*, Baltimore, John Hopkins University, 2012; Averroès, *L'islam et la raison*, présentation par Alain de Libera, trad. Marc Geoffroy, Paris, Flammarion, 2000; James Harper, *The Turk and islam in the Western Eye*, Farnham, Ashgate, 2011.

③ Pierre Bayle, *Dictionnaire historique et critique*, Rotterdam, Reiniers Leers, 1697.

④ Pietro Giannone, *Opere*, 3 vol., éd. Giulio di Martino, Naples, Procaccini, 1998.

信伊斯兰教与启蒙运动的思想完全吻合。[①] 伏尔泰和其他人从类似的角度出发，认为只要清除穆罕默德思想中不切实际和后知后觉的盲目崇拜，穆罕默德思想的核心内容和启蒙运动的主要原则就可以相互兼容。[②]

36

　　从这些要素出发，我们可以看出，避免将启蒙运动与文明主义及"欧洲中心主义"的企图相联系是非常重要的。毫无疑问，很多学者推崇耶稣会会士和传教士们带来的文明［雷纳尔（Guillaume-Thomas Raynal）在《两个印度的历史》第一版中提及过；还有布丰（Georges-Louis Buffon）的作品］；然而，还有一些人强烈反对这种观点，坚称用启蒙运动（伏尔泰、德·波沃）的主要原则来教化"野蛮"的民族是非常有必要的。但是，还有我们刚才提到过的另外一些人，他们认为文明是平等的，不同文明之间的相互碰撞是有利的。最终，从18世纪70年代末开始，一种更为激进的第四种思潮（狄德罗、雷纳尔在其1780年版的《两个印度的历史》中、卢梭及其他人）认为，其他文明要比堕落的欧洲文明更加具有优越性。这种观点产生的原因，部分程度上是缘于对开明君主制度立场的悲观失望，无论在法国还是在俄国，开明君主的改革几乎都背离了哲学家们的期望。

　　历史与哲学的关系由此进入大家的视线。那个时期的大部

---

① Henri de Boulainvilliers, *La vie de Mahomed*, Londres-Amsterdam, Humbert, 1730; Marina Formica, *Lo specchio turco. Immagini dell'altro e riflessi del sé nella cultura italiana d'étà moderna*, Roma, Donzelli, 2012.

② Voltaire, "Histoire universelle", in *OEuvres compètes*, vol. 28: *Mélanges historiques*, Agotha, Guillaume Ettinger, 1785.

分研究者都在思考的一个问题是：在法国、欧洲甚至全球都在发生深刻变革的背景下，如何来思考历史及其工具？如何来思考历史的社会作用？

这个问题被不断地提出，以至于随着对历史的反思，人们对"他者"的接受或拒绝（从更广义的范围来说，"他者"不仅是指"异域"的人民，也包括相对于城市居民来说的农民，相对于贵族阶层的商人，等等）以及正在发生的变迁这两个方面也在引发思考。从这个角度来看，我们必须得理解 18 世纪的众多学者——特别是伏尔泰、孟德斯鸠及达朗贝尔——对古物收藏家（根据自己的兴趣系统地收集相关物品的人）及博学派的批判。[①] 人们开始质疑支撑着 16 世纪、17 世纪的历史研究及历史知识复兴的工具。对人文主义及古物收藏家的批判开始大行其道，认为他们收集资料的方式不具有批判性思维，因此会导致欠缺思考"现代性"的能力。杜尔哥、达朗贝尔、狄德罗、卢梭都在反思：如果历史知识不能局限于博学，那它还能拥有什么[②]？

鉴于大部分启蒙运动的发起人都表达出他们想要书写全球历史的雄心壮志，史料的可信度问题就变得十分重要。[③] 文学游记与传教士的实录广为人知，这些著作都出现在伏尔泰、雷

---

① Arnaldo Momigliano, "L'histoire ancienne et l'antiquaire", in *Problèmes d'historiographie ancienne et moderne*, Paris, Gallimard, 1983.

② Guido Abbattista, "The Historical Thought of the French Philosophes", in José Rabasa, Masayuki Sato, Edoardo Tortarolo, Daniel Woolf (dir.), *The Oxford History of Historical Writing*, vol. 3：1400-1800, Oxford, Oxford University Press, 2012, pp. 401-427.

③ Michèle Duchet, *Anthropologie et histoire au siècle des Lumières*, Paris, Albin Michel, 1971.

纳尔、狄德罗（Denis Diderot）和杜尔哥等人的书架上。普雷沃神父是第一批对这些叙事的可信度提出质疑的人。在1754年编撰的《游记历史》第十二卷中，他表达了对可信度的质疑，认为这些叙事都是出自观察者–旅游者的笔下，或是出自那些从来没有离开过欧洲、只局限于阅读游记的作家笔下。[①]他认为，历史与小说之间不存在边界，因为它们的参考资料都是一样的。他本人也是个小说家，倡导理清顺序，还准备创立一种名副其实的历史学和地理学。

在撰写《论人类不平等的起源和基础》的第二部分时，卢梭写道：“三四百年前欧洲的居民涌入世界其他地区，发表了一部部关于旅游和交往的著作，我确信我们了解的只是欧洲人。”[②] 他开始更加怀疑这些叙事的可信度。对文学游记可信度的质疑开始大规模蔓延。一些人，诸如普雷沃神父，将货真价实的旅行家与编纂者（雷纳尔）进行了区分；另一些人，诸如德·波沃，则热衷于证明这些人造成的损害（将西班牙人造成的损害与英国人造成的损害相比较，等等）。[③] 通过这一切，这种新的文学，就如《百科全书》或《两个印度的历史》中所归纳概括的那样，不再是为了博得人们的赞叹、引发他们的好奇心，而是旨在提供给大众一种对世界的理性的、

---

① Antoine-François Prévost, *Histoire générale des voyages ou nouvelle collection de toutes les relations de voyage par mer et par terre qui ont été publiées jusqu'à présent dans les différentes langues*, 15 vol., Paris, Didot, 1746–1759, en particulier vol.

② Jean-Jacques Rousseau, *Œuvres politiques*, Paris, Gallimard, coll. "Bibliothèque de la Pléiade", 1967, vol. III, p. 212.

③ Cornelius de Pauw, *Recherches philosophiques sur les Américains*, 2 vol., Berlin, Decker, 1768–1769. 关于这些观点，参见 Michèle Duchet, *Anthropologie et histoire au siècle des Lumières*, op. cit.

哲学性的分析。① 对语言的认知不再成为必须；相反，只有哲学性的论据才能判定史料是否有效。

史料这个概念本身和考古学者及研究者的定义有关。如果说休谟贬低奥希恩（Ossian）及他认为是神话传说的口头传统，吉本（Bdward Gibbon）在撰写关于罗马帝国衰落的文章时采用了相似的研究方法②，那么，还有其他很多人对此表达了另类的态度。卢梭、弗格森及维柯为"未经修饰"的口头史料辩护，他们从中找到了一种不经由欧洲观察者而了解"差异"的方法。这的确是一种简单质朴的研究范式——因为这些作者既不懂欧洲语言之外的语言，他们之中的任何一个人也不是民族志学者——但这种研究范式却带有一种政治学-哲学的目标："年轻"及"野蛮"的文明给"堕落的"（每况愈下的）欧洲"指明了道路"。

在《新科学》中，维柯提出了一种囊括非欧洲现实的历史哲学，即使他并没有掌握非欧洲世界的语言。③ 他想超越将语言和博学与哲学划分为二的这种做法，由此产生一部关于哲学、法律、文献学及人类学之间关系的模式的雏形。④ 他的

---

① Michèle Duchet, *Diderot et l' "Histoire des deux Indes" ou l'écriture fragmentaire*, Paris, Nizet, 1978; Hans-Jürgen Lüsebrink, Anthony Strugnell (dir.), *L' "Histoire des deux Indes": réécriture et polygraphie*, Oxford, Fondation Voltaire, 1995; Junia Ferreira Furtado, Nuno Gonçalo Monteiro, "Os Brasil na *Histoire des deux Indes* do abade Raynal", *Varia Historia*, Belo Horizonte, 32/60, 2016, pp. 731-777.

② David Hume, *Traité de la nature humaine*, 3 vol., vol. I: *L'entendement*, trad. Par Philippe Baranger et Philippe Saltel, présentation et notes par Ph. Saltel, Paris, Flammarion, 1995; Silvia Sebastiani, *The Scottish Enlightenment*, op. cit.

③ Giovan Battista Vico, *La scienza nuova*, Naples, Felice Mosca, 1725.

④ Jonathan Israel, *Enlightenment Contested*, op. cit.

"猜想"的历史——建立在既有事实基础上、经过哲学家思考的猜想及可能的演化——被后人广为谈论，特别是被苏格兰的哲学家和经济学家们热议。杜卡-斯图瓦特（Dagald Stewart）因此同时接受了维柯和斯密[1]的观点，他提出这样一个问题："是理论的历史还是猜想的历史？"他的回答与伏尔泰的回答差不多，就像休谟的回答一样，隐含在由人类历史向人类科学过渡的过程中。通过研究人类的本质，历史被认为应该同时思考共同点和多样化；历史是一种普遍的哲学领域，全凭经验的观察在其中发挥着核心作用。[2] 罗伯逊（William Robertson）的《美洲史》或弗格森笔下的文明社会，都是将这种研究范式付诸实践的不同尝试。[3] 罗伯逊还致力于创造一种超越新教徒与天主教徒之间的教条主义式对抗的历史，一部建立在宗教包容、教条及目标之上的历史。[4] 而弗格森则围绕着那些跨越了年代学层面的主题，创造了公民社会的历史。他从人的本质与其所处的环境之间的关系出发，来解释一些事件的发生。[5] 法国对他的影响，加之关于中国、美洲及印度的著作，为他思

39

① Adam Smith, *Essay on Philosophical Subjects*, éd. W. Wightman, Indianapolis, 1982.

② David Hume, *A Treatise of Human Nature*, éd. P. H. Nidditch, Oxford, Oxford University Press, 1978.

③ Adam Ferguson, *Essai sur l'histoire de la société civile*, trad. Claude-François Bergier [1783]; trad. révisée, annotée et introduite par Claude Gautier, Paris, PUF, 1992. 还可参考 Norbert Waszek, "An Essay on the *History of Civil Society*, d'Adam Ferguson: contextes et lignes de force", *Études anglaises*, 64/3 (2011), pp. 259-272。

④ Iain McDaniel, *Adam Ferguson in the Scottish Enlightenment*, Cambridge (Mass.), Harvard University Press, 2013.

⑤ Roger Emerson, "Conjectural History and the Scottish Philosophers", *Canadian Historical Association Historical Paper*, 19/1 (1984), pp. 63-90.

考自己的主题提供了经验主义和部分带有理论主义的要素。①
历史变革从此被一种研究范式赋予了顺序，这种研究范式逐渐
出名，被冠以"静态主义"或历史发展的阶段。②

这些研究范式形成了两种关系链条的起源：一方强调为了
使他人文明化而了解他人，另一方面则主要重视人类学和对其
他世界的认知。第一种研究范式是规范化的：认知是为了产生
参与的工具；第二种研究范式则更加具有描述性：是消除隔膜
（抑或是对环境变化的不适）促使人们去思考不同可能的多样
性。然而，无论是在哪种情况下，历史学家们都罩上了哲学家
的外衣。

历史的用途：启蒙运动、农奴制与奴隶制

启蒙运动所倡导的规范化的、普世化的哲学与"其他"
世界在很多方面都产生了冲突，例如专制主义、宗教或奴隶制
度，这些都在寻求将自由区分为一种哲学及政治学范畴。因
此，近距离审视哲学及启蒙运动中历史的用途自我转化为政治
行动的方法至关重要，特别是在充当"我们"与"他者"之
间的介质参与到法国及其殖民地关键性的政治变动中时。因

---

① George McGilvary, "Les rapports entre l'Écosse et l'Inde entre 1725 et 1833",
Études écossaises, 14 (2011), pp. 13 - 31; Id., *East India Patronage and the
British State: The Scottish Elite and Politics in the Eighteenth Century*, Londres, IB
Tauris, 2008; Guido Abbattista, "European Encounters in the Age of Expansion",
European History on Line, URL: http://ieg-ego.eu/en/threads/europe-and-the-
world/european-encounters.

② Karen O'Brien, *Narratives of Enlightenment*, *op. cit.*

此，启蒙运动中关于奴隶制的争论可以使我们抓住该运动普遍性的力量及其局限性。雄心壮志、恐惧，同时也包括启蒙运动关于农奴制与奴隶制的困境，这一切随着时间的流逝逐渐变得更加明显，其中也夹杂着希望、改革的流产与对新的社会气氛的不适应。一直到 18 世纪 80 年代，哲学家们都很难坚定地吐露出反对奴隶制的字眼。这并不是说要在一场政治和意识形态论战的背景中来批判或捍卫启蒙运动和大革命（赞成还是反对奴隶制？赞成还是反对自由？），而是要去了解这些学者的思想中宣扬的究竟是自由的哪种观点，一方面，这种观点如何通过一系列的改革而呈现，另一方面，这种观点又如何在与其他文化及地域——俄罗斯、印度、非洲——的相互碰撞中呈现。① 历史的这种迂回至关重要，让我们得以理解力量，也得以理解一些解放运动的失败，而在当今这个世界，这些运动或多或少都还与启蒙运动保持着直接的关系。

18 世纪，围绕着自由和劳动的争论处于三种相关大论战的中心：一种是关于东欧的农奴制；一种是关于殖民地的奴隶制；另一种是关于法国的行会制度改革。正是这三种论战之间的联系，使得劳动的定义以及对自由劳动和强迫劳动的区分保证了一些特征相比其他因素更具有说服力。实际上，18 世纪，奴隶、农奴及学徒等群体的工作不仅要依赖伦理道德的标准来

---

① Yves Benot, *Les Lumières*, *l'esclavage*, *la colonisation*, Paris, La Découverte, 2005; Olivier Grenouilleau, *Les traites négrières*, Paris, Gallimard, 2004; Id., *La révolution abolitionniste*, Paris, Gallimard, 2017; Seymour Drescher, *Capitalism and Antislavery: British Mobilization in Comparative Perspective*, New York, Oxford University Press, 1987; Sue Peabody, There Are no Slaves in France, New York, Oxford University Press, 1996.

评判，而且越来越将经济效率作为评判的标准。在这个基础上，等级制度得到了辩护，例如，殖民地相对于欧洲的"落后"，东欧相对于西欧的"落后"，以及最终法国相对于英国的"落后"。

历史的时间顺序上出现了浓墨重彩的一笔：18世纪50年代，对重商主义、农奴制及奴隶制的批判程度开始逐渐加深[1]；1748年孟德斯鸠出版了《论法的精神》，《百科全书》的前几卷也紧随其后问世。他将历史作为论据具有重要的意义：将专制的中世纪欧洲的奴隶制与启蒙运动时期欧洲的自由劳动进行了对照。启蒙运动所取得的进步在"开明的法国"与古老守旧的法国之间挖掘出一条鸿沟，也在西欧与东欧之间开凿了一条鸿沟。这两条鸿沟相互呼应，就像这种范式中所表现出的那样，体现了农奴制不仅出现在东欧、也出现在中世纪的欧洲这样一个事实。因此，东欧所证明的不再是它的某种特性，随着时间的流逝，最后发现，它所谓的特性仅仅是与其他国家的共同点。

1763年，伏尔泰完成了《彼得大帝治下的俄国历史》一书，并将书寄给了女皇叶卡捷琳娜二世（Catherine II）。在这本书中，包括在其之前写给女皇的所有信中，伏尔泰对俄国的农奴制保持着一种谨慎的态度，认为俄国最好在人民开化之前就将他们解放。[2] 而深受叶卡捷琳娜女皇重视的狄德罗也在反思："农民的奴隶身份没有对文化产生影响吗？农民财产的缺

---

① Michèle Duchet, *Anthropologie et histoire au siècle des Lumières*, *op. cit.*

② Voltaire, "Lettres à Catherine II" en 1762, 1765, 1766, in *Correspondance*, éd. Théodore Bersterman, Genève, Institut et Musée Voltaire, 1953-1965.

乏难道没有任何一丝的负面影响？"他的答案简明扼要："我不知道世界上还有哪个国家的农民会比俄国的农民更加热爱土地和家园。我们这片自由的土地上所拥有的谷物并不比那些不自由的土地上所拥有的谷物多。"① 当时，狄德罗对叶卡捷琳娜二世女皇和法国君主制度的改革能力持乐观态度。从这个前提出发，他认为，一些国家在达到了最高级的文明之后就开始蜕化，而另一些更接近原始状态的国家，则可以通过避免文明的缺陷而自我开化。他认为美洲和俄国位于后者之列。②

对文明的定义由此飞速地建立起来。以规范化和政治化为目标的历史重构也开始沿着这个方向发展。17 世纪时，历史学、文献学与法学已经为哲学怀疑论及历史学的怀疑主义找到了答案；一个世纪之后，一种相反的研究范式出现了：是道德哲学决定了历史存在的理由。

历史事件会对经受过政治思想浸润的哲学思潮产生强烈的影响。因此，俄国的普加乔夫起义，像法国废除行会制度时手工作坊里的匠师及学徒工们的抗议一样，很快就导致这两个国家开明君主制度的目标调整。1776 年，经过六个月的抗议之后，行会制度重新建立，同年，北美英属殖民地宣布独立，亚当·斯密发表了《国富论》。一种全新的格局看似重新被建立起来。伏尔泰与内克尔和魁奈针锋相对，他再次对经济自由等

① Denis Diderot, "Propriété des terres et agriculture: 4 questions", in *Questions à Catherine II sur la situation économique de l'Empire de Russie*, in Maurice Tourneux, *Diderot et Catherine II*, Paris, Calmann-Lévy, 1899, reproduit in *Mémoires pour Catherine II*, éd. Paul Vernière, Paris, Garnier, 1966, vol. 11, pp. 813-817.

② Denis Diderot, "Observations sur le Nakaz de Catherine II", in *OEuvres politiques*, Paris, Garnier, 1963, p. 365.

42 　同于公平正义这个方程式提出了质疑。①

　　实际上，法国废奴主义运动所遭遇的困难，更多地反映出相对普遍自由而言人们看待劳动自由的方式，而不是启蒙运动中所推定出的"抽象主义"或"欧洲中心主义"。与英国不同的是，相比宗教因素，在法国，是人类学、经济学、哲学与史学之间的交集左右着废奴主义者的话语风向。启蒙运动的经济人类学在寻找一种博爱主义的替代者，将抽象的人文主义转变为一场重视背景因素的解放运动的实际行动。② 从18世纪50年代中期开始，米拉波在其《人类之友》一书中，从道德层面及利益层面批判了奴隶制③，而杜邦公司则仔细计算了奴隶制所隐含的经济损失，同时包括对种植业和整体经济造成的损失。④ 这不光是一本经济账：这个时期的政治经济也同样被测算，这种政治经济与接下来几个世纪的政治经济有所不同，与此同时，政治哲学及伦理学也被考虑在内。⑤ 政治哲学及道德哲学通过经济学的推论及进行计算的人来体现，而不是相反，这同贵格会教徒的思想有不谋而合之处。⑥

① Gilbert Faccarello（dir.），*Studies in the History of French Political Economy from Bodin to Walras*，Londres and New York，Routledge，1998.

② Caroline Oudin-Bastide，Philippe Steiner，*Calcul et morale. Coûts de l'esclavage et valeur de l'émancipation*，xviii*ᵉ*-xix*ᵉ* siècles，Paris，Albin Michel，2015.

③ Victor Riquetti de Mirabeau，*L'ami des hommes，ou Traité de la population*，Avignon，s. n.，1758，p. 177.

④ Pierre Samuel Du Pont de Nemours，"Observations importantes sur l'esclavage des nègres"，*Éphémérides du citoyen*，6，1771，pp. 210-220.

⑤ Jean-Claude Perrot，*Histoire intellectuelle de l'économie politique*，Paris，EHESS，1992.

⑥ Éric Brian，*La mesure de l'État. Administrateurs et géomètres au xviiie siècle*，Paris，Albin Michel，1994.

1770 年，一直密切关注俄国游记的杜尔哥将"封建君主制度下的农奴"（这种表达二十年前被孟德斯鸠大力推广）与俄国的农奴和奴隶（这本身也即"封建君主制度下的奴隶"）进行了对比。在法国，封建君主制度下的农奴属于过去；殖民地的奴隶及俄国农奴将很快成为历史遗产，但它们仍然在为自己辩护，因为殖民地及俄国落后的事实依然存在。杜尔哥批判奴隶制，但他认为，实际上，在被西方殖民的印度，支付薪酬的自由劳动已经开始大面积推广，而杜邦公司并没有承认这一点。从这一点可以预见，随着市场的变化，奴隶制是逐渐可以被自由劳动代替的。①

1774 年，在亚当·斯密发表《国富论》（1776 年）之前，亚历山大·费迪南-贝西纳（Alexandre Ferdinand Bessner）男爵批判奴隶制，认为它缺乏赢利性。从经济目的出发，他一方面抨击慈善和博爱，另一方面又在抨击孟德斯鸠的"空想"。②　43

孔多赛从他的立场出发，又提出了另一种观点：即使最终奴隶制可以为一个种植庄园带来收益，但从整体来说它对国家是有害的。③ 圭亚那的殖民官玛吕埃（Maluet）补充认为，殖民大业强烈地依赖奴隶主和奴隶，解放奴隶不可能不带来殖民主义的坍塌。④

① Anne Robert Jacques Turgot, *OEuvres*, Paris, Alcan, 1914, t. II, pp. 375, 547-548.

② Baron de Bessner, "De l'esclavage des nègres", Archives nationales FM C/14/42.

③ Condorcet (ps. Schwartz), *Réflexions sur l'esclavage des nègres*, Neufchatel, Société typographique, 1781.

④ ANOM FM C/14/59, Lettre de Bessner du 25 mars 1785 et lettre de Malouet du 15 juillet 1785.

　　废奴主义者们在关于赢利及废除奴隶制的归纳概括上产生的分歧，给反对者提供了反击的口实。反对废除奴隶制的人质疑种植庄园有限的赢利性，并且提出了一种人文主义的观点：人口贩卖可以把非洲人从饥饿、暴力以及某种死亡中解救出来。而在他们看来，废除奴隶制只会给殖民地国家带来长期的贫困，反而有利于以英国为首的强有力的竞争对手的成长。[①]

　　这些观点在18世纪70年代至80年代之交发生了演变，这与两种因素有关：法国开明君主制的大转折——开明君主制终结了行会制度的改革、放弃了议会制的引进——以及加勒比地区奴隶的起义。伏尔泰以一种高高在上的态度批判了内克尔、魁奈和他们的进步主义改革，同时也激发了公众关于经济自由、短暂自由与社会公平正义之间均衡关系的论战。[②]而孔多赛则反对在文明世界里将人抓捕并且使之陷入痛苦的劫难。这两种因素都导致了不平等，这些不平等的起源和含义在根本上都有所不同。[③]

　　18世纪80年代是哲学家关于法国、俄国君主制以及最终延伸至奴隶制的态度愈加激进的时期。相比依赖于君主（被

---

① Caroline Oudin-Bastide, Philippe Steiner, *Calcul et morale*, op. cit. 也可参见 Marcel Dorigny（dir.）, *The Abolitions of Slavery from L. F. Santhonax to Victor Schoelcher, 1793, 1794, 1848*, New York, Berghahn, 2003。

② Gilbert Faccarello, "Galiani, Necker, and Turgot: A Debate on Economic Reform and Policy in Eighteenth-century France", in G. Faccarello（dir.）, *Studies in the History of French Political Economy from Bodin to Walras*, op. cit., pp. 120-195, en particulier p. 179, n. 23; Manuela Albertone, *L'economia come linguaggio della politica nell'Europe del Settecento*, Milan, Feltrinelli, 2009.

③ Condorcet, *Réflexions sur l'esclavage des nègres*, op. cit.

视为独裁者）而施行的改革，我们更应该为各种运动及人民
的情感而感到自豪。革命的观点替代了改革的观点。

44

从18世纪80年代开始，狄德罗、孔狄亚克等人将他们对
开明专制主义的怀疑与对欧洲文明更普遍的批判联系在一起。
正如孔狄亚克所言："与欧洲更广泛的交流不太合适用来开化
俄国人，而更合适让他们沾染上开化民族的陋习。"① 从这种
角度来看，俄国的改革需要采取与法国及其殖民地类似的措
施。这种观点可以在一大批"哲学家"中普遍传播。因此，
我们可以从中发现历史的政治用途、历史的哲学维度与思想的
全球流通之间的紧密联系。同时代的学者们表达了不同的观
点：一些人是废奴主义者和殖民主义者，而另一些人则将废奴
主义与反殖民主义联系在一起。"自由"的意义在不同学者、
不同时期表现出极大的差异。② 启蒙运动的人文主义和人道主
义流露出复杂的态度，在这种多元化中，这些复杂的态度与抽
象"人权"毫无关系，而更像是想成为一种帮助人类来确保
自己自由的工具。③

从那时候开始，如果说俄国对农奴制度的深刻认识与我们
之前提到的法国或英国的学者们的认识有所不同，那这种说法
就是错误的。主流学者及俄国改革者在这个问题上的观点，一
方面诞生于这些当地的讨论与观点的相互碰撞之中，另一方面

---

① Étienne Bonnot de Condillac, *OEuvres*, 23 vol., Paris, C. Houel, an VI [1798], t. 20, pp. 63-64.

② Yves Benot, *La Révolution française et la fin des colonies*, Paris, La Découverte, 1988.

③ Michèle Duchet, *Anthropologie et histoire au siècle des Lumières*, *op. cit.*

也来源于法国与德国重要思潮的影响。[①] 这种知识的流通非常
重要，以致不仅是法国哲学家，而且不少德国的思想家和经济
学家也在俄国定居下来。因此，某种更为激进的思想，甚至革
命思想的一些影响，也开始逐渐体现出来，例如在尼古拉耶维
奇·拉季舍夫（Nikoaï Radishchev）（雷纳尔的忠实读者）身
上就可见一斑。[②] 然而，一方面，受迟疑态度甚至叶卡捷琳娜
二世的反对与审查的影响，另一方面，受俄国改革家和影响了
这些改革家的启蒙运动哲学家思想的影响，这些激进思想在俄
国影响式微。叶卡捷琳娜二世更愿意鼓励她的合作者及年轻的
经济学家们去学习和传播重农主义者的思想。米哈伊尔·谢尔
巴托夫的观点并非一直都是错的，因为他在深受法国哲学家的
启发之后，通过研究狄德罗和伏尔泰后提出：农民们还没有为
获得自由做好准备；在某些情况下，奴役工作的生产率并不一

45

---

① Sur l'influence de Raynal sur Radischchev: Vladimir I. Moriakov, *Iz istorii evoliutsii obshchstvenno-politiceheskikh vzgliadov prosvetitelei kontsa XVIII veka: Reinal' i Radishchev* [L'histoire de l'évolution des regards sociopolitiques des lumières au xviie siècle: Raynal et Radischchev], Moscou, Nauka, 1981; Allison Blakely, "American Influences on Russian Reformists in the Era of the French Revolution", *Russian Review*, 52/4（1993）, pp. 451 – 471; et chez Nikolai Novikov（note éditoriale de 1784, reproduite in N. I. Novikov, *Izbrannye Trudy* [OEuvres choisies], Moscou, Nauka 1951, p. 562）.

② 关于这个时期美国对俄国的影响: Max Laserson, *The American Impact on Russia, Diplomatic and Ideological, 1784–1917*, New York, Macmillan, 1950. 也可参见 Richard Hellie, *Slavery in Russia, 1450 – 1723*, Chicago, Chicago University Press, 1982。美洲发生的事件与激进改革主义之间的联系一直延伸至世纪初，圣多明各的奴隶起义令 Karamzin 慷慨激昂: Nikolaï Karamzin, "Khronika", in *Vestnik Evropy*, 1802, pp. 83–84; Id., *A Memoir on Ancient and Modern Russia: The Russian Text*, éd. Richard Pipes, Cambridge（Mass.）, Harvard University Press, 1959, p. 45。

定比自由劳动的生产率要低，因为奴役劳动确保了农奴不受经济和气候的风险制约。[1] 从奥古斯特·施洛泽（August Schlözer）的思想中我们也能发现类似的观点。1757年抵达俄国以后[2]，施洛泽认为，农奴制的层层改革最终会结束。他的儿子克里斯蒂安（Christian Schlözer）继他之后进入了俄国科学院，后来又入职圣彼得堡大学。他翻译了亚当·斯密的书，并且就此发表了一份独特的讲话：劳动的分工当然是可以被接受的，但在农奴制及其他技术革新的条件下，分工同样也与社会组成相联系。[3]

在英国关于农奴制及奴隶制的讨论中，历史的用途也被频繁提及。洛克和休谟在谈及自由时，更多指的是北美殖民地居民的人身自由（liberty），而不是全人类的权利自由（freedom）。同样，在法国，孟德斯鸠及其他众多学者将奴隶制及俄国农奴制的相关讨论与中世纪的奴隶制相提并论；在英国也是如此，如同萨默塞特一案中做出的判决那样，同时代的学者们将奴隶制与"villeinage"（中世纪时指代农奴制的英语词汇）一词进行比

---

① Mikhaïl Chtcherbatov, *Neizhdannye Sochineniia*〔Recueils Inédits〕, Moscou, Gosizdat, 1935, en particulier *Razmotrenie o voprose-mogut li dvoriane zapisyvat'sia v kuptsy*, pp. 139–158; Marc Raeff, "State and Nobility in the Ideology of M. M. Chtcherbatov", *American Slavic and East European Review*, 29 (1960), pp. 363–379.

② *Obshchestvennaia i chastnaia zhizn Avgusta Liudvig Schletsera im samim opisannaia*〔La vie privée et publique d'Auguste-Louis Schletzer par ses propres observations〕, in *Sbornik russkogo iazyka i slovesnosti Imperatorskoi Akademii Nauk*〔Recueil de l'Académie des sciences〕, vol. 13, Saint-Pétersbourg, 1875.

③ Confino 高效地指出了三区轮作与社会组织之间的关系。Michael Confino, *Systèmes agraires et progrès agricole. L'assolement triennal en Russie xviiie–xixe siècles*, Paris-La Haye, Mouton, 1969.

较。这种比较随着时间的流逝、在不同的学者那里发生着演变，因此，18世纪中叶，英国最具威望的法官之一威廉·布莱克斯通（William Blackstone）首次认定"villeinage"一词与奴隶身份非同一指代，但他最终也承认，在某些形式中，"villeinage"这一词语也影射着这种将人几乎作为牲口使用的身份，即奴隶身份的极端形式。一直到18世纪的最后二十几年，伴随着萨默塞特（James Somersett）案件的发生，各方的不同立场才变得更加对立。废奴主义者认为，"villeinage"已经随着英国法的演化和对个人自由的维护而逐渐被废除；与之相反，奴隶制的支持者则认为，"villeinage"是一项使奴隶制合法化的法学先例。空间（英国法、殖民地法）和时间（先例可以追溯至中世纪）的延续与分裂再一次成为重大的政治和社会事件，远远超越了学术争论的范畴。与此同时，一个有趣的现象是，废奴主义者在使用历史论据的同时，又增加了种族秩序的概念。天生就是白皮肤的英国农奴之间的血缘关系，与在其他人种身上施行的奴隶制之间的血缘关系完全不同。出于这种原因，他们认为奴隶制与农奴制有所不同，奴隶制应该被废除，即使缺乏司法先例。与我们今天的想法——或者与美国19世纪发生的事情——相反的是，在18世纪末的英国，种族与歧视更多地被用来作为废奴主义者的论据，而不是为了使奴隶制合法化。

总而言之，18世纪出现的历史哲学有很多目标。首先是必要性，对大部分"哲学家"来说，必须给当时使用的游记一些切实的依据，以便于他们了解非欧洲世界。同时，这一转折也带来了比之前几个时代更为标准的历史。历史成为政治哲学的一部分，这也导致后来产生了一些被我们称为欧洲中心主义的论据。然而，对大部分启蒙运动的哲学家来说，证实这样一种结论还存在困难；在缺乏这样一种欧洲中心主义定位的情况下，甚至很难去界定他们各自的观点是什么。也许很多哲学家采取了一种文明主义的态度；然而，还有不少人强调了鼓励与"他者"真正相遇的重要性，甚至倡导从欧洲以外的文明中汲取灵感来改革欧洲。对他们来说，这就是要超越博学，找到放之四海皆准的原则。这些原则不仅通常在欧洲普遍出现，还在伊斯兰国家及中国得到了发扬光大。在这个过程中，18世纪的大师们依赖的是一百多年来积累的丰富文献，这些文献用几乎相近的方法，记载着关于不同传统的碰撞、翻译和对文本的重新解释。从某些意义上说，哲学家们通常将其他世界都理想化处理，因此人们无法得出一种普遍化的、相似的欧洲中心主义的结论。问题几乎都是在哲学家们在公开论战中去尝试诠释这种思考的时候出现的。在这种情况下，正如奴隶制所体现的那样，他们发现自己面临着付诸实践的困难，也面临着与政治关系的冲突。他们对"他者"的幻想都是理想化的状态，因此他们的思想看起来都是那么的弱不禁风。

19世纪试图通过强化欧洲中心主义的定位来为这些困境找到出路。

第二章　亚当·斯密在北京？
应该说马克思在圣彼得堡

　　乔万尼·阿里吉在其享誉世界的著作中，建议借助亚当·斯密的思想来了解全球的变化，特别是了解 18 世纪和 19 世纪中国与欧洲的相互影响。他的这本著作被冠以《亚当·斯密在北京》这样一个极具煽动性的书名。[①] 我们将从另一条路径开始，哪怕最终会重新在比较史学中对亚当·斯密的思想进行转化和运用：我们将审视马克思本人以及之后那些声称继承了他思想的人的自我定位及与非欧洲世界互动的范式。相比社会性和比较性，这种方法更具有历史性和循环性。

马克思在全球史中的运用

　　我们刚刚讨论了启蒙运动及其对历史的定义；现在来聊一聊马克思与全球的关系。马克思的思想在何种程度上被传播到西方世界以外的地域？

[①] Giovanni Arrighi, *Adam Smith in Beijing : Lineages of the 21st Century*, Londres, Verso, 2009, 法译本: *Adam Smith à Pékin. Les promesses de la voie chinoise*, Paris, Max Milo, 2009。

关于全球史及资本主义的变革问题，我们无法通过阅读所谓"真正的马克思"之类的书籍来找到答案。关于这项主题，我们可借用的文献资料卷帙浩繁；通常总是带有意识形态色彩的论战都将马克思的思想视为解释非欧洲现实的工具。这些论战都借用了不同的路径，遍布俄罗斯、中国、印度、非洲还有拉丁美洲等各个地区；我们应该通过一部完整的著作来了解这个问题。① 在这个问题上，我的想法相对谨慎：首先，我希望回忆一下马克思思想在全球史中被运用的方式，其次，我会来看看马克思本人及其思想的继承者与非欧洲世界的相遇，特别是与俄国和印度之间的碰撞。

因此，在 21 世纪的全球史领域，不少学者通过自许为马克思思想的继承者而大肆批判欧洲中心主义：值得一提的是沃勒斯坦、阿里吉、弗兰克和奈格里，或许还有萨米尔·阿明②，也包括一些另类全球化运动的支持者，以及一些地理学家和非标准经济学领域的法国经济学家（鲍嘉、诺埃勒等）。③ 这些学者认为他们对马克思思想的分析是全球化的，他们陈述的理由有两点：一是马克思思想的全球维度，二是它再次将经

49

---

① Kevin Anderson, *Marx at the Margins: On Nationalism, Ethnicity, and Non-Western Societies*, Chicago, University of Chicago Press, 2010.

② Samir Amin, *Global History. A View from the South*, Cape Town, Pambazuka Press, 2011.

③ Immanuel Wallerstein, *The Modern World-System: Capitalist Agriculture and the Origins of the European World-Economy in the Sixteenth Century*, New York, Londres, Atheneum, 1974, 1976; Giovanni Arrighi, *Adam Smith in Beijing*, op. cit.; André Gunder Frank, Barry K. Gills, *The World System: Five Hundred Years or Five Thousands?*, Londres, Routledge 1994; Michael Hardt, Toni Negri, *Empire*, Paris, Exils, 2000; Philippe Beaujard, Laurent Berger, Philippe Norel (dir.), *Histoire globale, mondialisations et capitalisme*, Paris, La Découverte, 2009.

济、社会和政治维度相联系的事实。2013年《今日马克思》杂志出版了一期全球史专刊，收纳了沃勒斯坦、诺埃勒和鲍嘉的文章，这并不是偶然事件。这也说明，是马克思的变体沃勒斯坦再次将马克思与全球史联系在一起。[①] 这一变体通过研究20世纪六七十年代的不发达国家，对马克思思想进行了凝练。同马克思一样，沃勒斯坦的重点是研究资本主义在创造全球性的社会等级制度和国民经济等级制度过程中发挥的作用。然而，与马克思这位德国思想家不同的是，沃勒斯坦增加了一些从发展经济中提取的要素，即统治模式（不仅在经济领域，也包括语言领域）与增长和补偿政策。他也参考了布罗代尔的方法，关注空间及其建构作用。

对这些范式的批判态度一分为二：弗雷德·库珀等人认为，这些方法的特性是重复及意识形态化的（用不平等来解释不平等）；而另一些人则攻击他们的论据没有科学依据：殖民主义的利益已经显著降低[②]，就像在资本主义支持下东欧的角色也已经没落[③]，以及在英国的扩张下印度开始垮台一样。[④]

也恰恰是这些批判的共同点，值得我们在此多费点笔墨：自1945年起，在全球性的大变革中，马克思主要在两种背景下被提及：一种是在去殖民化时期和冷战时期，在关于不发达

50

---

① *Actuel Marx*, 2013/1, n. 53.

② Patrick O'Brien, "European Economic Development: the Contribution of the Periphery", *Economic History Review*, 35（1982）, pp. 1-18.

③ Alessandro Stanziani, *After Oriental Despotism*, Londres, Bloomsbury, 2014.

④ Christopher Bayly, *Imperial Meridian. The British Empire and the World*, Londres, Longman, 1989.

的论战中；另一种是现在，在关于全球化的论战中。无论是在哪种背景下，都事关极其规范的研究方法问题：所做的分析与学者们提出的政策密不可分。[①]当我们讨论布罗代尔及其影响时，我们会讨论经济世界；我们会发现，这种研究方法即使是在最极端的构想中，尤其是近年来，都完全可以被视为决定论和非历史论的，在有略微差别的构想中，这种方法也会带来一些重要的反思因素。

事实上，在全球史领域，人们所借鉴的马克思的思想不能局限于沃勒斯坦所阐释的那部分。因此，不少历史学家将马克思视为全球史和跨国史，也包括社会史[②]及思想史[③]研究方法论层面上的主要参考对象。首要的就是经由韦伯提炼出来的马克思的思想在影响着全球史。在这种背景下，资本主义经常与国家-民族和有偿劳动联系在一起。这种阐释从此摒弃了所有那些重在分析美国南北战争时期黑奴制维护者的资本主义特性，或者当前全球市场中变相奴隶制的研究。[④]

至于某些全球思想史（certaine histoire globale intelle-ctuelle）借鉴了马克思的观点这一问题，则涉及在全球等级制度的形成及维护中重视知识方面这一企图。因此，在日本、中国及印度的现代化进程中，学者们非常重视欧洲的知识所扮演

① Michael Curtis, *Orientalism and islam : European Thinkers on Oriental Despotism in the Middle East and India*, Cambridge, Cambridge University Press, 2009.
② Heinz-Gerhard Haupt, Jürgen Kocka (dir.), *Comparative and Trans-national History*, op. cit.
③ Samuel Moyn, Andrew Sartori (dir.), *Global Intellectual History*, New York, Columbia University Press, 2013.
④ Sven Beckert, *Empire of Cotton*, op. cit.

的角色。因此，我们很难责备苏拉马尼亚姆将这种研究方法评价为欧洲中心主义，因为这种方法忽视了非欧洲的知识以及这种方法与非欧洲的知识之间的相互作用。[①] 尽管遵循了底层研究独有的视角，但查卡拉巴提还是更为激进，他认为马克思的研究方法是欧洲中心主义的，这种方法并没有打算考虑诸如印度等其他国家的背景。[②]

通过这些我们可以看出，问题是如何在避免陷入欧洲中心主义研究范式的前提下去推广马克思的思想。为什么这段历史在此非常重要？因为我们可以借助这段历史来评估这种自视继承了马克思思想的全球史的可能性及局限性。因此，那些自认为延续了这种研究范式的学者最终承认，自己对全球化起源的解释是相当决定论的，这不足为奇。他们引为参考的是1850～1870年间"科学的"马克思，尤其是恩格斯的著作、19世纪末的正统马克思主义以及去殖民化时期的列宁主义和斯大林主义。在这场关于现代化的论战中，最根本的话术都隐藏在那些将全球化的支持者和反对者的观点进行的对比中，一些人重点强调进步、技术及世界统一的优点，而另一些人则为小生产者、"农民"、地方特性及另类全球化的价值观进行辩护。历史的分期被用来证明意识形态假设的有效性：中国、印度及巴西被视为对全球化进程的一种肯定，而不是质疑全球化的一种

---

① Sanjay Subrahmanyam, *Aux origines de l'histoire globale*, Paris, Collège de France/Fayard, 2014.

② Dipesh Chakrabarty, *Provincialiser l'Europe. La pensée postcoloniale et la différence historique*, *op. cit.*

方式。① 我们正处于一种受决定论强烈影响的历史哲学的大环境之中；正是哲学，特别是政治化的、规范化的哲学在支配着历史分析的背景，而不是相反。相比已经被证明的部分，这些研究范式的意义更在于它们还有很多没能解释的方面：多极化世界的存在与发生其他历史事件的可能性。②

但是，我们可以思考的是，这种态度在何种程度上与马克思本人的思想产生了呼应？如果这种态度在 20 世纪发生了改变，那又是如何被改变的？

面对全球化世界的马克思

用马克思思想来思考非欧洲世界的现实问题，并不是从冷战时期开始的，也不是从我们当代的全球化开始的。这场论战在马克思活着的时候就已经开始，在他逝世之后仍在延续，原因都极其类似：即使国别史和实证主义的历史主导着全局，那种认为 19 世纪其他研究范式都尚未形成的想法也是错误的。其他研究范式只不过是被排除在专业的历史学研究范式之外，被看作哲学的、人类学的，甚至在 19 世纪末被看作社会学的研究范式。因此，尽管兰克（Leopold von Ranke）大肆批判，但历史哲学仍然生机勃勃，就如黑格尔、卡莱尔（Thomas Carlyle）和马克思等人所证

52

---

① Carlos Antonio Aguirre Rojas, *La historiografía en el siglo XX. Historia e historiadores*, Madrid, Montesinos, 2004.

② Elias Palti, *Giro linguistico e historia intelectual*, Buenos Aires, Universidad Nacional de Quilmes, 1998.

明的一样。儒勒·米什莱（Jules Michelet）和基佐（François Guizot）也站在这一行列。[①] 菲斯泰尔·德·古朗士（1830～1889）[②] 与雅各布·布克哈特（1818～1897）[③] 也尝试着用兰克的方法，将历史与对社会的研究结合在一起。

　　然而，正是因为马克思，历史学、经济学、哲学与社会科学之间的相互影响才成为一项切切实实的认识论与经验论的研究大业。马克思提出了一个核心问题：他的思想是否可以与欧洲以外的世界和价值观兼容并蓄？

　　当时具体的背景是：无论在普鲁士王国还是在欧洲，19世纪上半叶都是以社会和传统经济结构发生危机为特征，最重要的产业，更广泛地说，国际贸易开始登场。[④] 在这种背景下，特别是从 19 世纪 30 年代开始，城市和乡村世界的贫困问题成为大部分欧洲国家迫在眉睫需要解决的政治议题。[⑤] 对贫困问题的调查不断增多，目标是在工业化与形成威胁的大规模流浪人口之间划清界限。从一个国家到另一个国家，这类调查

---

① Jules Michelet, *Histoire de la France*, 17 vol., Paris, 1833 - 1867; Pierre Rosanvallon, *Le moment Guizot*, Paris, Gallimard, 1985.

② Numa Denis Fustel de Coulanges, *Recherches sur quelques problèmes d'histoire*, Paris, Hachette, 1885; 也可参见 Jean-Claude Schmitt, Otto Gerhard Oexle (dir.), *Les tendances actuelles de l'histoire du Moyen Âge en France et en Allemagne*, Paris, Publications de la Sorbonne, 2003。

③ Jacob Burckhardt, *Die Cultur der Renaissance in Italien*, 1860, 由 H. Schmitt 翻译, R. Klein 修改和撰写序言: *La civilisation de la Renaissance en Italie*, Paris, Le Livre de Poche, 1958; Voir aussi Thierry Gontier, "Nietzsche, Burckhardt et la 'question' de la Renaissance", *Noesis*, 10 (2006), pp. 49-71。

④ 关于 19 世纪全球变革的最新综述: Jürgen Osterhammel, *La transformation du monde*, op. cit.; Christopher Bayly, *Naissance du monde moderne*, op. cit。

⑤ Gary Cross, *A Quest for Time. The Reduction of Work in Britain and France*, 1840-1940, Berkeley, University of California Press, 1989.

不仅在蓬勃发展的社会主义运动中纷纷涌现，而且也发生在自由主义者和保守派之中，尽管理由都是相对的，但所有人都在为这些正在发生的变革而忧心忡忡。[1]

53

在其中一些人看来，1848 年的一系列革命似乎证实了这些恐惧，抑或是希望[2]；在这种背景下，"发展的历史规律"是否放之四海皆准这一问题应运而生。[3] 马克思也加入了这场论战，他在法国撰写了关于 1848 年革命的一些书，之后又撰写了关于第二帝国的书。耳熟能详的事件、革命性的观点以及历史书写之间的分界显而易见。如果说马克思希望推翻黑格尔及其历史哲学，那他也借助了黑格尔的不少假设，首先就是黑格尔对历史发展"规律"的探索。在《资本论》的第一卷、《政治经济学批判》及《共产党宣言》中，马克思重拾他对黑格尔的批判，也批判古典政治经济学提出的抽象的理论和规

---

[1] Henri Hatzfeld, *Du paupérisme à la sécurité sociale, 1850-1940*, Paris, Armand Colin, 1971; André Gueslin, *Gens pauvres, Pauvres gens dans la France du xixe siècle*, Paris, Aubier, "Collection historique", 1998; Id., *D'ailleurs et de nulle part. Mendiants, vagabonds, clochards, SDF en France depuis le Moyen Âge*, Paris, Fayard, 2013; Giulio Procacci, *Gouverner la misère. La question sociale en France, 1789-1848*, Paris, Seuil, 1993.

[2] 一直到 1980 年，一些历史学家尤其是马克思主义者，都和马克思一样在强调 1848 年一系列革命的重要性。根据这种解释，这些事件标志着旧制度中土地贵族与后革命时代的国家之间的妥协，从此以后，"真正的"自由资产阶级和资本主义登上舞台。这种解释有细微的差别：尤其是阿诺·梅尔指出，这种转变只是在第一次世界大战之后才发生，而其他人则重点研究不同阵营的缓慢转变，以达到做出相同年表的目的。最近，克里斯托弗·贝利、尤尔根·奥斯特哈默等全球史学者淡化了 1848 年的重要性，尤其是在将这一顺序与 18 世纪、19 世纪之交的革命和第一次世界大战的影响进行了比较之后。

[3] Jean-Claude Caron, "Le xixe siècle en question", *1848. Révolution et mutations au xixe siècle*, 6 (1990), pp. 19-38［在线阅读］。

律，认为这些理论和规律忽略了资本主义内部存在的历史特性。[①] 他将抽象的经济学与对社会和历史的具体的、经验论的分析进行了对照。事实上，相比所谓的"古典"学派［李嘉图、马尔萨斯、西尼尔（Nassau William Senior）］将资本主义去历史化，他不是很反对普遍性模式。他的研究方法让他发现了资本主义的历史特性及其"普遍规律"。作为黑格尔的"信徒"，马克思并不反对普遍性理论和历史规律，他只是反对这个过程中的某些阐释。[②] 他并不反对饱受他批判的政治经济学的抽象性，但他反对政治经济学旨在引进资本主义的特殊表达。[③]

相反，他提出一种自称历史性的模式，但这种模式与反对者的模式相比，同样具有世界性的抱负[④]：从封建主义向资本主义的过渡在世界各地都是有意义的，就像资本主义变革的主要特性也具有意义一样；劳动的转让和商品化、交换的货币化以及对商品的崇拜带来了利润率的降低、危机与扩张时期的轮回以及著名的无产阶级"后备军"的存在。在这种背景下，历史旨在肯定其理论的正确性；历史时期首先是由一些哲学性、政治性论证的阶段构成的。

---

① Louis Althusser, *Pour Marx*, Paris, La Découverte, 2005.

② Paul Blackledge, *Reflections on the Marxist Theory of History*, Manchester, Manchester University Press, 2006.

③ Matt Perry, *Marxism and History*, New York, Palgrave, 2002.

④ 参见 Bruno Karsenti, "From Marx to Bourdieu: The Limits of Structuralism in Practise", in Simon Susen, Bryan S. Turner (dir.), *The Legacy of Pierre Bourdieu: Critical Essays*, Londres, Anthem Press, 2011, pp. 59-90。

相比被他评价为"庸俗之物"[1] 的社会主义，马克思声称他这项大业的科学特性是一项重大贡献。恰恰是对科学与经济的比较，让他提出了一种关于资本主义的综合性分析。然而，这种他自认为具有普遍性的综合性分析实际上符合英国的现实状况，抑或更像是一种经过马克思的反思之后形成的对英国历史的程式化描述。[2] 因此，不仅是在英国，而且在全世界范围内，公共土地私有化、工业化及无产阶级都成为理解资本主义发展和变化的关键因素。[3] 所有的国家都被认为遵循了这样的发展路径。历史决定论与历史哲学就在这种实证主义的研究范式中相遇，历史的主要作用不再是用来质疑，而是被用来证明一种政治经济模式的有效性。马克思的理论并不是可描述的，而是可分析的、规范化的。他的思想具备双重的欧洲中心主义：无论是他的研究方法，还是他从中得出的结论。

我列举马克思思想在西欧以外的两个遭遇：印度和俄国。19 世纪 50 年代初期，马克思在其《共产党宣言》以及发表在《纽约论坛报》上关于印度的文章中，揭露了英国的殖民主义，但他也承认殖民主义带来了进步的因素，例如引进了私有财产和与种姓制度做斗争的概念。[4] 也许是受到了

---

① Eric Hobsbawm, *How to Change the World. Tales of Marx and Marxism*, Londres, Little Brown, 2011.

② Paul Bénichou, *Le temps des prophètes. Doctrines de l'âge romantique*, Paris, Gallimard, 1977.

③ Richard Biernacki, *The Fabrication of Labor. Germain and Britain, 1650–1914*, Berkeley, University of California Press, 1995.

④ Kevin Anderson, *Marx at the Margins*, op. cit.

55　黑格尔的影响①，他认为，乡镇和村庄是印度保守封闭最强有
力的束缚。②自1853年起，在公共事业以及政府所扮演的角色
中，他发现了在印度、中国、美索不达米亚地区以及古埃及等
地区亚洲权力自我形成的特性。③

　　1857~1858年印度雇佣兵大起义之后，马克思开始修正自
己的观点。雇佣兵是英属东印度公司军队的核心力量，随着公
司的不断发展，不断精益求精，它将地方性军事知识和英国的
技术结合了起来。然而，1857年，印度密拉特地区的士兵奋起
反抗军官命令；起义很快在英国控制的印度北部和中部蔓延。
英国的媒体和公共舆论面对突如其来的暴乱措手不及，他们都
认为这只是雇佣兵面对英国给印度带来的文明及财产时一种忘
恩负义的表现。④起义事件也影响了英国及其威望，与工业化
相关的变革导致了重大变化的发生。问题不再仅仅是英国制造
的纺织品占领全球那么简单，还在于从此需要舒缓帝国层面、
进而是全球层面的政治威望与经济权力之间日益紧张的关系。⑤

①　Michael Löwy，"L'humanisme historiciste de Marx ou relire le Capital"，*L'homme et la société*，17/1（1970），pp.111-125.

②　Karl Marx，Friedrich Engels，*Collected Works*，50 vol.，New York，International Publishers，1975-2004，vol.12，pp.211-232，217-218；vol.39，pp.333-334；K.Marx，*OEuvres*，éd. M.Rubel，Paris，Gallimard，1965-1994.

③　K.Marx，"La question militaire-Les affaires parlementaires-L'Inde"，*New York Daily Tribune*，5 août 1853，in K.Marx，F.Engels，*Textes sur le colonialisme*，Moscou，Éditions du Progrès，1977；K.Marx，F.Engels，*Collected Works*，*op. cit.*，vol.12，pp.126-132.

④　Gautam Chakravarty，*The Indian Mutiny and the British Imagination*，Cambridge，Cambridge University Press，2005.

⑤　Uday Singh Mehta，*Liberalism and Empire. A Study in Nineteenth Century British Liberal Thought*，Chicago，University of Chicago Press，1999.

印度公司退出舞台与英国议会直接统治印度，都是这些变革带来的结果。①

马克思无法在这场争论中独善其身。他写道：恰恰相反，起义是英国殖民政治、独裁与剥削的后果。② 在那段时期，他即将完成《政治经济学批判大纲》的编纂工作。与之前其他著作不同，在这本书中，他预言，在由前资本主义体系向资本主义体系过渡的这段过程中有可能会发生很多历史性的变革。因此，他提出了"亚细亚生产方式"这一概念。③ 从 1861 年到 1863 年，从同样的视角出发，在这个所谓的"手工作坊经济"——实际上这是资本的雏形——中，马克思推翻了自己之前的理论，认为印度的乡镇和农村并不一定是导致其故步自封的根源。④ 他补充了一个观点，即英国的统治在没有引进资本主义的情况下摧毁了印度的乡村。⑤

然而，马克思对这种模式的准确性并没有表现出自信的态度。在德语版《资本论》的第一卷中，他再次提出不同社会历史性发展的独特性；但在 1872~1875 年间法语版的《资本论》中，他再次改变了这种观点。⑥ 与德语版相比，法语版的

56

---

① Thomas Metcalf, *The Aftermath of Revolt. India*, *1857-1870*, Princeton, Princeton University Press, 1964; Nicholas B. Dirks, *The Scandal of Empire. India and the Creation of Imperial Britain*, Cambridge (Mass.), The Belknap Press, 2006.

② K. Marx, F. Engels, *Collected Works*, *op. cit.*, vol. 15, pp. 297-305; Iqbal Husain (éd.), *Karl Marx on India: from the New York Daily Tribune*, including articles by Frederick Engels and correspondence Marx-Engels, Delhi, Tulika Book, 2006.

③ K. Marx, *Grundrisse*, Paris, 10/18, 1973.

④ K. Marx, F. Engels, *Collected Works*, *op. cit.*, vol. 31, p. 236.

⑤ *ibid*, vol. 34, pp. 118-119.

⑥ M. J. Roy 翻译的 Librairie du progrès, 1872 et 1875。也可参见 Étienne Balibar, *La philosophie de Marx*, Paris, La Découverte, 2014。

结构有所改变，特别是他删除了关于原始积累的全部章节，增加了其他一些章节，以展现通向现代性和资本主义的不同历史路径的可能性。如果说恩格斯为了完成其他译本一直拒绝接受法语版的《资本论》，而只参考德语原版，这也并不意外，因为他想"保留"原汁原味的马克思思想。

除了法语版，俄语版的《资本论》也让马克思开始思考历史发展的多样性。与印度一样，俄国似乎也不能证明这种论述的正确性。然而，比印度更甚的是，19世纪，在俄国诞生了一种被称为历史分析的重要思潮，马克思不得不加以面对。1840~1860年西方派与斯拉夫派之间那场著名的论战，就是关于历史变革是否最终会沿袭西方的方式，抑或还有其他的方式。斯拉夫派认为，农民公社可以成为俄国现代化的基石，而反对派则认为俄国应该像英国一样，先经历将公有土地私有化、将农民变成无产阶级的过程。这同样也是一种认识论的对立：西方派将历史和经济学与自然科学以及它们的"普遍规律"相比较，而斯拉夫派则强调它们之间的无法替代性。①

这正是与马克思论战的开始。1872年，以丹尼尔逊为首的一些民粹主义学者（斯拉夫派）将《资本论》译成了俄语。特卡契夫（Pyotr Tkachev）、米哈伊洛夫斯基（Nikolai Konstantinovich Mikhailovskii）以及查苏利奇（Vera Zasulich）等激进派及革命派对马克思和恩格斯的公社和"发展规律"提出了质疑：是否可以沿着一条不同于欧洲的发展路径，不经过资本主义而最终到达社会主义？

①　Alessandro Stanziani, *L'économie en révolution, le cas russe. 1870 - 1930*, Paris, Albin Michel, 1998.

在 1877 年写给米哈伊洛夫斯基的一封信中，马克思认为，俄国可以走一条不同于西方的道路。四年之后，在写给查苏利奇的信中，马克思称农民公社可以成为俄国社会复兴的基石。①

因此，从这些视角的重心偏移——俄国、印度——开始，马克思根据过往的经验质疑自己的理论，并且最终修正了一部分研究范式。提高对这些变革的历史资料及其含义的重视程度非常重要。一方面，俄国废除了农奴制，实现了资本主义的第一次飞跃；另一方面，东印度公司走向了终结，英国统治下的印度开始实行"发展"政策；这都体现出一些重大的变革：俄国调整了它的经济、政治及社会机构，以此作为对国内及全球演变的回应，尤其是为了表明国际层面的工业化和农业社会的变革。俄国因此废除了力图实现新经济、社会及政治稳定（保留土地贵族及限制城市化）的农奴制。

无论在俄国还是印度，英国还是欧洲，人们都在思考，无论是从定义方面（一种还是多种？），还是从实践方面，应该赋予"现代化"什么样的含义？马克思的思考就是诞生在这样的背景之下。这些思考企图产生一种对自由主义进程的叙事的替换。从社会和政治思想的角度来说，他实践了这种尝试，但他的失败在于未能分散他的视角，如同他的反对者一样，他们的出发点仍然带有欧洲中心主义的色彩。20 世纪，他的思想在俄国和印度被再次重视，与马克思对"他者"的思考一样，这些论战变得多元化，也形成了强烈对比。

58

---

① Teodor Shanin, *Late Marx and the Russian Road：Marx and the "Peripheries of Capitalism"*, New York, Monthly Review Press, 1983.

布尔什维克革命：一个国家的
历史普遍性与社会主义

　　历史的规范性及历史哲学伴随着俄国的革命迎来了现实的考验。正如我们思考奴隶制和启蒙运动时所发现的，这时的问题不是判定这次革命是否与马克思主义的学说相一致——这是 20 世纪的典型问题，这个问题也是历史学极强的规范性的一次体现。我们要思考的，是马克思思想与其他历史哲学如何在 20 世纪成功塑造了历史思想与哲学思想之间的关系。

　　20 世纪的时间性建构与布尔什维克革命密不可分，也无法脱离它的假想及政治作用。历史转向了未来；俄国的普遍性或特殊性，以及在这一先例之后，"历史规律"存在与否；这场革命在其他地区，尤其是欧洲以外地区被复制的可能性；历史在对革命的辩护或批判过程中绝对核心的政治作用；以及与之相反，历史在昙花一现的政治斗争中的作用，等等，这些都是十月革命的一些关键因素及其影响。[①] 最终，布尔什维克革命翻开了这本历史"真相"的档案：首先是在没有文献资料可查阅的情况下来证明这些观点，最后是在 1989 年之后，对最终被公之于世的文献资料托付了盲目的信任。这些都是与思考历史的方式和方法有直接关系的问题，一个世纪以来，这些问题与俄国革命的过程密切相关。

---

① François Hartog, *Régimes d'historicité. Présentisme et expérience du temps*, Paris, Seuil, 2003. 也可参见 Sophie Coeuré, Sabine Dullin（dir.）, 1917, *un moment révolutionnaire*, *Vingtième siècle*, 135（2017）。

　　事实上，正如我们看到的关于马克思的论战那样，这些论战在大革命之前就已经在俄国露出迹象，并且一直延续到19世纪和20世纪之交。当时，俄国出现了一种新的自由主义的历史研究，旨在同时展现"落后"、正在发生的进步以及在此基础上所必须采取的措施。这种历史研究通常向英国看齐，因为英国是自由主义的理想典型。科瓦利夫斯基（Maksim Kovalevsky）等学者们想同时指出历史规律的必要性［主要借鉴亨利·梅因（Henri Maine）的思想及其关于由习惯世界向现代世界过渡的理论①］、俄国的偏离，以及新措施一旦被采取后的短暂的时效性，例如建立议会和对农民公社进行私有化。其他历史学家，例如鲍里斯·奇切林（Boris Chicherin）和亚历山大·科尔尼洛夫（Aleksandr Kornilov）（1862~1925）等人，像他们的前辈陀思妥耶夫斯基一样，都在指责革命极端分子的出现导致了俄国现代化进程的落后。② 这些学者中也包括既是历史学家也隶属于自由立宪民主党的政治家米卢科夫（Pavel Milioukov），他们都强调了制度改革的重要性。他们借鉴英国的情况，也回顾了俄国的部分历史，以此来证明他们的结论是正确的。③ 归根结底，这些学者都企图将自己定位于德国历史

---

① Maksim Kovalevsky, *Modern Customs and Ancient Laws of Russia*, Union (N. J.), Lawbook Exchange, 2000 (orig. russe, Saint-Pétersbourg, 1891).

② Vera Kaplan, *Historians and Historical Societies in the Public Life of Imperial Russia*, Bloomington, Indiana University Press, 2017.

③ Raisa A. Kireeva, *Gosudarstvennaia Shkola: istoricheskaia kontseptiia K. D. Kavelina i B. N. Chicherina*, Moscou, Natsia I kultura, 2004; Gary Hamburg, "*Inventing the State School of Historians, 1840–1995*", in Thomas Sanders, (dir.), *Historiography of Imperial Russia: The Profession and Writing of History in a Multinational State*, Armonk, Sharpe, 1999, pp. 98–117.

学派与历史实证主义之间。①

　　与这些人形成对立的，是一些自称"正统"马克思主义者的人（列宁、普列汉诺夫）；他们批判自由派，也批判"修正派"马克思主义者（普克波维奇、布尔加科夫）。②"修正派"马克思主义者认为，其他国家认为可以通过马克思的著作、资本主义内部的协商而非革命实现发展，但俄国可以实现一种与其他国家不同的发展路径。与他们相反，"正统派"则捍卫马克思历史研究范式中的世界性概念，这种世界性概念也受到了恩格斯的推崇，后来也被考茨基（Karl Kautsky）在全世界范围内推广。当时的列宁也赞同这种观点。列宁为了证明马克思的预测以及他本人在社会-民主党当中思想的合理性，不由自主地夸大了经济变革和沙皇社会向资本主义社会的变革。③

　　这种状况随着1905年俄国大革命的发生而改变。列宁开始提出一种适合俄国自身发展的可能性，认为俄国会很快由封建主义走向资本主义，最终变成社会主义。他第一次开始重视农民的革命性作用，而在当时，这一直都是"正统派"马克思主义纲领所摒弃的。1905年发生的十月革命和制宪会议的诞生，同样对自由派历史学家产生了重要影响，他们认为俄国从此走上了西方的道路。④换句话说，1905年的大革命在关于

① Catherina Evtukhova, Steve Kotkin（dir.）, *The Cultural Gradient : The Transmission of Ideas in Europe, 1789-1991*, Lanham, Rowman and Littlefield, 2003.

② Alessandro Stanziani, *L'économie en révolution*, op. cit.

③ Alessandro Stanziani, *L'économie en révolution*, op. cit.

④ Valentin S. Diakin, *Burzhuaziia, dvorianstvo i tsarism v 1911 - 1914gg*［La bourgeoisie, la noblesse et le tsarisme en 1911-1914］, Leningrad, Nauka, 1988.

俄国例外主义和历史轨迹的世界性这个问题上，改变了自由派和革命派的立场。自由派的观点从强调例外性转为强调一定程度的世界性，而一些马克思主义者则反其道而行之，开始将俄国作为一种特例来进行研究。

随着1917年革命的发生，这些观点又一次发生了变化：在一个尚未达到其资本主义顶峰的国家，如何来论证这场与正统马克思主义者的预测恰恰相反的革命的合法性[①]？

方法论问题以及俄国"历史科学"与西方"历史科学"之间的关系问题由此出现。在战前，俄国历史学家与欧洲历史学家之间的联系一直很紧密，以至于第一批俄国历史学家在欧洲都享有盛名。[②] 帕维尔·维诺格拉多夫（Pavel Vinogradov）（1854～1925）是研究英国历史的专家，曾在牛津大学获得了与亨利·梅因相同的职位；而尼古拉·卡列夫（1850～1931）则深化了关于法国大革命和农民作用的分析，他的这种分析成果后来被法国翻译引进。[③]

[①] Vladimir Brovkin, *Behind the Front Lines of the Civil War : Political Parties and Social Movements in Russia*, *1918 - 1922*, Princeton, Princeton University Press, 1994; Leopold Haimson, "Lenin's Revolutionary Career Revisited : Some Observations on Recent Discussions", *Kritika*, 5/1 (2004), pp. 55-80.

[②] Terence Emmons, "Kliuchevskii's Pupils", in Thomas Sanders (dir.), *Historiography of Imperial Russia*, *op. cit.*, pp. 118 - 145; A. N. Shakhanov, *Russkaia istoricheskaia nauka vtoroi poloviny XIX-nachala XX veka : Moskovskii i Peterburgskii universitety* [L'historiographie russe pendant la seconde moitié du xixe siècle-début du xxe siècle : les universités de Moscou et Saint-Pétersbourg], Moscou, Nauka, 2003.

[③] Nikolaï Ivanovitch Karéïew, *Les paysans et la question paysanne en France dans le dernier quart du xviiie siècle*, Paris, V. Giard et E. Brière, 1899; Serguey N. Pogodin, "*Russkaia shkola*" *istorikov : N. I. Kareev, I. V. Luchitskii, M. M. Kovalevskii*, St. Petersburg, Sankt-Peterburgskii gosudarstvennyi tekhnicheskii universitet, 1997.

米哈伊尔·尼克拉耶维奇·波克罗夫斯基在其生涯早期是官方认定的研究大革命政权的史学家，他力图将"历史的世界性规律"与 1917 年的革命相融合。[1] 他声称："1917 之前，我认为社会现象领域内存在着与化学和生物现象领域内同样的规律性，这些规律之间毫无差异……然而，现在我的立场发生了变化。自然科学和关于社会的科学之间存在着本质的不同。如果说所有的科学都在体现生产力、社会制度及阶级斗争的发展，那我们同样也可以说，这些现象经由不同的规律、以不同的方式体现。与自然科学不同的是，关于社会的科学直接体现了阶级斗争。"[2]

1921 年，波克罗夫斯基为创建培养"真正的布尔什维克"史学家的红色教授学院付出了巨大心血；四年之后，他又参与创办了马克思主义史学家协会。[3] 关于历史方法及"历史发展规律"的论战在 20 世纪 20 年代仍然没有停息：所有的研究者都承认意识形态以及关于对资料进行批判性分析（这一方法被视为资产阶级的方法）的社会科学的重要性，但他们在范畴和需要采用的理论方面产生了分歧。一些人坚持认为，对历史要采用或多或少都受到自然科学影响的机械式视角；而另一些人则认为，历史的偶然性非常复杂。前者无法很好

---

① Mikhail Pokrovsky, "Obshchestvennye nauki v SSSR za 10 let" [les sciences sociales en URSS depuis dix ans], *Vestnik kommunisticheskoi akademii*, 26 (1928), pp. 3-30.

② Mikhail Pokrovsky, "Obshchestvennye nauki v SSSR za 10 let" [les sciences sociales en URSS depuis dix ans], *Vestnik kommunisticheskoi akademii*, 26 (1928), p. 23.

③ Alexander Vucinich, *Empire of Knowledge : The Academy of Sciences of the USSR, 1917-1970*, Berkeley, University of California Press, 1984; George Enteen, *The Soviet Scholar- Bureaucrat : M. N. Pokrovskii and the Society of Marxist Historians*, University Park, 1978.

地解释苏联式的"偏移"和列宁的唯意志主义；而后者在将社会复杂性、历史经验的多样性及马克思提出的历史变革协调一致这个问题上，同样面临着重重的困难。

在《历史唯物主义理论》一书中，布哈林写道："同在自然界一样，社会中也存在规律。社会科学和自然科学之间不存在差异。"在他看来，通过这种"唯一正确的"研究方法可以做出一些预测。[①] 然而，自 1925 年起，围绕着新经济政策这一观点，布哈林的解释开始有所改变。历史轨迹是否对经济政策的实施特别是计划的制订产生一定的影响，成为争论的主要问题。布哈林等一些经济学家对此持肯定态度，而另外一些人则希望能有一种更加唯意志主义的、更对立的研究方法。[②] 这背后关系到对新经济政策的评判及苏联的走向；新经济政策的支持者，即那些支持在计划和市场之间采取中立措施的人强调了历史的重要性，而批判新经济政策的人和斯大林则提倡采取相对立的措施。在这种背景下，落后与加速之间的张力成为核心问题。大革命发生之后，苏联大部分经济学家、史学家和政客都在凸显俄国与西方世界相比体现出的"落后"，以及弥补这种"落后"的必要性。20 世纪20 年代，这种"加快"历史节奏的野心最终逐渐占据上风。伴随着新经济政策的终结、强行集体化以及 20 世纪 30年代的肃反运动，苏联的历史概念也开始改变。在当时大部分史学家消失于 20 世纪 30 年代肃反运动中的同时，1934

62

---

① Nikolaï Bukharin, *Teoriia istoricheskogo materializma* [La théorie du matérialisme historique], Moscou, 1921, éd. de 1928, pp. 11, 117-118, 129, 176.

② Alessandro Stanziani, *L'économie en révolution*, op. cit.

年，历史成为苏联中小学的必修课，与此同时，大学里与历史相关的教职位也开始增多。[1] 同年开始，以及两年之后，斯大林、日丹诺夫（Andreï Jdanov）和基洛夫（Sergueï Kirov）共同编撰了一本历史教材，在这本教材中，他们删除了波克罗夫斯基的观点；他们商定，从此以后，苏联的历史必须是人民和民族的历史，但同时也必须与欧洲和世界的历史融合起来。[2]

苏联的全球史是这样一种学科的历史，这种学科希望将人类的所有方面都考虑在内，但它将"文化"和上层建筑置于经济变革的从属地位。苏联全球史力图将这种存在于唯一一个国家内的社会主义和为其他人类"指明道路"的鸿鹄之志调和在一起。虽时有抵牾，但这种构建历史的方式对全球的马克思主义者都产生了深远影响，以至于甚至在斯大林时期及之后的时代，苏联史学家与欧洲史学家之间的联系都从来没有真正地中断过。[3] 这带来了什么结果呢？

63

---

① John Barber, *Soviet Historians in Crisis, 1928-1932*, Londres, Macmillan, 1981.

② Harun Yilmaz, *National Identities in Soviet Historiography*, Londres, Routledge, 2015.

③ Antonello Venturi（ed.）, *Franco Venturi e la Russia : Con document inediti*, Milan, Feltrinelli, 2006.

第三章 西方的衰落？

第一次世界大战的气息到处弥漫，人们都觉得这是与旧秩序的突然决裂；美国自认为是世界第一强国，而法国及其盟友尽管取得了胜利，但也不得不面对艰难的重建。内部的均衡不可避免地被彻底打乱，随之而来的是土地贵族的苟延残喘，极端主义的兴起，大企业的崛起，以及手工业者和小作坊的不断衰落。[①] 西方世界同样也受到了其帝国内部困境不断增多的威胁；殖民地以及殖民地土地上的人民开始投身于民族主义的建设进程，从而将西方帝国变成了一个个一触即发的火药桶。无论是在亚洲还是在非洲，法国、英国、德国、荷兰的殖民地都面临如此境地。政治动荡的触角也延伸至拉丁美洲。[②]

在中欧和东欧地区，随着动荡的加剧，仍处于旧制度的帝国（俄国、奥地利帝国、奥斯曼帝国）开始崩塌。布尔什维

---

① 请参阅最新综述：Adam Tooze, *Le déluge*, 1916 - 1931, Paris, Les Belles Lettres, 2015 (orig. angl. 2014)。

② Jacques Frémeaux, *Les colonies dans la Grande Guerre*, Paris, 14 - 18 Editions, 2006；Marc Michel, Les Africains et la Grande Guerre. *L'appel à l'Afrique*, 1914 - 1918, Paris, Karthala, 2003；Pascal Blanchard et Sandrine Lemaire, *Culture coloniale. La France conquise par son Empire (1873 - 1931)*, Paris, Autrement, 2002.

克革命正是当时动荡不安背景下的产物：农民面对战争和资源
紧缺产生了不满情绪，过去的地主面对领地丧失时体现出的脆
弱，工业化的危机，以及沙皇制度的最终瘫痪。十月革命是民
族主义者和共产主义者的共同诉求，同时也是对在俄国和西方
世界正在发生的大变革（农民、贵族阶级和手工业走向终结，
被大工业替代）的回应。相似的进程也发生在巴尔干半岛和
旧奥斯曼帝国的其他地区，一直延伸到近东和埃及。在每个地
区，民族主义和地缘政治的紧张趋势都面临着猛烈增加的
势头。[1]

在欧洲、亚洲、非洲的部分地区以及美洲，对全球变
革——经济的、政治的和社会的——的敌意导致民粹派的民族
主义不断增强。[2] 全球化被视为这场危机的根源和原因，而民
族国家则被视为防止发生解体的主要办法。民族主义历史研究
在两次世界大战期间达到了前所未有的高度，甚至超过了19
世纪。[3] 转移到民族主义史学身上的政治角色在极权国家得到
了最充分的体现。希特勒、墨索里尼和斯大林都分别将重新编
撰历史置于各自伟大政治事业的核心地位。

---

[1] Dominic Lieven, *Empire : The Russian Empire and Its Rivals*, New Haven, Yale University Press, 2002; Jane Burbank, Frederick Cooper, *Empires in World History*, op. cit.

[2] Stefan Berger, Linas Eriksonas, Andrew Mycock (dir.), *Narrating the Nation : Representations in History, Media and the Arts*, New York-Oxford, Berghahn Books, 2008; Benjamin Zachariah, *Developing India : An Intellectual and Social History c. 1930-50*, Oxford, Oxford University Press, 2005.

[3] Katherine Verdery, Ivo Banac (dir.), *National Character and National Ideology in Interwar Eastern Europe*, New Haven, Yale Center for International and Area Studies, 1995.

关于时间和时间性的概念也受到了质疑，不仅是在史学领域，也包括艺术、科学和哲学领域。音乐的无调性、文学的时间性重构——从乔伊斯（James Joyce）、斯韦沃（Italo Svevo）、佩索阿（Fernando Pessoa）到普鲁斯特（Marcel Proust）——与物理学领域的相对论同时诞生。线性时间似乎最终在科学领域站稳了脚跟，同时也在历史领域扎下了根。然而，在历史领域，进步思想在过去两百多年占主流地位，现在似乎却看不到踪影了。时间的分裂①让悲观主义在历史领域内蔓延，特别是在全球史领域内开始盛行，尤其是斯宾格勒所著的《西方的没落》，它可能成为关于全球史论述中最有代表性意义的作品。面对来自内部的野蛮——第一次世界大战——和来自外部的不文明——布尔什维克人尤其是"黄色"威胁——时，西方文明被认为遇到了一种不可避免的衰退。② 这些问题并不能让苏维埃俄国置身事外。在俄国，有人认为斯宾格勒坐实了自由资本主义的危机和社会主义的终结；也有人认为，这位德国学者的分析是错误的、"没落的"、"小资产阶级的"，只有历史唯物主义可以为这些变革提供一种科学的解释。③

事实上，斯宾格勒所提出的历史不仅是一部全球史，还是

---

① Paul Valéry, "La crise de l'esprit", in *OEuvres*, Paris, Gallimard, coll. "Bibliothèque de la Pléiade", 1962, vol. 1, p. 998 s.

② Fritz Stern, *Politique et désespoir. Les ressentiments contre la modernité dans l'Allemagne préhitlérienne*, Paris, Armand Colin, 1990.

③ Nikolai Berdiaev, Ia. Bukshpan, Semion Frank, F. A. Stepun, *Osvald'Shpengler I zakat Evropy. Sbornik statei*〔Spengler et le déclin de l'Europe. Recueil d'articles〕, Moscou, 1922; G. Piatakov, "Filosofiia sovremennogo imperializma（etiud o Shpenglere）"〔Philosophie de l'impérialisme contemporain（étude sur Spengler）〕, *Krasnaiia Nov'*, 3（1922）, pp. 182-197.

一部整体史：他不仅要研究四千多年来的多样性文化，还想将艺术、数学、科学、政治经济和历史聚为一体，汇集在同一部以一些基本原则为顺序的叙事里。他力图展示一种文明的所有方面之间的联系，然后在它们之间进行比较。① 斯宾格勒忽视了世界之间的联系，甚至比韦伯还要强调不同文化之间的对立。从这一点出发，他对西方世界面对更为落后的文明时遭遇的衰落而感到惋惜。② 这是面对进步概念的轰炸式呈现和欧洲世界霸权时做出的最后一次尝试。斯宾格勒和其他学者呈现的霸权主义，表现在对民族-社会主义的极端态度中。③ 他们的观念深受战后德国-日耳曼大环境的影响，当时，到处都弥漫着那种一个时代即将结束的气息④，正如奥地利学者茨威格（Stefan Zweig）在《昨日的世界》一书中所描述的那样，匈牙利人波兰尼也用他自己的方式在《大转型》中做出了同样的描述。⑤ 在斯宾格勒的书中，衰落的原因被归结于欧洲文明的

---

① Gilbert Merlio, "Spengler et le déclin de l'Occident", in Elisabeth Décultot, Michel Espagne, Jacques Le Rider (dir.), *Dictionnaire du monde germanique*, Paris, Bayard, 2007, p.1071; Friedrich Jaeger, Jörn Rüsen, *Geschichte des Historismus. Eine Einführung*, Munich, Beck, 1992.

② Oswald Spengler, *Der Untergang des Abendlandes*, 2 vol., Munich, Beck, 1918, 1922, 法译本：*Le déclin de l'Occident*, Paris, Gallimard, 1948。

③ Éric Michaud, "Figures nazies de Prométhée, de l; homme faustien de Spengler au travailleur de Jünger", in François Flahault (dir.), *L'idéal Prométhéen*, *Communications*, 78 (2005), pp.163-173.

④ Jeffrey Herf, *Reactionary Modernism. Technology, Culture and Politics in Weimar and the Third Reich*, Cambridge, Cambridge University Press, 1984.

⑤ Karl Polanyi, *La grande transformation*, Paris, Gallimard, 1983 (orig. angl.1944). 还可参见 Jérôme Maucourant, "Karl Polanyi. Une biographie intellectuelle", *Revue du Mauss*, 29/1 (2007), pp. 35 - 62; Kenneth McRobbie, Kari Polanyi-Levitt (dir.), *Karl Polanyi in Vienna-The Contemporary Significance of The Great Transformation*, Montreal, Black Rose Books, 2000。

倒退，但他不由自主地将欧洲文明的倒退与茨威格"昨日的
世界"联系起来，即与自由主义联系在一起，在这种自由主
义中，帝国、土地贵族阶级与民族主义、资产阶级和资本主义　67
并存。①

　　斯宾格勒的观点在很多知识分子和大众中受到追捧。他的
判断被广泛传播，与不断增长的民族主义和仇外情绪产生了相
互影响。他的表述的不明确招致了大部分学界内史学家对他的
严厉批判②；穆齐尔不满他的研究方法，对他近乎法西斯主义
的论据和国家社会主义的观点进行了严厉批判。然而，他的作
品不仅对海德格尔（Martin Heidegger）、齐奥朗（Emil Cioran）
等哲学家产生了影响，也影响了当时的一些全球史学家，特别
是阿诺德·汤因比［（1889~1975），切勿与他的同名者、经济
史学者汤因比（1852~1883）混淆］。阿诺德·汤因比撰写了
很多部关于通史的书，重心都在欧洲，重点关注欧洲的至高无
上及其衰落。他远离斯宾格勒的历史决定论，声称自己更赞成
伊本·赫勒敦（Ibn Khaldoun）的观点，赞同基督教与伊斯兰
教的思想交汇中关于时间性的概念，他用更普遍的方式将研究
重点置于不同文明之间的关系上。③ 汤因比没有保留斯宾格勒

---

① Detlef Felken, *Oswald Spengler. Konservativer Denker zwischen Kaiserreich und Diktatur*, Munich, Beck 1988.

② Robert Musil, "Geist und Erfahrung. Anmerkungen für Leser, welche dem Untergang des Abendlandes entronnen sind", in *Essays und Reden*, *Gesammelte Werke*, éd. Adolf Frisé, Reinbek bei Hamburg, Rowohlt, 1978, vol. 8, pp. 1042-1058.

③ Arnold Toynbee, *A Study of History*, 10 vol., Oxford, Oxford University Press, 1934-1961, 法译本：*L'histoire, un essai d'interprétation*, Paris, Gallimard, 1951, version introductive à son oeuvre; plus des recueils：*La civilisation à l'épreuve*, Paris, Gallimard, 1951 et *Guerre et civilisation*, Paris, Gallimard, 1954。

认为每种文化都有自我协调性的观点，因此避免使自己陷入一种禁止将不同文化进行比较的绝对的相对主义中。相反，他改变了比较的术语，在这个基础上，也改变了对欧洲优越性的称赞。他认为，一种文明的衰落与"少数创造性群体"的枯竭有关，而"少数创造性群体"也是这种文明得以发展的起源。文明的衰落通过不同社会群体与时间的关系产生的分裂得以诠释。[①]

与斯宾格勒一样，汤因比也受到了吕西安·费弗尔的强烈抨击，后者认为他的运用并不恰当，也对他的比较方法进行了批判。[②] 他还受到了研究文化方面的史学家的批评，他们不仅批评他的模糊态度，也批判他将其经验主义的分析置于以哲学、经济学及社会科学为基础的理论的从属地位。诸如阿隆、马鲁之类的历史哲学家，后来也批判他关于文明的概念，认为这些概念带有强烈的非历史性和欧洲中心主义色彩。[③] 阿扎尔按照其他研究方法，通过重新研究启蒙运动与非欧洲世界的相互碰撞，指出欧洲意识遇到了危机。[④] 他致力于提出一种比斯宾格勒和汤因比的文明概念更为灵活和开放的文明观。因此，关于历史想要讲述什么、如何来进行讲述的不同观点之间的对峙关系变得越来越紧张。

68

① Sur Toynbee：William McNeill, Arnold J. Toynbee：*A Life*, Oxford, Oxford University Press, 1989；Ashley Montagu, *Toynbee and History*, Boston, Extending Horizon, 1956.

② Lucien Febvre, "Deux philosophies opportunistes de l'histoire：de Spengler à Toynbee", *Revue de métaphysique et de morale* XLVII (1936) et reproduit dans *Combats pour l'histoire*, Paris, Armand Colin, 1952.

③ Henri-Irénée Marrou, *De la connaissance historique*, Paris, Seuil, 1954；Raymond Aron, *Introduction à la philosophie de l'histoire*, Paris, Gallimard, 2017.

④ Paul Hazard, *La crise de la conscience européenne*, Paris, Boivin, 1935.

尽管历史哲学在 19 世纪伴随着兰克的批判已经逐渐凸显其地位，但从两次世界大战开始，随着教学与研究中学科特性与学科差异的不断显现，历史学家们开始对历史哲学表现出越来越强烈的对立情绪。人们都认为，历史哲学与一些大部头的综述以及世界某些地区的经验性认知产生了冲突。尽管天平开始逐渐向史学家们倾斜，但在两次世界大战期间，这个问题仍然无解，对历史兴致勃勃的哲学家仍然为数众多，原因在于：在东欧，旧制度自由秩序的坍塌，完全颠覆了政治哲学。因此，意大利的克罗齐摒弃了世界性的启蒙运动与崇尚唯物主义和决定论的实证主义的残留影响，他更欣赏狄尔泰（Wilhelm Dilthey）及其经验论。克罗齐认为，一切历史都是当代史，他强调每一代人撰写过去历史的方式都是基于自己的感知以及当下对他的影响。① 与马克思主义不同的是，他将思想在历史中的引擎作用摆在第一位。他从葛兰西的作品中找到了自己的影子。同马克思借鉴黑格尔思想的做法一样，葛兰西也声称自己借鉴了克罗齐的思想，他不仅捍卫着一种政治信念（马克思主义相比自由主义的重要性，以及共产主义相比社会主义的重要性），同时也捍卫着一种历史的角度。葛兰西认为，在与结构变革相互影响的条件下，"上层建筑"和思想也是非常重要的。② 69

这种观点得到了两次世界大战期间另一位重要的历史哲学

① Benedetto Croce, *Teoria e storia della storiografia*, 1913, Milan, Adelphi, 1989; Michele Abbate, *La filosofia di Benedetto Croce e la crisi della società italiana*, Turino, Einaudi, 1976.

② Antonio Gramsci, *Il materialismo storico e la filosofia di Benedetto Croce*, Roma, Editori Riuniti, 1987.

大家——柯林伍德——的部分认同。柯林伍德想为历史分析寻找到一种普遍的哲学范式[1]，他的探索取得了出色的结果，其影响几乎一直持续到 20 世纪末，同时，这种探索又对其经验主义研究范式持保守态度[2]。在看他来，所有的历史都是思想的历史；历史学家应该深入其研究的那个时期的思想中，这样才能做出有价值的分析[3]。这种“内在性”（运用只适用于所研究的背景的范畴）的研究方法体现了源自启蒙运动的认知信念的最后一次尝试，也在对世界的解读中体现出自信心满满的自由主义和社会主义。然而，在这一时期，与这些立场截然不同，两次世界大战期间的历史哲学和马克思或韦伯的历史哲学都呈现出差异，体现在对认知和文化领域的重视要多于经济和社会结构。研究这些年代的历史的哲学家们认为，历史是由思想的变革推动的，他们非常重视思想在社会重组进程中发挥的重要作用。这样的思想导向，让他们低估了极端主义的危险以及极端主义对这些思想的实际运用，就像列宁、斯大林或希特勒的反对者们的后知后觉一样。柯林伍德解释称，法西斯主义和纳粹主义将它们的成功归结于对情感和不理性的价值化，远远多于对思想的研究。[4] 对之前两个世纪以来的思想的信

---

[1]　Robin G. Collingwood, *The Idea of History*, Oxford, Oxford University Press, 1946.

[2]　Christopher Parker, *The English Idea of History from Coleridge to Collingwood*, Aldershot, Edward Elgar, 2000.

[3]　David Boucher, *History as Thought and Action: The Philosophies of Croce, Gentile, De Ruggiero and Collingwood*, Exeter, Imprint Academic, 2013; James Patrick, "Is The Theory of History (1914) Collingwood's First Essay on the Philosophy of History?", *History and Theory*, 29/4 (1990), pp. 1-13.

[4]　Robin G. Collingwood, "Fascism and Nazism", *Philosophy*, 15/58 (1940), pp. 168-176.

任，阻碍了这些学者去感知即将使欧洲沦陷的鸿沟的到来，就像殖民地及旧殖民地越来越强烈的抵抗运动。

归根究底，在两次世界大战期间，历史哲学获得了一些新的特性，这是欧洲社会没落和变革的结果，继第一次世界大战之后，迎来了中央帝国的衰落、自由主义的深刻危机以及极权主义的兴起。在这种背景下，历史哲学的各种研究范式从崇尚复兴思想的悲观主义，通过极权体系，向复兴依赖于西方模式的欧洲中心主义式理想化形象的自由主义转变。 70俄国大革命以及之后的斯大林主义导致这些范式不仅在政治意识形态上相互对立，也在创造历史的方式上产生了对立，尽管当时其在学界的知识层面已经形成了流通。最终，继承了之前几个时期思想的历史哲学并没有为危机和不断高涨的极端主义提供任何实际的答案。这段历程至今仍具有重要意义，尤其是在当下，在这个西方文明遭遇危机的思想再次浮现的时候。

历史的终结与文明的冲突

纳粹大屠杀和 20 世纪上半叶发生的那些灾难，不仅对全球的社会和政治产生了决定性影响，也影响了思考历史和实践历史的方式。第二次世界大战之后的那些年，普里莫·莱维、汉娜·阿伦特以及其他一些学者都开始认为，根本不可能将历史与进步结合起来，就像启蒙运动之后的现实情形一样。[1] 种族灭绝是否甚

---

[1] Hannah Arendt, "The Modern Concept of History", *The Review of Politics*, 20/4 (1958), pp. 570-590.

至都没有构成对历史的否定①？纳粹大屠杀的悲惨经历在历史的记忆中挥之不去，激发了人们关于时间的不可逆性的思考。②

这种忧郁的审视随着时间的流逝正在发生着变化；以纳粹大屠杀为典型的记忆的必要性，代替了历史的不可能性，开始深入人心。③像之前几十年一样，真相、历史与表征之间的紧张关系占据了历史哲学大论战的核心地位，但这一次，这种关系不仅与进步思想完全决裂，也与历史变革的重要意义产生了分离。世界、国家与个人之间的张力成为这个时代记忆重组的核心：暴力和大规模的破坏活动曾经是全球性的现象；然而它们的历史却不能跨越个体的层面；这是一个个体记忆与集体记忆的联合体。④这同样也是一部关于当下的历史。弗朗索瓦·贝达里达（François Bédarida）和亨利·鲁索（Henry Rousso）由此提出了历史的思想和制度根基。⑤纳粹大屠杀和其他的种

---

① Saul Friedländer（dir.），*Probing the Limits of Representation : Nazism and the Final Solution*，Cambridge（Mass.），Harvard University Press，1992；Paul Ricoeur，"Histoire，mémoire，oubli"，*Esprit*，3（2006），pp. 20 – 29；Michael Berenbaum，Abraham J. Peck（dir.），*The Holocaust and History*，Bloomington，Indiana University Press，1998.

② François Bédarida，"La mémoire contre l'histoire"，*Esprit*，193/7（1993），pp. 7-13；Gabrielle Spiegel，"Memory and History : Liturgical Time and Historical Time"，*History and Theory*，41（2002），pp. 149-162.

③ Alon Confino，*Germany as a Culture of Remembrance : Promises and Limits of Writing History*，Chapel Hill，Northern Carolina University Press，2006；Dominick LaCapra，*Writing History*，*Writing Trauma*，Baltimore et Londres，Johns Hopkins University Press，2001.

④ Jeffrey Olick，*The Politics of Regret : On Collective Memory and Historical Responsibility*，New York，Routledge，2007.

⑤ 关于这部分的介绍可参考 François Bédarida，"Le temps présent et l'histoire contemporaine"，*Vingtième siècle*，69/1（2001），pp. 153-160。

族灭绝行为都是对记忆的重组，都想抹杀过去和现在之间的距离。① 19 世纪以来，一些史学家那种强调事件与历史书写之间保持必要距离的立场，开始备受质疑。创造历史就要置身于历史之中，这是雷蒙·阿隆、让-保罗·萨特、亨利-伊雷内·马鲁和科吉斯托夫·波米扬等人分别用各自的方式所表达出的态度。历史成为一项公民的权利，他们呼吁应该毫无保留地公开历史。②

在这样的背景下，对历史的认知成为众多研究的主题，无论是在法国、德国、英国还是在美国、印度和拉丁美洲。③ 认知哲学试图找到一些普遍的原则；在法国，保罗·利科和马鲁、萨特、阿隆以及福柯前赴后继地将重点放置在"批判性"的历史上，但我们还是必须深入理解他们每个人的意图。对资料和档案的客观性批判；对研究范畴和模式的批判；对评价和阐释的主观性强调，这都是可能的研究方向。利科从哲学历史中找到一种方式：正如哲学可以指导历史一样，哲学的历史可以让人们意识到史学家思考历史的学科和范畴的方式。④ 利科主要从欧洲认知哲学及其 17 世纪以来的经典原则中汲取灵感；

---

① Peter Baldwin (dir.), *Reworking the Past : Hitler, the Holocaust, and the Historians'Debate*, Boston, Beacon Press, 1990.

② Krzysztof Pomian, *Sur l'histoire*, Paris, Gallimard, 1999; Id., *L'ordre du temps*, Paris, Gallimard, 1984; François Furet, *L'atelier de l'histoire*, Paris, Flammarion, 1982; Jacques Le Goff, *Histoire et mémoire*, Paris, Gallimard, 1977.

③ Aviezer Tucker (dir.), *A Companion to Philosophy of History and Historiography*, Oxford, Oxford University Press, 2009; Jean-Louis Jeannelle, *Écrire ses mémoires au xxe siècle. Déclin et renouveau*, Paris, Gallimard, 2008.

④ Paul Ricoeur, *Temps et récit*, Paris, Seuil, 1991; Id., *Histoire et vérité*, Paris, Seuil, 1955.

72　他忽视了历史与社会科学之间的界限。① 他的研究范式带有深深的欧洲中心主义烙印；他所倡导的时间性以及对不同文体和学者之间差异性的重视，都影响着欧洲"主流"思想家和学者的轨迹。② 在这同时，伴随着去殖民化的兴起，世界内部开始变得更为包容。

　　阿隆与马鲁所定义的历史意识，是对历史认识及国家与全球紧张关系问题提供的另一种可能的解决方案。如果说这种方案强调历史是一种认识，那第一种就是在强调史学家的投入必不可少。与其对它视而不见，最好的方式还是通过对历史认识工具的反思态度，来确认和讨论它。马鲁指出历史的内在用途，坚持要分析资料、史学家所使用的工具以及他们的认知范围③；而阿隆则从过去与现在之间的紧张关系出发，来讨论"资料"和"阐释"所蕴含的意义。阿隆认为，百科全书时代和启蒙运动时代以及它们在 19 世纪的各种变体，都已经成为过去时；因此不可能再将历史看作某种原因的表达。历史重构可以保持其自身的价值，前提是通过一种能展现其力量和缺陷的批判性反思来对其不断补充。④ 阿隆、马鲁和利科都认为，史学家不是在收集事实和证据，而是要将一个个整体重新组合。这就是全球史的使命。阿隆认为，有关通史的综合叙事局限于它仅仅是将一件件事情堆积在一起，因此会阻碍人们去理

---

① François Dosse, *Paul Ricoeur, Michel de Certeau et l'histoire : entre le dire et le faire*, Paris, École des chartes, 2003.

② Christophe Charle, *Homo historicus. Réflexions sur l'histoire*, *les historiens et les sciences sociales*, Paris, Armand Colin, 2013.

③ Henri-Irénée Marrou, *De la connaissance historique*, *op. cit.*

④ Raymond Aron, *Dimensions de la conscience historique*, Paris, Plon, 1961.

解历史性原因。^① 相反，通史应该从历史哲学出发；更何况那些表面看上去是历史学的研究观点无形中在依赖着政治哲学的预设前提。^② 因此，首先应该重视历史哲学的根基，然后再来进行经验式和模式性的分析。阿隆同马鲁一样，相比黑格尔，他们更多地继承了狄尔泰的思想；相比马克思，他们也更加赞同韦伯的观点：总体不会先于理解而存在，但总体与理解可以共同发挥决定性作用。他认为，马克思及其思想的继承者简化了历史分析，目的是让其服从于规范意图。和阿隆一样，马鲁毫不犹豫地用汤因比和斯宾格勒的方式，将通史学家定义为"文明的理论家"，甚至轻蔑地称他们为"文化学家"。

　　阿隆的态度更为复杂：他认为马克思主义的优点在于提出了一种与经验论分析相互影响的历史哲学。然而，马克思及其历史阶段，正如汤因比和斯宾格勒以及他们关于"西方文明"的概念一样，本身就创造出了一些范畴，通过这些范畴，他们将历史分割成条条块块，但是这些条块之间的一致性并不是完全相关。这也是马克思主义无法解释历史的原因，尤其是无法解释 20 世纪的历史。对阿隆来说，新的历史哲学必须能够解释这些极权主义，而在马克思主义和传统的自由主义观点看来，这些极权主义是晦涩难懂的。历史哲学应该能够做出区分，而不是将它们进行统一。同样的方法不能运用于对古克里特岛和纳粹大屠杀问题的研究：在这两种情况中，证据和推理不是同一回事。对希特勒在何种情况下下令灭绝犹太人的研究

73

---

① Gaston Fessard, *La philosophie historique de Raymond Aron*, Paris, Julliard, 1980; Sylvie Mesure, *Raymond Aron et la raison historique*, Paris, Vrin, 1984.

② Raymond Aron, *Introduction à la philosophie de l'histoire*, Paris, Gallimard, 2017.

与考古证据不可同日而语：现实的意义非常重要，隐瞒现实是徒劳无功的。

从那时起，公开站在与汤因比和斯宾格勒对立的立场上来思考全球史变为可能。① 阿隆认为，通过静态地展示不同文明之间的多元性，研究者们会缺乏整体性的视野。当人们深入研究一种相似的文明的内部时，例如欧洲，只要这种同质性不受质疑，那复杂性就不会存在。② 但是，一旦人们开始理解和比较不同的文明，阿隆认为，那就不可能以简单的描述和纪实性的分析作为出发点。因此，阿隆认为不可能区分出那些静态的、独一无二的、彼此分离的文明。③ 也许文化和文明之间存在差异，但这种差异不是永恒不变的，它们之间的相互影响和相互作用不可忽视，甚至会改变文明的各个方面。我们应该避免把文明看作一个个鲜活的个体和静止的整体，避免去一劳永逸地做出一种定义。根据这种观点，阿隆同样也反对一切受生物学影响的历史；无论是社会达尔文主义还是所有其他受科学启发的观点，都应该被排除在外。④ 那是否因此就应该重回国别史呢？

在阿隆看来，国家不能成为历史的主要对象，这也是兰克一直秉持的观点。国家更像是一种理想类型，而不是历史现

---

① op. cit.

② Gaston Fessard, *La philosophie historique de Raymond Aron*, op. cit.

③ Georges Canguilhem, "La problématique de la philosophie de l'histoire au début des années 30", in Jean-Claude Chamboredon et al., *Raymond Aron : la philosophie de l'histoire et les sciences sociales*, Paris, Éditions ENS Rue d'Ulm, 1999, pp. 9-24.

④ Isabel Gabel, "From Evolutionary Theory to Philosophy of History. Raymond Aron and the Crisis of French Neo-Transformism", *History of the Human Sciences*, 31/1 (2018), pp. 3-18.

实；同质性是相对的，即使是在法国，就像巴斯克人和科西嘉人所证明的那样。在任何情况下，国家建构都是征服的结果。在 19 世纪引导德国和意大利走向统一的国家，与 1918 年之后在奥地利帝国的残余之中崛起的国家，二者是完全不同的。[①]对第二次世界大战之后内部发生分裂的西方帝国来说，也是如此。阿隆做出了令人惊讶的清晰预测，他的结论是：人类历史上的特例发生在 1900 年欧洲帝国攀登到顶峰的时候，而不是 1955 年欧洲帝国分裂之际。[②] 欧洲人向世界输出更多的是民族主义，而不是国家的概念。因此，要避免将对象和立场混为一谈：将欧洲中心主义作为欧洲历史变革进行研究是合理的，而作为历史学家自身观点的欧洲中心主义则应该被摒弃。[③]

然而，阿隆并没有再次否认西方历史研究对现代化的叙述，而福柯和萨义德却用各自的方式在这方面进行了突破。阿隆笔下的全球化世界的分裂，与后现代主义和后殖民主义的实践不同。福柯和萨义德将这些经验论的分裂与统治形式的变化联系在一起；从古典主义时代向现代性的过渡伴随着东方学的诞生。游记早就受到启蒙运动时期哲学家的批判，它们被拿来与历史哲学相对照。福柯重拾这一观点，认为 17 世纪的游记和编纂集的演变类似于 18 世纪的历史哲学，就像从通史演变为全球史[④]，

---

① Raymond Aron, *Dimensions de la conscience historique*, op. cit.

② Raymond Aron, *Les origines de la guerre d'Algérie*, Paris, Fayard, 1962.

③ Raymond Aron, *L'âge des empires et l'avenir de la France*, Paris, Éditions Défense de la France, 1946.

④ Michel Foucault, *L'archéologie du savoir*, Paris, Gallimard, 1969, pp. 14 - 15; François Dosse, "Foucault face à l'histoire", *Espaces-temps, les cahiers*, 30 (1985), pp. 4-22.

75 后者伴随着新人文主义的崛起。在这种观点中，"全球史"及世界史都像是一种欧洲中心主义统治权的尝试。①

福柯铺展了一条通向底层研究和东方学的道路，而阿隆则在努力将自我从马克思主义和古典自由主义中解放出来，表达出不同形式的欧洲中心主义的细微差别。② 在去殖民化的背景下，福柯对这种分裂的强烈冲突做出了完美回应，而阿隆则一直徘徊在关于两次世界大战之间的争论和对纳粹大屠杀的记忆中。③

一直到现在，无论是在传媒领域还是在思想领域，福柯形成的广泛影响都是毋庸置疑的，后现代主义、后殖民主义研究和全球化研究的影响轮番登场。他的思想招致的批判与针对欧洲中心主义的批判不相上下。尽管阿隆为选择欧洲中心主义还是全球化这种形式提供了双向的视角，但在当时的历史情境中，他的观点仍然很难被接受。我们还应该知道的是，这两种观点在何种程度上可以跨越西方的背景。福柯在全球层面获得的成功远远超过了阿隆。尤其是在英美世界，福柯的历史哲学分析体现出他对波普尔及其对"不可证伪"④ 的历史哲学分析

① Jean-François Bayart, «Foucault au Congo», in Marie-Christine Granjon (dir.), *Penser avec Michel Foucault*, Paris, Karthala, 2005, p. 183 - 222; Jean - Paul Resweber, «L'écriture de l'histoire. Michel Foucault et Michel de Certeau», *Le Portique. Revue de philosophie des sciences humaines*, 13-14 (2004), consulté le 18 décembre 2017, URL: http://journals. openedition. org/leportique/637

② Venita Datta, *Birth of a National Icon : The Literary Avant-Garde and the Origins of the Intellectual in France*, New York, SUNY Press, 1999.

③ Raymond Aron, Michel Foucault, *Dialogue*, Paris, Éditions Lignes, 2007, 1967 年电台讨论的录音稿，由 Jean-François Bert 批注和发表。

④ Karl Popper, "La connaissance objective", *Revue philosophique de France et de l'étranger*, 170/1 (1980), réimpr. Paris, Aubier, 1981; Paul Veyne, *Comment on écrit l'histoire*, Paris, Seuil, 1971.

的批判做出的一种可能性的回应。波普尔的批判直击国别史及
民主主义者，也针对按照马克思的方式来展开的大叙事。这些
思想不仅导致了经济史量化研究方法的重组（我们会在第二
部分看到，很大一部分唯科学论的观点与波普尔形成了对立，
但这些观点也深受其启发），也激发了深受语言学影响的解构
主义浪潮。首先是丹托（Arthur Danto），随后还有怀特，他们
一起切断了与实证主义的联系。丹托赋予历史以叙事的优势，
怀特将历史叙事与文献学结合起来。① 德里达（Jacqnes
Derrida）、利科和福柯的思想在美国思想界和学术界暗流涌
动。② 近年来，阿米塔夫·高希（Amitav Ghosh）和娜塔莉·
泽蒙·戴维斯在剑桥关于历史与小说之间不可僭越的界限的论
战，也恰恰证实了这种观点的启发性力量。③ 这不再是福柯、
德里达或利科等人强调的资料的物质性和认识论的建构问题，
而是同时通过小说和历史来展示历史参与者自身行动和观念中
存在的这两种形式的一致性和偶尔的重合性问题。在关于印度
洋移民的故事中，高希的立足点就是文献档案，他通过对话和
个体的故事不断丰富着这些档案。娜塔莉·泽蒙·戴维斯则采
用了一种类似的方法，但又反其道而行之——从文学想象回归

76

① Arthur Danto, *Analytical Philosophy of History*, Cambridge, Cambridge University Press, 1965; Hayden White, *Metahistory: The Historical Imagination of the Nineteenth-Century Europe*, Baltimore, John Hopkins University Press, 1973.

② François Cusset, *French Theory*, Paris, La Découverte, 2006; Hubert Dreyfus, Paul Rabinow, *Michel Foucault, un parcours philosophique*, Paris, Folio, 1992 (orig. angl. 1982).

③ URL: https://player.fm/series/crassh/natalie-zemon-davis-and-amitav-ghoshstorytelling-and-the-global-past.

资料——体现出让全球史和微观史学进行对话的可能性。① 这
场风波不仅缩小了博学派史学与社会史学、历史与小说②之间的
鸿沟，也拉近了西方思想和书写与所谓南方国家之间的距离。高
希是底层研究的支持者，尤其支持古哈③，他直截了当地批判康
拉德（Joseph Conrad），认为他塑造了一种"为了白人"和欧洲中
心主义的非欧洲世界的形象，这几乎就是种族主义；以此为目的，
高希创作了《阴影线》（*La Ligne d'ombre*）一书，以此来回应康拉
德以印度人作为主角的《阴影线》（*La Ligne d'ombre*）一书。④

　　这种认识论的转折并没有局限在解构主义的变体或对历史
与小说之间界限的重新定义上。近几十年来，对资料的批判性
77　分析与历史形态学重构的新的模式——此处引用金兹伯格⑤的
表达——开始不断问世。随着斯蒂芬·格林布拉特和安东尼·
格拉夫顿提出新历史主义这一思想⑥，剑桥（英国）的波考克

---

① Natalie Zemon Davis, *The Return of Martin Guerre*, Cambridge （Mass.）, Harvard
University Press, 1983; Ead., *Trickster Travels ： A Sixteenth-Century Muslim
between Worlds*, New York, Hill and Wang, 2006.

② 关于法国历史与文学这种关系的研究方法，可参考法国社会科学高等研究院
文学史跨学科研究小组的活动，特别是 Christian Jouhaud, Judith Lyon-Caen 和
Dinah Ribard 等人的研究成果。

③ Sumit Guha, "Speaking Historically：The Changing Voices of Historical Narration in
Western India", *American Historical Review*, 109/4 （2005）, pp. 1084-1103.

④ Amitav Ghosh, *Lignes d'ombre*, Paris, Seuil, 1992.

⑤ Carlo Ginzburg, *Miti, emblemi, spie*, Turino, Einaudi, 1986, 法译本：*Mythes,
traces, emblèmes. Morphologie et histoire*, Paris, Flammarion, 1986。

⑥ Stephen Greenblatt, *Representing the English Renaissance*, Berkeley, University of
California Press, 1988; Howard Felperin, "Making It 'Neo'：The New Historicism
and Renaissance Literature", *Textual Practice*, 1/3 （1987）, pp. 266-227; Anthony
Grafton, *Defenders of the Text ： The Traditions of Scholarship in the Age of Science,
1450-1800*, Cambridge （Mass.）, Harvard University Press, 1991; Id., *Faussaires
et critiques*, Paris, Les Belles Lettres, 1993 （orig. américain, Princeton, 1990）.

和昆廷·斯金纳从这些认识论假设出发，在全球维度更新了思想史。[1] 他们的研究范式同时注重古典哲学和诠释学，但也加入了两种新的元素：所有概念的嵌入都是具有历史性的，也总是被人质疑，但都限定在特定的时期内；思想界的辩论都与经济和社会的结构性的变化相关联。这些方式通过一种新的语史学（philologie）的研究范式，消除了文化与国别史之间的对立。

然而，从 20 世纪后半叶开始到现在，其他研究范式也一直并存，也都在诠释着冷战和去殖民化的遗存。因此，从 20 世纪 50 年代开始，在中国，郭沫若等马克思主义史学家开始致力于展现中国历史与斯大林历史发展阶段的一致性。朝代史因此转变为西方的周期化历史：古代、中世纪（封建时期）、现代（殖民主义和资本主义）以及当代（共产主义）。[2] 这种规范化的程度随着 20 世纪 50 年代后期反右运动发生而不断加剧。新的历史研究将中国的民族主义与斯大林意义上的全球性（历史规律的普遍性）结合在一起。[3] 与两次世界大战之间的

---

[1] Melvin Richter, "Reconstructing the History of Political Languages: Pocock, Skinner and the Geschichtliche Grundbegriffe", *History and Theory*, 29/1 (1990), pp. 38-70. John G. A. Pocock, *Politics, Language, and Time: Essays on Political Thought and History*, Chicago, University of Chicago Press, 1960; Id., *Vertu, commerce et histoire*, Paris, PUF, 1998 (orig. angl. Cambridge University Press, 1985); Quentin Skinner, *Les fondements de la pensée politique moderne*, Paris, Albin Michel, 2001 (orig. angl. Cambridge University Press, 1978).

[2] Susanne Weigelin-Schwiedrzik, "On shi and lun: Towards a Typology of Historiography in the PRC", *History and Theory*, 35/4 (1996), pp. 74-97.

[3] Helwig Schmidt-Glintzer, Achim Mittag, Jörn Rüsen (dir.), *Historical Truth, Historical Criticism and Ideology: Chinese Historiography and Historical Culture from a New Comparative Perspective*, Leiden, Brill, 2005.

78　　那段时期不同，当时，秉承亚细亚方式的生产体系都属于马克思主义变体的论战余温尚存，因此正统派模式的权威不言自明：中国和其他国家一样，遵循着从封建制度向资本主义制度的演变，最后走向社会主义。然而，这种阐释将中国古代史的问题变成了一个开放性议题：是否应该增加一个建立在奴隶制度之上的古代时期？

　　这里出现了两种观点：一种认为中国历史以封建制度为开端，并将其与欧洲的封建制度相比较；另一种观点将封建制度扩展至包括古代中国，但对"领主体系"（领主制度）与"土地所有制体系"（地主制度）进行了区分。①

　　在这种背景下，关于历史事实（史）与理论（论）的关系区分问题的讨论就显得非常重要；20 世纪 50 年代末 60 年代初，这种张力聚焦于国别史、全国性革命和世界变革的关系上。一些史学家仅仅因为他们关注的是史料及对史料的批判而受到攻击：他们被提醒道，这种观点是帝国主义和资本主义史学家的观点。除了范文澜这位马克思主义史学家外，其他人都在批判历史研究的传统工具。与苏联的做法不同，中国认为，史学家不应该躲在资料和他们假设的客观性背后。② 相反，他们应该明确表态到底是支持还是反对革命，应

① Arif Dirlik, "The Universalisation of a Concept: 'feudalism' to 'Feudalism' in Chinese Marxist Historiography", *Journal of Peasant Studies*, numéro spécial sur le "féodalisme dans les sociétés non européennes" sous la direction de T. J. Byres et H. Mukhia, 12/3, janvier-avril 1985.

② Albert Feuerwerker (dir.), *History in Communist China*, Cambridge (Mass.), MIT Press, 1968.

该指出"反革命"的资料运用违背事实的特性。① 60 年代初期，深受其他史学家（翦伯赞、吴晗）支持的范文澜再次指出：为了欧洲而被精雕细琢过的马克思主义理论，不能原封不动地运用于中国历史；史学家应该从事实出发。② 他很快就受到一些史学家的抨击。③ 媒体争先恐后地大幅报道，这场论战激发了众人的强烈反响，其中就包括哲学家冯友兰。冯友兰认为，历史与自然科学不同，我们无法识别它的普遍规律，但可以辨别它的独特性。这是对持不同意见的历史学家的一种支持方式。

1979 年，接受过科学性培训（scientifique de formation）的金观涛与其夫人刘青峰合作撰写了《兴盛与危机》一书，在书中，他们再一次对当时的史学历史分期提出了质疑，尤其质疑历史唯物主义的前提及其因果关系。④ 关于中国历史是不是独一无二的问题以及史料问题的争论在邓小平时期余波又起，推动了符合马克思主义理论的"四项基本原则"指导下

① Susanne Weigelin-Schwiedrzik, "On the Compatibility of Chinese and European History", in Prasenjit Duara, Viren Murthy, Andrew Sartori (dir.), *A Companion to Global Historical Thought*, Londres, Wiley Blackwell, 2014, pp. 243-256.

② Lawrence R. Sullivan, "The Controversy over Feudal Despotism", in Jonathan Unger (dir.), *Using the Past to Serve the Present. Historiography and Politics in Contemporary China*, Londres, M. E. Sharpe, 1993, nouv. éd. Routledge, 2015.

③ Merle Goldman, "The Unique 'Blooming and Contending' of 1961-62", *China Quarterly*, 37 (1969), pp. 54-83.

④ Jin Guantao et Liu Qingfeng, *Xingsheng yu Weiji-lun Zhongguo fengjian shehui de chaowending jiegou* [Prospérité et crise: l'hyperstabilité des structures de la société féodale chinoise]. 20 世纪 70 年代末开始以手抄本的形式流传，后由湖南人民出版社出版，1984 年开始由四川人民出版社出版。1989 年、1992 年这部论著在台湾被多次出版（台湾风云时代出版股份有限公司），1998 年在香港出版（香港中文大学出版社）。

的"历史真相"思潮的发展。20世纪80年代初期，关于"事实"与"理论"的争论达到了新的顶点；尽管一些人仍在努力寻找与马克思主义理论的相融合之处，但也有一些人认为"事实"比理论（马克思主义）更为重要。① 从20世纪90年代开始，中国历史研究开始同西方一样关注各种议题；与之前几十年官方的版本形成对照的历史学阐释也逐渐问世。②

印度独立后，两种主要的历史研究思潮逐渐开始盛行：一种是国家历史编纂学，通常被认为带有民族主义色彩；另一种是马克思主义的观点。前者通过两种流派来体现，一种追随着尼赫鲁（Jawaharlal Nehru）的研究范式，以印度的人种和宗教之谜为中心；而另一种则突出了印度各种特性的同质性。③ 面对这种情况，众多通常隶属于左派政党的马克思主义史学家开始努力做出超越，通过强调等级斗争和呼吁印度融入全球变革，来超越甘地及印度民族主义的视角。一些史学家甚至用马克思主义阶级斗争的框架来诠释印度的古代历史。④ 马克思主义理论当时被用来解释殖民主义和帝国主义。通过复制曾在欧洲、继而于世纪之初和革命之后在俄国发生过的论战版本，印度的马克思主义者同很多当时被称为"发展中"国家的马克思主义者一样，开始思考过去及未来的历史路径。一些支持正

---

① Hans-Günther Herrmann, "Aspects théoriques de l'historiographie chinoise des années 1980", Études chinoises, X/1-2 (1991), p. 167.

② Cheng Yingxiang, *Dégel de l'intelligence en Chine*, Paris, Gallimard, 2004.

③ Sabyasachi Bhattacharya, Romila Thapar（dir.）, *Situating Indian History: for Sarvepalli Gopa*, Delhi, Oxford University Press, 1986.

④ Damodar Dharmanand Kosambi, *Introduction to the Study of History*, Bombay, Popular Book, 1956; Ram Sharan Sharma, *Sudras in Ancien India: A Social History of the Lower Order down to A. D. 600*, Delhi, Motilal Banarsidass, 1958.

统马克思主义者和托洛茨基派的人认为，像其他国家一样，印度也被认为经历了工业化、资本主义，最后到达大革命这样一个发展历程。然而，其他赞同某些俄国史学家观点及列宁思想的人认为，印度有可能像俄国一样，借助近乎现代化的印度村庄，不经过资本主义而直接到达社会主义。在这种思潮中，一些人喜欢提及马克思的亚洲资本主义及他与薇拉·查苏利奇的通信。① 最终，尤其是从 20 世纪 70 年代开始，第三种思潮开始贴近"毛主义"，表达了其对印度共产党和农民的支持。在第四节里我们会一方面讨论这些分析之间的关系，另一方面讨论经济与社会科学之间的关系。在本节中，围绕着马克思的历史哲学及其"发展阶段"，特别是亚洲资本主义还有俄国的公社问题，从全球层面来观察这些争论意义重大。这些在去殖民化时期也广泛开展的争论，实际上发现了马克思思想内部的两种可能性，一种是以欧洲为参照，另一种是以很大程度上通过想象而来的俄国为参考。

81

　　但是，在审视这些"南方"国家特有的研究范式之前，我们应该补充完整北方国家历史哲学转变的研究，因为在马克思思想诞生的同时，其他思潮也在 20 世纪应运而生，如果没有它们，就不可能很好地定位"南方国家"认识论的新近崛起。

　　因此，将历史运用于政治目的并不是民主国家的专属。相反，以镇压为目的将历史作为工具则是极权体制和美国麦卡锡

---

① Kevin Anderson, *Marx at the Margins*, *op. cit.* ; Michael Gottlob, *Historical Thinking in South Asia : A Handbook of Sources from Colonial Time to the Present*, Delhi, Oxford University Press, 2003.

主义无可辩驳的事实。① 对历史进行审查在冷战时期成为一种普遍而重要的现象，无论是在美国还是在东欧，在中国还是在拉丁美洲，在朝鲜还是在日本，或是在以色列、伊拉克和印度。② 除了严格意义上的审查，学校的教材也成为执政当局检查的对象；法国对维希政府历史的躲躲闪闪，日本对"满洲"地区历史的避而不谈，这两例只是几十年来众多被遮掩历史的一部分。③

这些因素，特别是否定主义，又一次令史学家们开始俯身探究证明事实的方法，以及在此框架下对历史和小说做出区分。④ 官方历史的沉默不语还在继续，主题轮番变化：如果纳粹大屠杀被写入历史，那么合作主义就不会占据现在的分量。⑤ 这种模棱两可的观点于1989年之后在一些曾经的社会主义国家被重现，甚至在南非、卢旺达和阿根廷也再次浮现。⑥

---

① Margaret Procter, Michael Cook, Caroline Williams (dir.), *Political Pressure and the Archival Record*, Chicago, University of Chicago Press, 2005.

② Antoon de Baets, *Censorship of Historical Thought: A World Guide, 1945-2000*, Westport (Conn.), Greenwood Press, 2002; Marc Ferro, *L'histoire sous surveillance. Science et conscience de l'histoire*, Paris, Gallimard, 1985.

③ Derek Jones (dir.), *Censorship: A World Encyclopaedia*, 4 vol., Londres, Routledge, 2001.

④ Antoine Prost, *Douze leçons sur l'histoire*, Paris, Seuil, 1996.

⑤ François Broche, *Dictionnaire de la collaboration*, Paris, Belin, 2014; Marco Gervasoni, "Les années noires dans l'historiographie italienne", *Revue Historique*, 1 (2016), pp. 147-158.

⑥ Pierre Hazan, *Juger la guerre, juger l'histoire*, Paris, PUF, 2016; Laurent Douzou, *La Résistance française: une histoire périlleuse. Essai d'historiographie*, Paris, Seuil, 2005; Jean-Louis Jeannelle, *Écrire ses mémoires au xxe siècle. Déclin et renouveau*, Paris, Gallimard, 2008.

波尔布特（Pol Pot）登台，以及后来毛泽东逝世、苏联解体，这些事件再一次重塑了哲学与历史之间的关系。不仅在欧洲和近东地区，而且在全世界范围内，书写和历史本身的概念也继而在全球产生重大影响的纳粹大屠杀事件之后发生了剧烈变化。事实上，特别是从 20 世纪 70 年代开始，关于记忆的修复的问题就逐渐地扩展至奴隶制领域，后来又逐渐延伸至其他的大屠杀事件——亚美尼亚、卢旺达、前南斯拉夫，等等。正是在这种背景下，例如在阿根廷、南非及塞拉利昂犯下的罪行，人们开始重新思考历史和公平正义的关系，提出了跨越宗教或种族（在阿根廷发生的事件）的排外和迫害问题。[1] 历史审判的领域在 1989 年之后更为扩大，对记忆的重构问题最终得以影响到原共产主义世界。[2] 诸如俄罗斯纪念协会之类的组织在原共产主义国家和西方国家遍地开花[3]；掠夺、流放及大屠杀事件被重组和记入文献，尤其是在 20 世纪 90 年代——新千年反而产生了一种相反的趋势，特别是俄罗斯逐渐开始在这种思潮中处于边缘地位。[4]

　　一些人的悲观主义与福山的乐观主义及其历史自此可能会

① Yves Ternon, *L'État criminel. Les génocides au xxe siècle*, Paris, Seuil, 1995; Id., *Guerres et génocides au xxe siècle*, Paris, Odile Jacob, 2007; A. Dirk Moses, "Conceptual Blockages and Definitional Dilemmas in the 'Racial Century': Genocides of Indigenous People and the Holocaust", *Patterns of Prejudice*, 36/4 (2002), pp. 1-36; Mark Mazower, "After Lemkin: Genocide, the Holocaust and History", *Jewish Quarterly*, 5 (1994), pp. 5-8.

② Norman Naimark, *Stalin's Genocides*, Princeton, Princeton University Press, 2010.

③ Maria Ferretti, "Le stalinisme entre histoire et mémoire: le malaise de la mémoire russe", *Matériaux pour l'histoire de notre temps*, 68 (2002), pp. 65-81.

④ Françoise Daucé, "Les usages militants de la mémoire dissidente en Russie postsoviétique", *Revue d'études comparatives Est-Ouest*, 37/3 (2006), pp. 43-66.

终结的观点形成了鲜明对照。历史的终点不会退回到纳粹大屠
杀，恰恰相反，历史的终点会退回到民主和经济自由主义的全
球性胜利，在福山看来，这些都是进步的根源。福山和利科、
阿隆以及其他很多人一样，都追溯了"通史"所言的历史叙
事，他从欧洲古典哲学思想的经典著作中找到了这些历史叙事
的根源，例如帕斯卡（Blaise Pascal）、丰特奈尔（Bernard
Fontenelle）、康德（Emmanuel Kant）等人的著作。他批判马
克思和黑格尔在历史哲学中引入了一种目的论特性，而这是在
康德思想中所没有的，这种批判在很大程度上是有道理的。同
时，福山也批判了从卢梭到萨义德时期那些他认为令现代化的
威信一落千丈的人。对现代化的扭曲不应该使人忘记现代化所
做出的贡献，尤其是民主。① 这在经济学中也是千真万确的：
福山在批评沃勒斯坦时指出，一些"落后的"国家已经巧妙
脱身。没有脱离困境的国家，原因与新自由主义无关，而在于
地方性的政策和约束。这本著作出版（1992 年）之后的一些
年，在很大程度上抹杀了这种扬扬得意的态度：自由市场和资
本主义赢得了战争、丧失了和平，危机与不平等在令人振奋的
投机年代之后开始加剧，而"西方世界"与原教旨主义伊斯
兰世界之间的关系更加尖锐、更具全球性，甚至影响到了非洲
和亚洲。

83

---

① Francis Fukuyama, *La fin de l'histoire et le dernier homme*, Paris, Flammarion,
1992（英文原版：*The End of History and the Last Man*, Londres, Penguin,
1992）; Jocelyn Benoist, Fabio Merlini（dir.）, *Après la fin de l'histoire. Temps*,
monde, *historicité*, Paris, Vrin, 2000。

*

自18世纪起，哲学与历史在欧洲相互交融的方式更多地表现为对两种相关因素的质疑：一是与非欧洲世界的相遇，二是欧洲自身的变革。欧洲自身的变革成为思考的核心这一事实本身并非欧洲中心主义的同义词；这是将主体和方法混为一谈。相反，特别是在18世纪，众说纷纭，与那些提及欧洲文明——通常与欧洲本身曾经历过的野蛮形成了对比——的人针锋相对的是另一些人，他们坚持了解其他世界的重要性。与"他者"的相遇和撼动着欧洲的深刻变革让人们因此开始思考这些变革的意义（历史哲学由此诞生），但他们的根据都是各种提供了开放选项的答案。切实存在的历史决定论与欧洲中心主义，伴随着实证主义和马克思的出现而逐渐增强。马克思生命末期对历史分支的可能性所表现出的不确定，在他的思想中处于相对次要的地位，在欧洲以外的对他思想的接纳体中，更是处于次要的地位。俄国革命本可以推翻这种观点，然而受到了历史文献的决定论和欧洲中心主义的维度限制。在面对与法西斯主义呈暧昧关系的关于欧洲衰落的哲学时就更加危险。所有想缓解这种状况的尝试在很大程度上都被纳粹大屠杀带来的创伤和"历史的终结"所削弱，或被想要冻结历史哲学的思潮、边缘化那些诸如杜威以及阿隆等表现出灵活态度的人的冷战所弱化。

"真正的"社会主义的跌落神坛及冷战的结束可能会为思考哲学与历史的新型关系提供一片更广阔的天地。但事与愿

违，因为文明的冲突一方面与"历史的终结"相对照，另一

84　方面也与对欧洲中心主义的严厉批判相对照，这些批判令人无法超越欧洲中心主义。在全球化时代存在着一个重要的真空地带，即哲学与能够跨越这些鸿沟的历史之间的相互影响。我们会发现，这种可能性完全存在，但它经历了一种对哲学与历史之间的认识论等级的颠覆：正是从历史开始，我们再次打开了关于哲学的新的可能性，而不是经由相反的路径，这正是我们在第三章将要看到的。在这之前，我们必须发现新的历史书写

85　的可能性，将重点放在历史与其他社会科学的相互碰撞上。

第二部分｜历史、全球性与社会科学

第四章　经济学的历史与比较

　　在分析了历史与哲学的关系以及它们至今对全球历史产生的影响之后，现在我们来转向全球史的另一个领域：比较经济史，关于《大分流》的论战将其推向了鼎盛时期。这种研究范式令人在全球化的背景中来思考历史与经济的关系；与历史哲学相比，问题的复杂性在于，经济学在何种程度上成为那种可能会提出一种更为彻底的欧洲中心主义的研究方法的领域。基于这一事实，关于有可能通过何种方式依赖经济学来跳出欧洲中心主义桎梏的思考似乎是合理的。在全球性的研究中，经济学由两种主要模式推动着：全球化的历史与比较。前者提出了一种整体性的思想，其中，与通史和哲学史的相似与差异需要被细化：一种是哲学范畴，一种是经济学范畴，它们所体现的是不是欧洲中心主义的同一种形式？至于第二种联结经济学、历史学及全世界的比较的方法，显然并不是进行比较的唯一可行方法。例如，我们会有机会展现这些聚焦于社会学与经济学的研究范式之间的差异，以及马克·布洛赫所提倡的研究方式。在此所要研究的比较的不同形式，是如何让人得以领会可能世界的多样性？

像我们在讨论历史哲学时所做的那样，在这里我们将会沿着一条特殊的红线来追溯这些尝试性的历史沿革，这条红线将德国的历史学派、韦伯和桑巴特（Werner Sombart）与20世纪89 后半叶的发展经济学相连，最后也延伸至当前历史学与经济学之间的关系。

比较的一种类型：德国历史学派与韦伯

19世纪的整体性和比较性的思想，对当今的全球史仍然产生着重要的影响，但并不能把它们归纳为马克思思想。在19世纪末20世纪初的这段时期内众多潜心研究这种思想的学者当中，有一位学者的参考价值并不亚于马克思，他就是马克斯·韦伯。[①] 韦伯曾经名震四海，至今也在全球史研究及比较研究中发挥着重要作用，其思想通过蒂利、王国斌及彭慕兰等人发扬光大，如同在关于《大分流》的论战里所体现的那样，他在影响力领域独占鳌头，尽管也受到了来自文化领域的专家和人类学家［例如杰克·古迪（Jack Goody）］的批判。如何来解释这种对韦伯思想的运用？这种运用最终看来出人意料，甚至相互矛盾。

诚然，我们不可能在这里对韦伯的思想展开一场详尽无遗的分析，我们要做的仅仅是分析那些历史学领域内曾经运用过韦伯思想、可能会运用韦伯思想的研究范式。在探讨韦伯思想如何被运用之前，我们先来谈论一下韦伯式研究方法在德国的

---

① Jürgen Kocka, "Comparison and Beyond", *History and Theory*, 42/1（2003），pp. 39-44.

兴起，特别是在经济发展的史学理论中的兴起。

实际上，韦伯思考整体性和历史的方式，属于一种基本的问题：一方面是不同范畴的普遍性与解释性概述之间存在的张力问题，一方面是历史经验的多样性及复杂性问题。[①] 如何对这些因素进行协调？

与马克思和涂尔干不同，韦伯在比较与整体的变革两方面倾注了同样的精力（同时兼顾其他），例如，他将新教教义和天主教教义与资本主义进行了比较，或在同样的主题上将中国与英国进行了比较。[②] 这种思考的方式起源于 19 世纪日耳曼世界的特殊背景。当时，关于历史认识的形式的讨论属于关于历史哲学更为宽泛的讨论的一部分——从席勒、费尔巴哈、黑格尔到马克思，他们的著作都证实了这一点。对"历史"所想要表达出的事务的热情从部分程度上也反映出日耳曼政治的背景，同时也伴随着德意志"民族"的统一和认同性问题。这个重要问题实际上也形成了一个双重问题：这种企图的历史根源和它的相关性。民族作为一种范畴，与其他的层级相互冲突，例如德语区在欧洲的建立，或普鲁士的军国主义延伸至全球资本主义内部。因此，我们必须根据时代和作者来做出区分；在 19 世纪中期，深受席勒而非黑格尔影响的"第一历史学派"（李斯特、罗雪尔、希尔德布兰德、克尼斯）批判受李嘉图影响的自由交换经济，认为它使得英国在其他国家利益受

90

---

① Jürgen Osterhammel, *Geschichtswissenschaft jenseits des Nationalstaats*, Göttingen, Vandenhoeck & Ruprecht, 2001; Hartmut Kaelble, *Das historische Vergleich. Eine Einführung zum 19. und 20. Jahrhundert*, Frankfurt am Main, Peter Lang, 1999.

② Max Weber, *Sociologie des religions*, Paris, Gallimard, 1996; Id., *Économie et société*, Paris, Plon, 1971.

损的基础上获得了利益。① 在其《政治经济学的国民体系》
（1841年）② 一书中，弗里德里希·李斯特（1789~1846）建
议，面对英国，诸如普鲁士这样的"新兴"国家应该采取保
护性关税，他支持德国各邦之间形成统一的商业联盟。这个联
盟（德意志关税同盟）成为德国政治统一的雏形。③ 伴随着这
种思潮而产生的一种方法论的原则是，历史和经济变革并非处
处相同。这些学者支持德语各邦国之间关税联盟的建立，后来
又支持成立德意志国家。他们的态度为针对英国而采取的保护
主义提供了有力论据，也为后来普鲁士和德国为支持其经济而
付出的努力提供了有力证明。

　　这些因素导致很多学者展开了关于德国"特性"的思考。
这个问题需要选择一些假设性的方法；因此，威廉·罗雪尔
（1817~1894）将可归纳总结的抽象科学与研究经验的多重性
和多样性的历史科学进行了对照。④ 与此同时，罗雪尔认为这
种多样化的经验可以从某些普遍的范畴出发来进行比较。因

---

①　Hinnerk Bruhns（dir.），*Histoire et économie politique en Allemagne, de Gustav Schmoller à Max Weber*，Paris，MSH，2004；Bruce Caldwell，"There Really Was a German Historical School of Economics：A Comment on Heath Pearson"，*History of Political Economy*，33/3（2001），pp. 649-654.

②　Friedrich List，*Das nationale System des politischen Ökonomie*，Stuttgart-Tübingen，Cotta，1841，法译本：*Système national d'économie politique*，Paris，Gallimard，1998。

③　Yves Breton，"Les économistes français et les écoles historiques allemandes：rencontre entre l'économie politique et l'histoire? 1800-1914"，*Histoire, économie et société*，7/3（1988），pp. 399-417.

④　Keith Tribe，*Strategies of Economic Order：German Economic Discourse, 1750-1950*，Cambridge，Cambridge University Press，1995.

此，从家园到村庄、城市再到国家的过程，就被认为是到处通 91
用的。① 马克思对这种所谓的普世主义表达了不屑，他将这种
所谓的普世主义与民族主义相比较并不是没有理由的。他认
为，罗雪儿与英国的经济学家们一样，都与历史牵扯不上丝毫
的联系。② 另一个方面也体现了罗雪儿和马克思的不同，这一
点并非无足轻重：罗雪儿自认为受到了修昔底德历史观的启
发——历史是反复的，对历史的研究可以让人们预测未来——
这种观点与马克思相左，马克思认为历史是一种革命性的断裂
的经历。在马克思看来，资本主义的经济危机与修昔底德和维
柯毫无关联，而是恰恰诠释了新的规律性，是资本主义的体
现。同时，马克思认为这种振荡越来越剧烈，而罗雪儿认为这
种振荡会持续很长一段时间。③

　　自称信奉经济历史主义的卡尔·克尼斯（1821~1898）的
研究认为，历史与经济之间的相互作用就像自然和生理（需
求的满足）的局限与个人意愿之间的张力，而个人意愿可以
是非理性的。④ 他解释称，历史经验的多样性是必然性与非理
性这两种原则之间相互较量的结果。⑤

① Wilhelm Roscher, *Grundriß zu Vorlesungen über die Staatswirthschaft. Nach geschichtlicher Methode*, Göttingen, 1843. Voir en français: *Recherches sur divers sujets d'économie politique*, Paris, Guillamin, 1872.

② Karl Marx, *Capital*, New York, International Publishers, 1996, vol. 1, p. 196.

③ Iain McDaniel, "The Politics of Historical Economics: Wilhelm Roscher on Democracy, Socialism and Caesarism", *Modern Intellectual History*, mars 2016, pp. 1-30.

④ Karl Kneis, *Die politische Ökonomie vom Standpunkte der Geschichtlichen*, Braunschweig, 1re éd. 1853, 2e éd. 1883.

⑤ Matthew P. Fitzpatrick, *Liberal Imperialism in Germany: Expansionism and Nationalism, 1848-1884*, New York-Oxford, Oxford University Press, 2008.

最终，布鲁诺·希尔德布兰德（1812~1871）也同罗雪尔与克尼斯一样，接受了历史多样化的原则及英国政治经济学的局限性。[1] 然而，希尔德布兰德致力于指出道德原则在人类和经济行为中的中心作用，他认为人类和经济活动有可能会超越非理性和民族主义，而非理性和民族主义恰恰是他的这两位同行所思所想的核心。[2]

这些学者都表达了双重诉求，即不要将政治经济学与对历史的研究以及对社会的研究（当时还没有被称为社会学的学科）相分离；要考虑历史路径的多样化。[3] 对他们来说，历史只不过是揭示普遍原则的一种工具——伦理道德与合作；民族国家；非理性与意愿。这些原则丰富了它们各自关于普遍性与历史发展特性（德国是否被视为特例）之间张力的诠释，以及在此背景下对外部制约与人类行为之间紧张关系的阐释。和兰克一样，他们的问题不在于辨别资料以及对它们进行级别划分，而在于人类行为及历史发展的原则。他们与马克思也有所不同，因为他们并没有按照经济体系的顺序来进行历史架构，而是按照社会与国家的组织形式来架构历史。

从 19 世纪 70 年代末开始，历史学与经济学之间的联系就开始迈入一个新阶段。在政治背景迥异的情况下——德国统一

① Bruno Hildebrand, *Die Nationalökonomie der Gegenwart und Zukunft*, Frankfurt am Main, 1848.

② Emma G. Rothschild-Sen, "Bruno Hildebrands Kritik an Adam Smith", in Bertram Schefold (dir.), *Bruno Hildebrands "Die Nationalökonomie der Gegenwart und Zukunft". Vademecum zu einer Klassiker der Stufenlehren*, Düsseldorf, Verlag Wirtschaft und Finanzen, 1998, pp. 133-171.

③ José Luis Cardoso, Michalis Psalidopoulos, *The German Historical School and European Economic Thought*, Londres, Routledge, 2015.

已经是生米煮成熟饭——第二种历史学派——主要由施穆勒
（Gustav Schmoller）推动，桑巴特也做出了一部分贡献——已
经对处于历史变革顶峰的国家兴趣式微，而开始致力于思考历
史路径的多样性。[①] 与前辈们相比，他们的分析更为宽泛，也
更加详尽。研究层面也更加多样：这些学者们不仅在非欧洲世
界深入研究，也开始涉足德国的不同区域和村庄。从这一点出
发，施穆勒批判了当时的社会，也批判马克思和政治经济学的
新思潮，尤其批判了门格尔，认为他以经济学的社会分析为代
价，践行了一种"心理主义"。[②] 实际上，一股新的经济学浪潮
正在涌现，这些经济学家被称为边际主义者，他们提出了一种
与马克思及德国历史学派完全不同的方法：建立在参与者"理
性"行为之上的数学模型被认为可以到处通用。[③] 这比亚当·
斯密、李嘉图等人提出的方法更为激进。经济学粗暴地忽视了
历史学及收入分配，而将重点放在了个体的优化行为之上。

93

　　恰恰相反的是，在施穆勒看来，经济学是一门关于社会的
科学，而不是一种针对微观经济或心理学的分析。从这一点出
发，他提出了一种长时段的历史，在这种历史中，他努力将罗
雪尔与希尔德布兰德的政治-社会体系的连续与马克思经济体

①　Werner Plumpe, "Gustav von Schmoller und der Institutionalismus. Zur bedeutung der Historischen Schule der Nationalökonomie für die Moderne Wirtschaftsgeschichtsschreibung", *Geschichte und Gesellschaft*, 25/2（1999）, pp. 252–275.

②　Erik Grimmer-Solem, *The Rise of Historical Economics and Social Reform in Germany 1864–1894*, Oxford, Oxford University Press, 2003.

③　Carl Menger, *Untersuchungen über die Methode der Sozialwissenschaften und der politischen Oekonomie insbesondere*, Leipzig, Duncker und Humblot, 1883; Hinnerk Bruhns（dir.）, *Histoire et économie politique en Allemagne, de Gustav Schmoller à Max Weber*, op. cit.

系的连续相协调。[1] 他的方法蕴含着深刻的政治意义：施穆勒既没有替资本主义也没有替革命的社会主义说话，而是倡导"讲坛社会主义"，这种思想在大学及资产阶级领域广为流通，遵循着一条更具革命性的改革路线。[2] 1872 年，施穆勒在爱森纳赫召集上一代德国历史学派的学者（克尼斯、希尔德布兰德）以及其他的一些德国知识分子。他们成立了一个社会政策学会，指明经济自由主义是社会动荡的根源。

尽管彼此存在差异，但马克思与历史学派的支持者都不约而同地对政治经济学的抽象概念持不赞同的态度。[3] 然而，与马克思（想创建科学社会主义，他是达尔文的忠实崇拜者）不同的是，施穆勒对实证主义也持批判态度。[4] 他批判孔德（Auguste Comte）所定义的历史"规律"，认为它们是"自然主义者错误的化身"。[5] 这也是 19 世纪最后二三十年他能在德国和俄国大获成功的原因：在这两个国家，出于贸易因素（面对英国及其政策而产生的独立）和思想界的活跃（对历史决定论的批判[6]）的影响，对经济发展的国家特性的研究被置于首要地位。我们须知道，施穆勒保留了前辈们的另一条原

---

① Gustav Schmoller, *Grundriss der allgemeinen Volkswirtschaftslehre*, Leipzig, Duncker & Humblot, 1900-1904, 法译本：*Principes d'économie politique*, Paris, Giard et Brière, 1906。

② Helge Peukert, "The Schmoller Renaissance", *History of Political Economy*, 33 (2001), pp. 71-116.

③ Keith Tribe, *Strategies of Economic Order*, op. cit.

④ Gustav Schmoller, "Zur Methodologie der Staats-und Sozialwissenschaften", *Schmoller Jahrbuch*, 7/3 (1883), pp. 239-277.

⑤ Gustav Schmoller, *Grundriss der allgemeinen Volkswirtschaftslehre*, op. cit.

⑥ Alessandro Stanziani, *L'économie en révolution*, op. cit.

则，即在人类行为中寻找非优化的动机。特别是他认为，道德准则在个体的行为中发挥着中心作用；主体可以避免将其利益最大化，因为他们受到的是更为普遍的原则的指导，而不是被功利主义所左右。[①] 施穆勒深刻地认识到，这两种原则——个人主义与合作、功利主义与利他主义——在社会中完全存在。这也是维系着团结一致的公共政策的重要性所在。团结的原则（我们从涂尔干的理论中可以找到）在这时候就变为自由主义的一种替代，也是革命社会主义的一种替代；他鼓励建立合作社，认为这是社会安全的雏形，他假定人类发自内心地是倾向于合作的，而不是倾向于排外和个人主义。[②] 与自由派或社会主义者所争论的不同，历史研究明确指出，人类的历史并不是在表达一种从原始的团结或尚处于希腊式的团结（或多或少被理想化）向资本主义的个人主义的转变过程，而是一种从野蛮的个人主义向团结一致转变的过程。[③]

94

这些愿望部分是可以理解的：作为对资本主义社会紧张态势的回应，从 19 世纪 70 年代起，社会国家（l'État social）开始发展。[④] 第二次工业革命欲将在第一次工业革命中努力幸存

---

① Yves Breton, "Les économistes français et les écoles historiques allemandes", art. cit.

② Peter Koslowski (dir.), *The Theory of Ethical Economy in the Historical School : Wilhelm Roscher, Lorenz von Stein, Gustav Schmoller, Wilhelm Dilthey and Contemporary Theory*, Berlin, New York, Springer, 1995.

③ Gustav Schmoller, "The Idea of Justice in Political Economy", *Annals of the American Academy*, 4/5 (1984), pp. 1-41.

④ Alain Dewerpe, *Le monde du travail en France, 1800-1950*, Paris, Armand Colin, 1989; Jacques Le Goff, *Du silence à la parole*, Rennes, Presses universitaires de Rennes, 2004.

下来的小企业、手工业者和农民赶出市场。① 同时，从 19 世纪
70 年代开始，发达地区不再局限于英国和法国的部分地区。
德国自身和美国也奋起成为第二次工业革命的赞颂者；这些国
家开始提倡非常激进的资本主义形态，在这种形态中，国家和
大企业占据核心地位，因此也导致了大英帝国开始逐渐丧失有
利地位。面对这些动荡，社会调查如雨后春笋般涌现，无论是
个人还是团队［西米昂（François Simiand）、勒普莱］或者是
公共机构（市镇、国家），都开始大兴调查之风。这种研究在
英国本土、意大利、日本、美国、法国以及德国广泛开展；所
有的研究都旨在衡量经济变革的社会影响。② 分析的层面非常
重要：对经验材料及大规模人口抽样调查的重视很大程度上会
降低在国家范围内开展详尽调查的可能性。研究者的这类调查
95　会聚焦于某些特定的人群或地区；然后，他们大部分的著作就
会展现面对经济的国际化——现在我们称为全球化——时国家
的偏移，及其对农民、农场经营者、小企业及传统产业的影
响。作为大部分社会干预的支持者，这些调查者反对经济和社
会的衰退，特别是在某个特定国家的某些区域里的调查者，他
们同时也反对全球化。另一些人，例如勒普莱，则深入研究，
甚至研究了欧洲层面的这种变革。③

　　在德国，是历史学派的第三代学者对这些因素进行了发

① Gilbert Bentley, *The Evolution of National Insurance in Great Britain : The Origins of the Welfare State*, Londres, Joseph, 1966; José Harris, *Unemployment and Politics: A Study in English Social Policy, 1886-1914*, Oxford, Clarendon Press, 1972.

② Alessandro Stanziani, *L'économie en révolution*, op. cit.

③ Frédéric Le Play, *Les ouvriers européens*, Tour, Mamé et fils, 1876-1879.

展：韦伯和桑巴特用各自的方法改变了 19 世纪与 20 世纪之交的历史与社会的内容与思想。他们至今仍然影响着我们思考历史、社会与经济的方式。这些学者都对普遍的原则感兴趣；然而，桑巴特比较重视"发展路径"的多样化以及隶属于不同体系的多种要素共存的可能性；而韦伯则更青睐于对相对稳定的体系进行比较。因此，通过寻找"历史规律性"，桑巴特超越了前辈们分析的两个传统层次——民族国家和世界——辨识出一些"区域"：欧洲或亚洲的一部分地区以及它们之间的联系。比较是不可避免的，但它在其中发挥的作用远远逊于在韦伯思想中的作用，而区域间的联系被置于首要地位。桑巴特因此摒弃了"发展阶段"这一因素，突出了多种世界与体系的共存：国内经济、国民经济、国际经济；交换与货币；手工业作坊与大工业。这些要素并非必须相互继承，而是可以完美地共存。在桑巴特看来，资本主义的根源在于交换，而不是生产；垄断集团交换的变革让欧洲市场和其他市场得以区分，然而其他形式的交换却并不会必然地消失。[1]

所有这些要素（多种世界的共存，"区域"的认同，联系，定义与资本主义的历史）首先对波兰尼产生了影响，然后也影响了布罗代尔，后来在当今的全球史中找到了交汇点，存在于一些致力于为联系与比较争得一席之地的学者的思想中。[2] 桑巴特的作用尤其重要，一方面是在关于财政与资本主

---

[1] Werner Sombart, *Der Modern Kapitalismus*, 3 vol., Munich, Dunker und Humboldt, 1902.

[2] Heinz-Gerhard Haupt, Jürgen Kocka (dir.), *Comparative and Trans-national History*, *op. cit.*

义关系的研究中被频繁引用，另一方面是在关于奢侈与资本主
96　义关系的研究中频繁出现。前者更多地将资本主义与财政联系
在一起，而不是将其与私有财产和支付薪资的劳动联系在一
起，而后者强调奢侈自古至今在资本主义变革中的核心作用，
这也正是桑巴特所倡导的。① 一方面，桑巴特对布罗代尔及其
他强调长时段理论（我们会在之后的章节中展开讨论）的学
者产生了深刻的影响；另一方面，韦伯对全球史的几个思潮产
生着关键的、持续性的影响，尤其是一些重视比较的学者。②
无论是承认韦伯——查尔斯·蒂利，或批判韦伯——例如彭慕
兰，这位德国思想家都成为岿然不动的一种参考。③ 原因
何在？

　　将韦伯的思想与其用途区分开来至关重要，尤其是在政治
的社会历史领域和经济史领域，一些声称针对韦伯的分析通常
都远远不如对其启蒙者的分析那么细致和灵活。尽管韦伯通常
被与德国历史学派联系在一起，但他批判德国历史学派是
"自然主义"，是知识的统一概念。然而，毫无疑问，韦伯同
其他历史学派的思想家一样，发展了比较分析这一理论。比较

① Jürgen Osterhammel, *The Transformation of the World*, *op. cit.*; Cody Franchetti, "A Reconsideration of Werner Sombart's Luxury and Capitalism", *International Review of Social Sciences and Humanities*, 5/2 (2013), pp. 135-139.

② Pierre Bourdieu, Jean-Claude Chamboredon, Jean-Claude Passeron, *Le métier de sociologue: préalables épistémologiques*, Berlin-New York, Mouton-W. de Gruyter, en particulier p. 169 s.

③ Heinz-Gerhard Haupt, Jürgen Kocka (dir.), *Comparative and Trans-national History*, *op. cit.*; R. Bin Wong, *China Transformed: Historical Change and the Limits of European Experience*, Ithaca (N. Y.), Cornell University Press, 2000.

让他得以辨识不同的历史轨迹[1]；这种实践的关键因素在于领域的选择以及各种变量。首先是领域：社会，宗教，经济。所有这些领域都在韦伯式的建构中有所涉及。然后，在每个领域的内部，变量是选定的。例如，在经济学领域，对英国和中国的比较重点在于私有财产（尤其是农业）、技术革新中科学的作用、企业家之间权力的关系、资本家与雇佣劳动者，等等。[2] 资本主义的独特性，在于其追逐利益和对生产要素的合理构建。[3]　97

　　韦伯的力量在于构造了一种比较分析的框架，这种框架持续了几十年，为西方世界的霸权及其理想类型的合理性服务。例如，他认为儒家思想和印度教教义并不适合资本主义的发展，因为二者都在批判利益的诱惑。[4] 除了宗教，自由经商的城市的缺失、明确的法律秩序的缺失以及私有财产的缺失让亚洲和欧洲有所不同。[5] 这里还值得一提的是韦伯总结出的比较与理想类型之间的关系。[6] 这种关联对他来说至关重要，因为可以从社会学的角度来进行历史分析。在韦伯看来，这些理想类型并不与历史研究范式相冲突。相反，它们恰恰构成了一种

[1] Stephen Karlberg, *La sociologie historique comparative de Max Weber*, Paris, La Découverte, 2002; Stephen Karlberg, *La sociologie historique comparative de Max Weber*, Paris, La Découverte, 2002.

[2] Hinnerk Bruhns, "Max Weber, l'économie et l'histoire", *Annales HSS*, 51/6 (1996), pp. 1259–1287.

[3] Max Weber, *Économie et société*, Paris, Plon, 1995 [orig. all.: *Wirtschaft und Gesellschaft*, Tübingen, J. C. B. Mohr (Paul Siebeck), 1922].

[4] Wolfgang J. Mommsen, *Max Weber and German Politics, 1890-1920*, Chicago, University of Chicago Press, 1984.

[5] Andreas E. Buss, *Max Weber and Asia*, Munich, Weltforum Verlag, 1985.

[6] Wolfgang J. Mommsen, Jürgen Osterhammel (dir.), *Max Weber and His Contemporaries*, Londres-New York, Routledge, 1986.

假设前提、一种基础性的工具。理想类型从经验分析出发，也随着经验分析而改变。比较需要恒定的期限，如果没有期限，比较不可能实现。韦伯认为，这就是协调严格逻辑与经验分析所要付出的代价。他与马克思都认为，资本主义通过追逐利益、建立由无产阶级和资本主义者创造的劳动市场来被定义。然而，与马克思不同的是，韦伯没有想象到资本主义的衰落。

马克思对此进行了延伸：他想象出一种他所认为的英国式发展的理想模式，一种他认为反映了历史现实的模式，他认为这种模式会在全世界范围内流通。韦伯对此没有表达意见，但他提出了另一种模式，即将英国或欧洲的理想类型与非欧洲国家的现实相比较。马克思或许遇到了印度或俄国发展的问题，因为他在寻求一个全球普遍适用的模式，而韦伯没有遭遇这样的困境，以至于他几乎用一成不变的方法将不同的现实进行了对比。这里就涉及两种形式的欧洲中心主义：一种寻求将历史变革与欧洲的范畴强加于整个世界；另一种从欧洲的范畴出发来判断整个世界。查卡拉巴提和古迪用各自的方式对这一点进行了强调。[1] 马克思与韦伯一样，尝试着从一个全球性的可以令人了解社会所有方面的角度，将社会的、政治的、经济的变革与他们各自所定义的文化的或超结构的要素重新联系起来。[2] 但是，韦伯的重点在于理性的形式，更广泛地说在于认知的范围，而马克思则更为强调"结构"。在韦伯看来，非欧洲国家和非资本主义国家的

98

① Dipesh Chakrabarty, *Provincialiser l'Europe*, *op. cit.*; Jack Goody, *L'Orient en Occident*, Paris, Seuil, 1999 (orig. angl. Cambridge, 1996).

② Derek Sayer, *Capitalism and Modernity: An Excursus on Marx and Weber*, Londres, Routledge, 1991; Philippe Raynaud, *Weber et les dilemmes de la raison moderne*, Paris, PUF, 1987.

特性通常体现在它们不同的认知和组织范围上；而在马克思看来，经济结构是解释这些差异的主要工具。①

我们从中看到了全球史中至今仍然影响广泛的两种基本思潮：一种思潮将全球化视为一种自中心向外环流通的现象；另一种思潮从与不同文明之间根本对立的角度出发来审视全球史。当前以马克思理论为依据的全球化的研究，认为存在一种变革的"中心"，这是所有罪恶的根源，也存在一些或多或少静止或顺从的"边缘"。像马克思一样，今天研究全球化的负面影响的人也都在强调阶级张力的普遍性。在这些人看来，对"大分流"的比较研究在继续使用韦伯的模式，但彻底推翻了韦伯的结论，从完全来自西方世界（几乎是理想化的）的一系列因素出发来进行比较。

对韦伯的这些类型的分析大获成功，至今都产生了影响，对欧洲和亚洲经济和社会做出的比较都以这些理想类型为基础。尽管这些研究方法都借鉴了经验分析，但经验分析并不是在质疑作为出发点的假设，而更多是在承认假设。例证之一：宗教。从来没有人对基督教教义和资本主义之间的积极关系或天主教教义、儒家思想与资本主义之间的张力提出过严肃的证据。然而，这些要素被广泛提及，似乎它们具有作为证据的价值。尽管现在这些要素都有可能被完全推翻，但中国的成功恰恰可以

---

① Mark Gould, "Marx and Weber and the Logic of Historical Explanation: The Rise of Machine Capitalism", *Journal of Classical Sociology*, 16/4 (2016), pp. 321-348. 也可参考 Norman Birnbaum 的经典作品，"Conflicting Interpretations of the Rise of Capitalism: Marx and Weber", *British Journal of Sociology*, 4 (1953), pp. 125-141。

99　　由儒家思想来解释。① 对我们来说，问题在于了解韦伯的思想
以何种方式深入到发展的历史性和经济性的分析之中，也在于
理解全球经济史的比较时这种承前启后的关系所扮演的角色。

去殖民化时代的比较：欠发达与历史性落后

　　在德国，自 20 世纪初开始，卡尔·兰普雷希特（Karl
Lamprecht）和奥托·欣茨（Otto Hintze）就已经按照兰克的方法来
批判历史，强调历史与社会科学之间更为紧密联系的必要性。② 对
博学派史学及民族主义史学的批判在第一次世界大战之后愈演愈
烈。1924 年，在弗里德里希·梅尼克（Friedrich Meinecke）——
他于 1896 年至 1935 年担任德国《历史杂志》的主编——的指导
下，欣茨的妻子艾德薇姬成为德国第一位被授予博士学位的女性。
她是著名的研究法国大革命的史学专家、魏玛共和国的拥护者，
也反对纳粹的崛起。③ 她认为，梅尼克因其政治思想史方面的著
作而成为享誉全球的学者。在《世界主义与民族国家》（1907 年）
一书中，他将德国浪漫主义知识分子的世界主义与俾斯麦的民族
主义进行了对比。第一次世界大战之后，面对国家社会主义的兴
起，这种区分再次获得复兴。然而，梅尼克的反驳则意味深长：
在《历史主义的兴起》一书中，他将历史主义视为西方思想中的

---

① Jan Rehmann, *Max Weber : Modernisation as Passive Revolution. A Gramscian Analysis*, Leiden, Brill, 2013; Peter Ghosh, *Max Weber and the Protestant Ethic : Twin Histories*, Oxford, Oxford University Press, 2014.

② Michael Erbe, *Otto Hintze*, Hambourg, 1987.

③ James M. Skidmore, *The Trauma of Defeat : Ricarda Huch'Historiography during the Weimar Republic*, Berne; Peter Lang, 2005.

一场真正的革命，视其为面对民族主义的唯一一种方式。

在这些思潮随着纳粹主义的兴起而不断消逝的同时，很大一部分德国及中欧的史学家开始起身前往美国避难，其中一部分人在 20 世纪 30 年代就奔赴美国，而另一部分人在第二次世界大战之后也来到了美国。[1] 这场大流亡的主要成员包括史学家和经济学家，其中也包括社会学家；他们为这些研究方法在大西洋彼岸的扩散做出了极大贡献。正是在关于发展的史学理论中，韦伯的研究范式带来了更为积极的效果。[2] 亚历山大·格申克龙（Alexander Gerschenkron）正是因为《经济落后的历史透视》一书而一跃成名。这本书之所以大获成功，其意义在于，格申克龙按照韦伯式的比较方法成功地研究了俄国。实际上，像马克斯·韦伯及其他无数先于韦伯的前辈一样，格申克龙预先假设出一系列西方的特性，从这些特性出发着手进行比较；他也强调城市、资产阶级、市场和私有财产。然而，与马克思不同的是——部分程度上与韦伯也有所差别——他认为非常有可能不通过资产阶级而实现工业化（但并非实现资本主义）。为了弥补这些缺陷，一些"落后"（20 世纪六七十年代的术语）的国家，如普鲁士和俄国，陈列出一些"替代要素"，尤其是政府。面对协调特殊个体、历史特性及普遍变化这几个要素的必要性这个问题，这恰恰是一种智慧的方式。落后与多样性并驾齐驱，从这一点来

100

---

[1] Catherine Epstein, *A Past Renewed: A Catalogue of German Speaking Refugee Historians in the United States after 1933*, Cambridge, Cambridge University Press, 1993.

[2] Jeremy Adelman, *Worldly Philosopher: The Odyssey of Albert O. Hirschman*, Princeton, Princeton University Press, 2013.

看，构造相互替代的路径也不是不无可能的。[①]

这种研究在 20 世纪五六十年代引起了广泛的争论：伴随着去殖民化的发展，经济学家们提出了（欠）发达的问题以及用何种方法来补救的问题。当时，人们毫无约束地使用着"欠发达"这个词；后来，大家开始使用"发展中国家"这个术语，再后来又开始使用"新兴国家"这个词语，最后又过渡到"南方国家"。但是，如何对这些国家做出区分呢？

在冷战时期，这个问题与新成立的国家的经济和政治形式紧密相连：资本主义或社会主义。[②] 这场论战的要素不断衍生至全球层面，不仅是将苏联的经济发展与西方的经济发展进行对照，而且展示了中国、印度以及美洲、非洲和亚洲在那个时代中取得独立的国家的发展路径。因此，很多经济学家的研究强调将这场争论嵌入"历史视角"中的必要性。这种观点值得深思。在历史视角中研究经济发展，这究竟意味着什么？

关于世界化的争论——以及对这个概念的运用——在其历101 史哲学中带有深深的决定论意味，在范畴和假设上是欧洲中心主义的，在解释上是可循环的：关于发展原因和故步自封的因素的基本假设不可避免地在数据中得到了证实。[③] 所有接受了

---

① Alexander Gershenkron, *Economic Backwardness in Historical Perspective*, Cambridge (Mass.), Harvard University Press, 1962.

② Shahrukh Rafi Khan, *A History of Development Economics Thought*, Londres, New York, Routledge, 2014.

③ Dearn C. Tipps, "Modernization Theory and the Comparative Study of Societies: A Critical Perspective", *Comparative Studies in Society and History*, 15 (1973), pp. 199–226; Frederick Cooper, Allen F. Isaacman, Florencia E. Mallon, William Roseberry, Steve J. Stern, *Confronting Historical Paradigms: Peasants, Labor, and the Capitalist World System in Africa and Latin America*, Madison, University of Wisconsin Press, 1993.

这种研究范式的学者们都坚称自己不同于苏联-斯大林式的变体以及某些受"白板说"影响、倾向于重新彻底审视社会及经济学的规划者。这种思潮以 20 世纪 20 年代苏联经济学家们的学术著作为参考，他们质疑"史学"研究范式，批判的说辞是这些研究范式想在新的体系中延续陈旧的元素。

然而，20 世纪五六十年代，站在这种立场上的经济学家屈指可数，特别是在赫鲁晓夫发表了秘密报告以及苏联新经济政策再次确立之后。也就是在这样的背景下，借鉴历史再次成为经济论战的焦点。因此，华尔特·罗斯托提出关于经济增长阶段的理论，公开与社会主义的假设形成了对立：他指明了经济增长阶段的普适性以及像苏联那样沿袭那些自上而下强加于人的发展路径的不可能性。罗斯托更加强烈地批判了计划经济。[1] 历史被用来证明西方一种典型路径的有效性，而这种路径只存在唯一一种时间线性。但有悖常理的是，罗斯托改造了马克思的理论，他认为最发达的国家为经济落后的国家指明了发展道路和未来。他也再次详细论述了德国历史学派及其关于发展阶段的理论，特别是李斯特、希尔德布兰德与施穆勒的著作。就像对于马克思来说一样，在这种情况下，某种实证主义的研究范式同样可以在全球范围内来表明经济、政治和社会变革的历史阶段。

然而，自 20 世纪 60 年代起，这种研究范式就受到了越来越多的质疑；很多要素牵涉其中，小农经济作为经济发展的要

---

[1] Walt Rostow, *The Stages of Economic Growth：A Non-Communist Manifesto*, Cambridge, Cambridge University Press, 1960, 法译本：*Les étapes de la croissance*, Paris, Seuil, 1963。

102　素也再次被赋予价值。很多学者开始通过这些要素，找到了资本主义与社会主义之间的一种折中方式（著名的第三条道路），这种方式的主要宗旨是将小农经济越来越多地融入商业气息愈加浓重的经济中。他们批判"工业化和无产阶级化是现代化的唯一形式"这种说法。①

　　20世纪60年代至70年代，随着旧殖民地国家的债务不断提升、落后程度不断加剧，对工业模式的批判似乎逐渐站稳了脚步。人们发现，现行政策如果引发了小农经济的危机，也就无法保证工业的繁荣。② 这些新民粹主义的批判利用苏联新经济政策以及恰亚诺夫（Alexandre Chayanov）的相关著作，来突出建立在农民公社基础之上的经济增长的可能性。因此，在20世纪60年代，推广俄国的做法成为可能，在关于最适合亚洲、非洲或拉丁美洲发展政策的论战中，列举1870~1914年"民粹主义者"与"马克思主义者"之间的大论战，也是顺应局势的一种举措。③

　　从支持建立在小农经济之上的发展这一意义上来说，格申克龙并不是一个真正的"民粹主义者"。他反而认为，俄罗斯

---

① Alessandro Stanziani, "Cajanov, Kerblay et les *Shestidesiatniki*. Une histoire globale?", *Cahiers du monde russe*, 45/3-4 (2004), pp. 385-406.

② Gunnar Myrdal, *Economic Theory and Underdeveloped Regions*, Londres, Duckworth, 1956; Paul A. Baran, *The Political Economy of Growth*, New York, John Calder, 1957.

③ Alexander Mendel, *Dilemmas of Progress in Tsarist Russia. Legal Marxism and Legal Populism*, Cambridge (Mass.), Harvard University Press, 1961; Paul N. Rosenstein-Rodan, "Problems of Industrialization of Eastern and South-Eastern Europe", art. cit.; Gunner Myrdal, *Economic Theory and Underdeveloped Regions*, op. cit.

和普鲁士的情况表明，落后国家可以走上另一条道路，无论是以国家为基础还是以资产阶级为基础。这并不是指小农经济，也不是自愿地选择一种替代路径，而是具有一种历史性的必要性。换句话说，如果我们说他保留了建立在马克思和罗斯托研究基础上的黑格尔式研究范式，那么他也做出了极大的修正，提出了发展的多种可能性路径，所有这些路径都经过了历史与经济规律的证明。①

但是，他做出的这些经验论的结论都归功于当时可供参考的关于英国和俄罗斯的学术著作，首先就是从马克思到波兰尼有关英国工业革命的普遍研究。格申克龙对波兰尼的著作熟稔于心，也非常了解他关于市场多元化的思想②；他保留了这种思想，但剔除了其中人类学的对这种思想的深刻影响。

103

与此同时，格申克龙研究了波兰尼那部最具马克思主义精神的、关于18世纪至19世纪那场震撼了大英帝国的动荡——私有化、劳动力市场强加的准则、工业化——的著作。他将国家的干预限定在波兰尼所定义的范围内，即从自由主义过渡到统制经济，将处于工业革命上游的国家的作用置于一边。也正是因为这样，格申克龙得以将英国（由资产阶级掌控的民主的资本主义）与俄国和普鲁士（国家的作用）的情况进行对照。

与表象相反的是，格申克龙并没有在特定的历史背景下将俄国与英国进行比较。他更多是将西方的一种理想形象（特别是英国的形象）与19世纪俄国同样理想的形象进行了对照。

---

① Alexander Gerschenkron, *Economic Backwardness in Historical Perspective*, *op. cit.*

② Karl Polanyi, *La grande transformation*, Paris, Gallimard, 1983（英文原版，1944）。

英国的发展离不开议会制的成熟、公共土地的私有化以及在此基础上服务于农业和工业的无产阶级。与此相对照的是，俄国的发展离不开商业城市的缺失和资产阶级，以及奴役制度中将土地托给他人代管的土地贵族的存在。进步和相关的落后概念都是欧洲中心主义的，建立在一个理想的类型之上，即 18 世纪至 19 世纪英国的类型。分析在与时俱进方面获得了成功，但失去了历史的深度。比较更多是过时的。在批判韦伯的同时，格申克龙保留了他的很多方法论公设，甚至保留了内容（工业革命及其根源）。

对史料来说亦是如此。苏联和西方的历史研究在 1861 年俄国改革（废除农奴制）的局限性和随之而来的农民的贫困化、沙皇的工业化的局限性问题上观点一致。[①] 和某些学者一样，格申克龙对 1870～1930 年俄国出产的经济和数据研究成果深信不疑。然而，即便这些成果提供了大量的信息，了解当时出产研究成果的背景也是至关重要的。格申克龙将它们视为数据而非史料；他并没有质疑这些数据在历史和文献方面的有效性，而仅仅对它们的经济合理性表达了疑问。

这种观点在 20 世纪后半叶得到了极大的发展，一直持续

104

---

① Jerome Blum, *Lord and Peasants in Russia from the Ninth through the Nineteenth Century*, Princeton, Princeton University Press, 1961; Richard Hellie, *Enserfment and Military Change in Muscovy*, Chicago, Londres, University of Chicago Press, 1971; Peter Kolchin, *Unfree labour: American Slavery and Russian Serfdom*, Cambridge (Mass.), Harvard University Press, 1987; Daniel Field, *The End of Serfdom: Nobility and Bureaucracy in Russia, 1855–1861*, Cambridge (Mass.), Harvard University Press, 1976; Ivan D. Koval'chenko, *Russkoe krepostnoe krest'ianstvo v pervoi polovine XIXv.* [L'économie du servage en Russie pendant la première moitié du xixe siècle], Moscou, Nauka, 1967.

到现在。到 20 世纪 80 年代，对经济发展的比较和历史分析都在不断涌现，但都没有从根本上改变争论的论调。一些人认为这是模仿西方（这是当时国际货币基金组织的立场）甚至日本的发展，而另一些人则强调发展路径的多样化问题。

从 20 世纪 90 年代起，特别是中国开始飞速发展之后，争论的论调才开始发生大幅的变化。甚至那种自称反韦伯的、非欧洲中心主义的研究观点，例如"大分流"，最终也被束之高阁。我们表面看来是在反对经典的韦伯式研究观点：用数据来证明或确认之前的研究，而不是尝试将数据嵌入某种模式。诚然，这些研究范式并没有陷入之前提及的简单比较的陷阱；像所有全球史的研究范式一样，这些研究范式也在避免赞颂西方，在更广泛的整体内，"大分流"支持者们的研究范式同样也为世界不同地区的特性和它们之间的联系这一问题提供了重要的答案（例如：在长江三角洲与兰开夏之间进行的比较让人们重新评估了欧洲与中国的整体活力）。但这种模式本身又是沿袭了什么模式呢？

彭慕兰用解释欧洲活力的同样准则来诠释中国的活力，即人口的增长、对私有财产的保护以及商业和原始的工业活力。[①] 换言之，像韦伯、兰德斯、波兰尼、马克思以及众多前辈一样，彭慕兰保留了通过将公共土地私有化而实现的英国式的理想模式，其中也伴随着无产阶级化、工业化、资产阶级和个人主义思想等，并且在之后将其扩展至中国。他忽视了这样一个事实：在他的著作发表之前的几十年里，这种理想类型广

---

① Kenneth Pomeranz, *The Great Divergence*, *op. cit.*

受争议：对公共土地的私有化并非人们所想的那么重要、那么有决定性意义，就如议会发挥的作用、对私有财产的保护，甚至工业革命自身的重要性一样。[①] 彭慕兰似乎认为英国的经济史研究从 20 世纪 60 年代开始就没有再发展，然后，他运用了相关的模型，认为这种模型无论是对中国（或者至少是在长江三角洲）还是英国来说都具有价值，因为这两个国家都存在市场缺陷。这是理想市场（及其制度）与英国的联系之间的一次彻底转向；从历史视野来说，这种联系在英国呈现的比在中国要少，抑或至少在英国的某些地区出现的较少。乍一看，"大分流"是一种再次讨论欧洲中心主义及大英帝国引擎作用的方式。实际上，英国的工业革命在殖民主义和美洲的资源中找到了新的辩护，而中国的衰落则与殖民帝国的缺失以及诸如美洲领土上可开发资源的缺失相关联。彭慕兰推翻了韦伯的观点，但保留了他的比较方法以及发展的一系列要素：私有财产、竞争、创新，等等。他保留了经典经济史研究所指出的被视为英国特性的各种变量，努力证明这些变量在中国也同样存在，甚至其分量也与在大英帝国具有的分量同样多。关于"大分流"的论战是单一思想和柏林墙倒塌的结果：只存在一种发展模型，即理想的资本主义。正如我们在第一章所指出的，这种分析排除了两种要素：每个国家内部的社会不平等，

---

① Gilles Postel-Vinay, "The Dis-integration of Traditional Labor Markets in France. From Agriculture and Industry to Agriculture or Industry", in George Grantham, Mary MacKinnon (dir.), *Labor Market Evolution*, Londres, New York, Routledge, 1994, pp. 64 – 83; Robert Allen, *Enclosure and the Yeoman*, Oxford, Oxford University Press, 1992; Id., *The British Industrial Revolution in Global Perspective*, *op. cit.*; Prasannan Parthasarathi, *Why Europe Grew Rich and Asia Did Not*, *op. cit.*

局限于某个城市的人均收入的比较，严格说来这并不具有数据或经济层面的意义；某种既不属于市场效率也不属于工业化的发展的可能性。

总而言之，马克思、韦伯、桑巴特，尤其是那些全球史领域内的后来者都试图重新提出一系列的认识论问题：这些学者都依附于含有强烈欧洲中心主义思想的比较或全球性的模式；他们或是通过强调某个非欧洲国家的局限性（韦伯、格申克龙），对理想化的欧洲与某个非欧洲国家进行比较；或是像彭慕兰一样，推翻比较的结果却保留进行比较的准则和变量；或是像马克思一样，从其晚年时期被部分质疑的、后来又被大部分自称为其思想的继承者所抹杀的欧洲中心主义的模式出发。从中我们可以确认的是，欧洲中心主义并没有构成一个同质的立场，它可以通过两种主要的模式来表达：一种被进行了等级划分，另一种是普遍的，但以西方价值观为出发点。无论是在哪种模式中，联结历史与经济的线条永远是极其脆弱的。

106

史学和经济学的分离

全球史对经济学的依赖程度有多深？

殖民主义与冷战的结束彻底改变了经济学思维：经济与历史的联系被中断，甚至与政治和社会科学的联系也不再那么紧密。格申克龙和之前被热议的发展经济学家们的著作开始从经济学学科中消失。从苏联阵营、拉丁美洲及亚洲国家向资本主义的"转变"（这个术语本身就有决定论意味）被视为全球通用的模式中一个不可避免的问题。全球化的世界成为拥有唯一一种独特经济模式的世界。20 世纪 70 年代起，由道格拉斯·诺斯发展出的新制度主义经济学与其他经济学一起，成为比较经济史的范例。[①] 不仅是（欠）发达国家和非欧洲国家，就连西方的经济史本身也开始从这种研究范式出发，重新进行自我修正。因此，自 18 世纪以来就因被视作效率低下的根源而广受批判的农民的公共土地，成为市场尚不"完善"[②] 时期抵御危机的一种保护要素。基于这种成见，俄国的农民公社，甚至东欧的奴隶制都找到了为自己辩护的依据。[③]

与之前的研究范式相比，唯一的区别在于，从此以后发展的一系列要素都基于唯一一种标准来确定：效率与"交易成本"（对在唯一的、同一种范畴中产生的谈判、组织、真实费用、薪资等乱七八糟的成本的委婉说法）的最小化。这种模式被运用于各种历史经验中，其中也包括俄国的历史。通过倡导交易成本和信息经济学理论，诺贝尔经济学奖得主约瑟夫·斯蒂格利茨因此指明了纯商业均衡的局限性，但也指出了苏联官僚主义与一般行政经济导致的失调。[④] 无论是讨论 19 世纪

107

① Douglass C. North, Robert Paul Thomas, *The Rise of Western World: A New Economic History*, Cambridge, Cambridge University Press, 1973.

② Donald N. McCloskey, "The Open Fields of England: Rent, Risk, and the Rate of Interest, 1300−01815", in David W. Galenson (dir.), *Markets in History: Economic Studies of the Past*, Cambridge, Cambridge University Press, 1989, pp. 5 - 51; Randall Nielsen, "Storage and English Government Intervention in Early Modern Grain Markets", *The Journal of Economic History*, 57/1 (1997), pp. 1−33.

③ Tracy K. Dennison "Did Serfdom Matter? Russian Rural Society, 1750 - 1860", *Historical Research*, 79 (2003), pp. 74−89.

④ Joseph E. Stiglitz, *Whither Socialism?*, Cambridge, MIT Press, 1994.

非洲的市场、俄国的农奴制还是当代欧洲的集市，都只有唯一一种模式被运用：如果说新制度主义经济学谈论更多的是市场经济而不是资本主义，那这并非偶然。这种研究范式再一次对由新古典主义及传统马克思主义（资本主义、小农经济、封建主义，等等）文献所提倡的经济体系的分类提出了质疑。站在这种立场上，我们发现了一种关于某些组织的类型学，其演变与制度环境紧密相连。从此以后，这种研究范式再也不能解释制度变革与市场组织形式之间的关系：制度是经济行为的结果还是根源？

对苏联来说，是脆弱的经济导致了它的政治解体，还是反过来，是苏维埃制度控制了市场，并不可避免地导致了它的垮塌？

从发展政策的角度来看，这个问题对史学家来说似乎无关痛痒，但其所承载的意义非凡，特别是在 20 世纪 90 年代，关于是应该先尝试去建立一些商业制度和一个民主政治体系以便获得市场，还是可以通过市场本身的发展来产生相应的制度的讨论颇为盛行。[①] 这个问题看似找到了答案，因为不同于和资本主义及民主制度相关的论点，近年来中国和俄罗斯的经验证明，这个方程式既不能运用于政治哲学层面，也不能运用于历史观察层面。

问题在于，实际上这种研究范式并不能解释历史变革，而

---

① Yegor T. Gaidar, Karl O. Pöhl, *Russian Reform*, Cambridge, MIT Press, 1996; Jerry F. Hough, *The Logic of Economic Reform in Russia*, Washington, Brookings Institution Press, 2001; Jean Radvanyi, *La nouvelle Russie*, Paris, Armand Colin, 1996.

是在历史性的解释中，使特殊的、几乎唯一可以暗箱操作的交
易成本的作用合法化。我们完全位于一种极其欧洲中心主义的
研究范式之中：只存在唯一一种被认为是普遍通用的经济合理
性的形式。再也没有一成不变的社会-经济体系（资本主义、
封建主义），而是存在各种组织架构的形式与关系。一个问题
由此产生：是否可以仅仅通过组织架构的形式来辨别资本主义
及其历史？新制度主义经济理论在不同的空间和时间里的运用
差异很大，远远超过预期。更绝妙的是，也有人明确尝试将人
类学及社会学的要素带入单纯的经济变量中。中世纪的经济伦
理、合作规则、分配体系以及日本企业，一切都可以只用交易
成本的最小化这一要求来解释。[①]

史学家们可以在何种程度上依赖这些研究范式？我们先来
排除一种在历史学和社会科学中过于频繁出现的方法：让模型
与经济学家的模式接近"现实"。"缺乏现实主义"曾经是众
多针对传统经济理论的批判说辞之一。新制度主义经济理论表
明了其想要超越这种局限性的野心。这种研究范式产生的一个
重要的直接后果即，为了更加符合实际，经济理论必须借鉴历
史。但是，在这种情况下，通过"历史"我们又能了解些什
么呢？

新古典主义经济学和被重新定义的自由主义经济学的主要
理论家之一——弗兰克·哈恩（Frank Hahn）——如此定义历
史："历史即一种动态的进程，在这种进程中，经济机构从他

---

① Alessandro Stanziani, "Information, institutions et temporalité: quelques remarques critiques sur l'usage de la nouvelle économie de l'information en histoire", *Revue de synthèse*, 4/1-2 (2000), pp. 117-155.

们的无知状态进入一种达到均衡位置的认知。"① 突然之间，经济学家们发现了这些均衡的状态——这与强调不稳定和不均衡的经济理论形成了对立。之后，经济世界的这种形象被转移到历史领域，历史成为均衡与不均衡的连续，或者，用晦涩的历史术语来说，即中断与延续。这种研究范式部分反映出"黄金三十年"间由美国所掌控的世界所体现出的稳定；它提倡建立处处相似的经济世界，更想将这个标签强加于历史的发展之上。② 通常而言，结果恰恰违背了初衷：尽管强调历史变化，但我们所描述的系统功能仍然和原来一样。在这种分析中看不到时间性，如果存在时间性，那么就会存在一种可能性，在这种可能性里，除优化合理性之外，其他思考和实践经济模式的观点不再占据中心地位。

历史学与经济学之间鸿沟的加深是经济学与人类学之间渐行渐远的呼应。从 20 世纪初开始，经历了两次世界大战③，尤其是在第二次世界大战之后，人类学开始从新的视角来审视经济与社会及其历史。几十年间，与主流经济学思维所推崇的优化所不同的"其他经济合理性"出现了，并占据了思想界的

109

---

① Frank Hahn, "Information, Dynamics and Equilibrium", *Scottish Journal of Political Economy*, XXXIV (1987), pp. 321–334.

② Alessandro Stanziani, "Information, institutions et temporalité", art. cit.

③ Raymond Firth, *Primitive Economics of the New Zealand Maori*, Londres, Routledge, 1929; Edward E. Evans-Pritchard, *The Nuer : A Description of the Modes of Livelihood and Political Institutions of a Nilotic People*, Londres, Oxford University Press, 1940; Marcel Mauss, *Essai sur le don*, 1ʳᵉ éd. 1924, rééd. PUF, 2012.

主流。① 最初的研究范式在关于欠发达的讨论框架之中得到了发展；人类学家批评一些人的态度，认为他们幻想着要在世界所有地区重新找到与伦敦和纽约同样的优化行为。这种思潮逐渐扩散，直至出现了在资本主义内部存在这种行为的假设。② 正如赫希曼③所说，在某些地区，热情和利益在很长时间里是同时存在的。随着波兰尼和恰亚诺夫的推动，这种研究观点逐渐博得了经济史学家的眼球，后来也得到了社会史学家的关注，以及短期历史史学家（les historiens tout court）（意大利的微观史学家，特别是乔瓦尼·莱维④）的关注。众多关于农民社会及其演变、原始工业化以及欧洲、非洲、亚洲及美洲地区这些方面发展的研究开始不断问世。

　　然而，随着"真正的社会主义"的结束，这些思潮自20世纪80年代后期开始陷入停滞。之前几十年的发展经济学也110 走向了终结，证明了单一思想在全球的胜利，无论是在经济学

---

① 综述可参考：Chris Hann, Keith Hart, *Economic Anthropology*, New York, Polity Press, 2011。

② Arjun Appadurai（dir.）, *The Social Life of Things：Commodities in Cultural Perspective*, Cambridge, Cambridge University Press, 1986; Clifford Geertz, *Hildred Geertz et Lawrence Rosen, Meaning and Order in Moroccan Society*, Cambridge, Cambridge University Press 1979; David Graeber, *Toward an Anthropological Theory of Value：The False Coin of Our Own Dreams*, New York, Palgrave, 2001; Maurice Godelier, *Rationalité et irrationalité en économie*, Paris, Maspero, 1968; Claude Meillassoux, *L'anthropologie économique des Gouro de Côte d'Ivoire*, Paris, Mouton, 1964.

③ Albert O. Hirschman, *Les passions et les intérêts*, Paris, PUF, 1980（orig. améric. 1977）.

④ Giovanni Levi, *Le pouvoir au village*, Paris, Gallimard, 1989（orig. it. 1985）.

领域还是在经济史学领域。[①] 与其他学科相比，关于思考和实践经济史方式的演变符合历史变革本身的要求，即跳出建立在北方-南方去殖民化基础上的东方-西方世界的阵营与社会国家的衰落在同步进行的窠臼。20 世纪 90 年代，新自由主义全球化涌现，与此同时，标准经济与开始进行自我反省的历史分析之间的鸿沟越来越多地开始反省，与社会科学并未产生真正的相互影响。

21 世纪第一个十年里危机的发生，让很多经济学家开始重新诉诸历史。最著名的例子就是托马斯·皮凯蒂（Thomas Piketty）和他的畅销书《21 世纪资本论》（2013 年）。诚然，从 2000 年开始，很多研究——学术界和国际机构的——都在强调回归不平等以及不平等对社会均衡和经济增长的影响。皮凯蒂的功绩就是在这些分析中加入了一种强烈的历史维度。这是否可以视为一种全球史呢？

国家层面在很大程度上主导了这种分析；它提供了在法国、英国和美国之间进行比较的数据。这些数据来源多少还算可信，因为是相关国家的税务机构所提供的数据，这与法国、印度、中国、俄罗斯甚至印度尼西亚、阿拉伯国家及塞内加尔这些国家在数据的可信度上存在很明显的差距。这种按照民族-国家所做出的比较，完美地与税收数据的组织架构相呼应，也回应了直到当前经济学家以及国际组织所做的不计其数

---

① Jean et John L. Comaroff（dir.）, *Millennial Capitalism and the Culture of Neoliberalism*, Durham（N.C.）, Duke University Press, 2001; Arturo Escobar, *Encountering Development: The Making and Unmaking of the Third World*, Princeton, Princeton University Press, 1995.

的分析。正如皮凯蒂在其著作的序言中所说，国民经济核算是他所做分析的来源及主要参考。问题由此出现：国家是不是用来讨论这些不均衡的一个合适的单位？

乍一看，答案是肯定的：可供参考的数据反映出行政管理和经济方面的现实；税收是在国家层面上制定的，就像公共支出（教育、健康，等等）一样；国际组织的研究通常基于国家层面，政治经济方面的措施也同样针对的是国家层面的问题。经济方面的比较也是如此，都是从国家层面的指数出发：采取的措施很简单，但远不是没有局限性。实际上，长久以来，在上升到国家层面之前，税收本身就镶嵌于地方性制度——市镇、区——之内，现在变得多元化（区的、市镇的、国家的、国际的）。[①] 相比国家，区、县、市镇及帝国在税收、不均衡及经济增长之间的关系中发挥着中心作用。与自由主义一样，社会国家（l'État social）在时间和空间维度上的表现差强人意：第二次世界大战结束时，英国或法国所采取的措施看起来不仅难以令其在当今的欧洲维持原样，在去殖民化时期乃至现在，这些措施在非洲、拉丁美洲的一些国家和印度也体现出其局限性。无论是在非洲还是印度，想要按照"欧洲的方式"来移植社会国家的尝试不仅导致当地社会精英的抵抗，也导致劳动者的抵抗。皮凯蒂建议西方与亚洲在未来几十年里达成共识，到那时候，就有可能形成共同的政策。

最后一个方面，也并非无足轻重的方面，是在历史学、全球性和经济学之间的关系中来讨论这样一个问题：数据的生产

---

① Bartolomé Yun-Casalilla, Patrick K. O'Brien, *The Rise of Fiscal States：A Global History, 1500-1914*, Cambridge, Cambridge University Press, 2012.

及使用。皮凯蒂完全有理由提醒他的经济学家同仁，抽象模型和经验性实验倾向于隐藏社会关系的复杂性以及对历史因果关系的担忧。同样正确的是，就像社会科学中经常从事的解构那样，他强调对量化数据进行单纯、简单的解构，但这种解构并不足以用来对社会及其历史进行有条理的分析。然而，我们同样也应该注意的是，对量化数据的批判也反映出另一种方法论的观点，这种观点比后现代主义的研究范式更为古老，即对史料的批判性分析。对史料的生产及其认知分级的辨识，属于历史学家知识的一部分，可以让人们进行皮凯蒂没有做过的区分，例如对"数据"与史料的区分。同大部分经济学同仁及科学家一样，皮凯蒂为读者提供了使用过的数据。这是一项非常重要的关于透明性的操作；很多经济学家开始对皮凯蒂关于数据、模型以及结论之间的关系进行评论甚至批判。关于这一点，我不想再深入探讨；相反，尚未完全确认的，恰恰是数据和数据产生的史料之间的关系。这些史料实际上相当具有同质性：它们来源于对吉勒斯·波斯特尔-维内及其团队在数年间获得的不同省份的文献的分析，来源于麦迪逊（Angus Maddison）的心血，来源于布阿吉尔贝尔及 18 世纪其他评论家用同样不确定方式获得的数据。皮凯蒂毫不犹豫地将这些数据相加，问题也就应运而生：这些史料之间存在着不可逾越的鸿沟，无论是在认识论层面，还是在认知层面。来自文献的数据大多涉及遗产——样本范围也很有限——而出自二手史料的数据则是关于资本及其收入的。我们会再一次发现这些概念之间相互转变带来的最初问题；这不仅是经济学理论的问题，而且是认识论问题：对资本和遗产的混淆反映出对经验论的证实

112

和"事实"之间的混淆不清。在序言及之后的整部著作中，皮凯蒂不断重复，他并没有提出意见，反而提出了建立在数据之上的事实。然而，既然"数据"与"史料"并不能彼此区分，那这种断言就可以成立；恰恰是因为这些数据被视为知识的最大来源，知识的系统化可以通过表达这些"事实"来体现。

归根结底，"事实"与数字之间的联系与配第的政治算术同样久远，甚至更为成熟（培根、洛克、休谟[1]），并且自18世纪[2]开始就在法国（远超皮凯蒂所声称的）被频繁提及，也同样出现在英国的亚当·斯密、马尔萨斯、边沁（Jeremy Bentham）等人的著作中，最终也出现在马克思、凯恩斯、罗斯托、诺斯等人的著作中。在所有这些人的著作中，对事实和数字进行区分的目的在于解决一个重要的认识论问题，即经验形式的多样化与被提出的解释的独特性之间的张力。在量化的范围内对其中一些解释进行系统化，构成了针对该问题的一种潜在的解决方式；这并非唯一的方式。从历史学、科学与社会科学（包括经济学）之间的真实对话出发，来展开一场关于这个主题的更为宽泛的思考，看起来时机已经成熟。重归这些不同学科之间的对话——尤其是从跳出了欧洲中心主义束缚的全球史角度出发——需要更多条件：一种涉及模式、范畴以及

① 关于这些方面：Mary Poovey, *A History of the Modern Fact*：*Problems of Knowledge in the Sciences of Wealth and Society*, Chicago, University of Chicago Press, 1998。

② Jean-Claude Perrot, *Une histoire intellectuelle de l'économie politique*, Paris, EHESS, 1992; Éric Brian, *La mesure de l'État*, *op. cit.*; Dominique Margairaz, Philippe Minard（dir.）, *L'information économique*, *XVIᵉ - XXᵉ siècles*, Paris, Comité pour l'histoire économique et financière de la France, 2008.

史料的不断升级的反思；与数据相比，和"来源"同样具有 113
批判性的分析也是意义重大。在经济学家的作品中，最后一种
范畴通常与第一种范畴相混淆，皮凯蒂的著作也是如此。随之
而来的问题可以归纳如下：

1. 如何将文化领域内或某个区域内的一些特性（假设这
些特性是存在的）与比较性分析协调一致？

2. 如何将资本主义的公共浪潮（根据布罗代尔的表述）
与地方性变革，即在全球史框架内的地方性的时间性相协调？

3. 如何在不放弃第1、2条的前提下，思考史料生产的特
性（同时具备历史性和地缘政治性的特征：总体来说即史料
产生的背景）？

4. 如何避免比较主义的这两种不足，即一方面借助于重
复的模式，一方面又将这两种情况简单并列①？

这些问题需要对历史学和社会科学，以及历史学与文献学
之间的关系进行分析。我们首先来讨论历史学与社会科学之间
可能存在的另一种关系，这种关系与韦伯及其追随者或至今讨
论过的大多数经济史的理论不同；在这里，我要指明涂尔干在
法国史学研究转型中发挥的作用，特别是在年鉴学派的研究范
式中。

114

---

① Alessandro Stanziani, *After Oriental Despotism*, *op. cit.* ; "Comparaison réciproque et histoire. Quelques propositions à partir du cas russe", in Jean-Paul Zuniga（dir.）, *Pratiques du transnational*, Paris, CRH, 2011, pp. 209-231.

第五章　从涂尔干到年鉴学派

为了理解法国史学家们在面对韦伯、王国斌及彭慕兰时表现出的怀疑态度，我们有必要理顺历史研究的这些思潮与社会科学之间的关系。[1] 在 19 世纪和 20 世纪之交的法国，涂尔干关于社会学研究方法的著作一经发表，就引发了公众的热议，随之问世的瑟诺博司的《社会科学中历史方法的应用》（1901年）及《当代欧洲政治史》（1924 年和 1926 年）[2] 也被炒得沸沸扬扬。在瑟诺博司看来，历史研究同时借助复杂性与个体性来研究人，基于这一点，历史学就不能自称为一种科学。瑟诺博司用史料的实证主义来对社会学家的科学实证主义做出回应。史料可以进行自我验证，除非出现时间的谬误，或者出现社会学中通常出现的被简化的问题时，史学家才有权利对史料中存在的问题进行提问。西密安和涂尔干所反对的正是史料可

---

① Bruno Karsenti, *D'une philosophie à l'autre*, Paris, Gallimard, 2014.

② Charles Seignobos, *La méthode historique appliquée aux sciences sociales*, Paris, Alcan, 1901; *Histoire politique de l'Europe contemporaine. Évolution des partis et des formes politiques*（*1814-1914*）, 2 vol., Paris, Armand Colin, 1924 et 1926. 关于这些论战: Gérard Noiriel, "Pour une approche subjectiviste du social", *Annales ESC*, 44/6（1989）, pp. 1435-1459。

以进行自我验证的这种结论以及这种描述性历史。西密安经常过度简化瑟诺博司的观点①，来抨击因果关系的概念以及历史学与自然科学的因果关系是否相同这一问题。② 他提出，一些人认为，社会现象的复杂性以及自然科学中心理变量的缺失导致这种差异难以逾越。针对这种情况，西密安提到了瑟诺博司的著作《当代欧洲政治史》，尤其是其中关于英国的篇章。自序言开始，瑟诺博司就表达了其对一切因果关系的敌视，他认为所有因果关系都没有在史料中被明确指出。③ 然而，正如西密安所说，瑟诺博司介绍了很多因果关系，但没有验证其中的任何一个。④

115

涂尔干也对瑟诺博司及其将历史学和社会学进行对照发起过批判。⑤ 在《社会学方法之规范》（1895 年）一书中，涂尔干就已经对一些史学家拒绝史料中未明确提及的所有模式和因果解释的态度表达了怀疑。如果以这种态度作为出发点，那针对最复杂的描述也有可能做出解释（"远比这要复杂"，

---

① Antoine Prost, "Charles Seignobos revisité", *Vingtième siècle*, 43/3 (1994), pp. 100-118.

② François Simiand, "Méthode historique et science sociale", *Revue de synthèse historique*, 1903, reproduit in *Annales ESC*, 15/1 (1960), pp. 83-119; Id., "La causalité en histoire", *Extrait du Bulletin de la Société française de philosophie*, Ⅵ (1901), pp. 247-274, texte reproduit in Id., *Méthode historique et sciences sociales*, Paris, Éditions des archives contemporaines, 1987, pp. 209-241.

③ Jacques Revel, "Histoire et sciences sociales. Lectures d'un débat français autour de 1900", *Mil neuf cent*, 25/1 (2007), pp. 101-126.

④ Charles Seignobos, *Histoire politique de l'Europe contemporaine*, *op. cit.*, p. 23.

⑤ Émile Durkheim, "Débat sur l'explication en histoire et en sociologie", *Extrait du Bulletin de la Société française de philosophie*, 8 (1908), pp. 229-245, reproduit in Id., Textes. 1. *Éléments d'une théorie sociale*, Paris, Éditions de Minuit, 1975, pp. 199-217.

这是迄今全球的史学家和非史学家在各种论战中的老生常谈）。针对这个问题，涂尔干反驳称，社会存在规律，而且这种规律无法被揭示出来。涂尔干得出的结论是，缺乏因果解释，历史就是纯粹的描述，没有任何社会功能。1908年，他又补充道，如果缺乏历史性，那社会学就没有任何意义。而瑟诺博司则认为，史料中并不总是存在客观原因，史学家应该囿于史料所指明的范围。涂尔干认为这种研究范式属于心理学范畴，他忽略了社会变革是史料生产本身的根基，参与者的感知是也是史料产生的本源。在涂尔干看来，事件是社会现象和制度的产物。社会变革产生于个体心理变革之前，决定了个体心理的变革，也决定了经济变革。针对劳动的社会分工改变了社会联系，特别是改变了劳动与从机械性团结转向有机性团结这个过程的联系。①

在这种框架内，涂尔干和西密安认为，对更好地进行社会科学的统一大业来说，比较是不可或缺的一种因素。②在这一点上，韦伯、马克思和施穆勒都提出了同样的问题，尽管他们的答案不尽相同。因此，与这些学者一样，西密安和涂尔干二人都承认了区分因果关系和社会规律的必要性，正如统一社会科学非常必要一样。但恰恰相反，在世纪之交法国发生的大论战的特点，就是对有利于结构性变量的事件的批判，这种批判是韦伯和施穆勒的思想中所不具备的。这场论战的主要内容是个体性与普遍性在时间上

116

---

① *op. cit.*

② Lucien Gillard, Michel Rosier（dir.）, *François Simiand（1873-1935）. Sociologie, histoire, économie*, Paris, Éditions des archives contemporaines, 1996.

而非空间上的关系，就如韦伯和施穆勒所争论的那样。与韦伯不同的是，涂尔干更感兴趣的是社会行为在历史维度内的条件而不是发展的"缺失要素"。涂尔干专注于社会的全球性，而韦伯专注于对持续存在的要素和不同社会的比较。在这样一个以重新审视自由秩序为标志的背景下，这些远比韦伯丰富的研究观点为《历史综合评论》及《年鉴》的诞生酝酿了条件。

涂尔干试图提出社会科学的统一观点。他并不是在孤军奋战。在战争之前，亨利·贝尔就想按照涂尔干的方法，在历史学与社会学之间建立一种模式。在《历史综合》一书中，他认为，历史应该提供一种科学的模式，而不是意义上的博学，从这种博学中它应该创造出一种分析、一种问题意识而不是简单的描述。[①] 与此同时，历史性模式也不应该与历史哲学混为一谈，历史哲学的出发点是哲学逻辑，而不是经验材料。贝尔确定了因果关系的三种制度：必然（事实）、必需（制度）、逻辑（思想）。必然属于事实与个体心理的要素，而必需则针对的是社会学，特别是涂尔干的学说。然而，令贝尔感到惋惜的是，在这种观点中，个体的作用几乎被全部抹杀。[②] 从那以后，他开始受到史学家的抨击，他们认为《历史综合评论》是社会学家的特洛伊木马；他也受到了来自社会学家方面的批

---

① Henri Berr, *La synthèse en histoire*, Paris, Alcan, 1912; Agnès Biard, Dominique Bourel, Éric Brian (dir.), *Henri Berr et la culture du XXᵉ siècle. Histoire, science et philosophie*, Paris, Albin Michel, 1997.

② Christophe Prochasson, "Histoire et sociologie. Henri Berr et les durkheimiens", *Revue de synthèse*, 117/1-2 (1996), pp. 61-79.

判，他们认为他的思想带有历史主义色彩，与博学派史学密不可分。①

　　贝尔与后来《年鉴》杂志的创始者们的关系折射出一种难以达成的妥协：费弗尔的确与《历史综合评论》杂志合作紧密②；但是，为了按照瑟诺博司的方法来超越枯燥的博学派史学及编年史，他贡献更多的是精力，而不是他的设想。相反，他面对历史学的所谓"科学性"研究范式这一问题时，表现出的反而是犹豫不决。

　　自 1920 年起，在《历史综合评论》杂志中，他开始评价孔德所定义的历史规律。③ 随着时间的流逝，费弗尔与贝尔渐行渐远，尤其是在《年鉴》创办以后，费弗尔逐渐从构思综合历史转向构思问题历史。他的理想不再仅仅是实现社会科学的归纳综合，而是在社会科学之中赋予历史学一种优越地位。这不再是博学派史学，也不再是涂尔干式的研究④，这令人开始仔细审视安德烈·比尔吉埃尔的分析。在安德烈·比尔吉埃

---

① Giuliana Gemelli, "Communauté intellectuelle et stratégies institutionnelles. Henri Berr et le Centre international de synthèse", *Revue de synthèse*, 108/2（1987），pp. 225-259；Jacques Revel, "Le moment Berr", *Revue de synthèse*, 117/1-2（1996），pp. 157-172；Id., "Histoire et sciences sociales. Les paradigmes des*Annales*", *Annales ESC*, *34/6（1979）*, pp. 1360-1376.

② Bertrand Muller, "Lucien Febvre et Henri Berr: de la synthèse à l'histoireproblème", in Agnès Biard, Dominique Bourel, Éric Brian（dir.），*Henri Berr et la culture du XXᵉ siècle*, *op. cit.*, pp. 39-59.

③ Lucien Febvre, "L'histoire dans le monde en ruines", *Revue de synthèse historique*, XXX（1920），pp. 1-15.

④ Charles-Olivier Carbonnell, Georges Livet（dir.），*Au berceau des Annales. Le milieu strasbourgeois, l'histoire en France au début du XXᵉ siècle*, Toulouse, Presses de l'IEP, 1983.

尔眼中，在沿袭了贝尔研究的基础上，布洛赫和费弗尔一方面在推广孟德斯鸠、基佐以及托克维尔等人所推崇的"全球"史，一方面也在致力于推广博学派史学和史学家的经典技巧。毫无疑问，布洛赫和费弗尔并没有批判当时的博学派史学，他们批判的是对博学派史学的运用没有问题意识，也没有借鉴社会科学。史学家的职业恰恰是寻求这些要素的统一。[1] 因此，历史的全球性问题应运而生：正如比尔吉埃尔所言，确实有可能在年鉴学派、孟德斯鸠、托克维尔与基佐之间发现一种联系。[2] 与此同时，布洛赫和费弗尔都没有提出一种与这些学者观点类似的历史哲学。社会政策项目中关于全球性的研究并不多，更多的研究体现在历史学不同等级的关联中。这一点可以通过布洛赫和费弗尔审视事件的方法得到证实：他们再次提及西密安和涂尔干在这方面批判瑟诺博司的言辞。令布洛赫和费弗尔同样感兴趣的，还有与微观变革和短暂变革相比的结构的优越性，尤其是社会结构。费弗尔强调："提出问题，恰恰是一切历史的开端与终结。没有问题，就没有历史。历史即叙述，即编纂"。[3] 他认为，西密安应该创立一种与年鉴学派的 118 初衷完全相符的综合模式。[4]

---

[1] Marc Bloch, *Écrire la société féodale. Lettres à Henri Berr, 1924−1943*, textes réunis par Jacqueline Pluet-Despatin, Paris, Institut mémoires de l'édition contemporaine, 1992.

[2] André Burguière, *L'école des Annales. Une histoire intellectuelle*, Paris, Odile Jacob, 2006.

[3] Lucien Febvre, "Vivre l'histoire", in *Combats pour l'histoire*, *op. cit.*, p. 22.

[4] Lucien Febvre, "Histoire, économie et statistique", *Annales HES*, 2/8 (1930), pp. 581−590.

如果说布洛赫和费弗尔追随涂尔干一起批判瑟诺博司[1]，那在评估个体行为参与社会变革的模式时，对涂尔干式研究的普遍赞同则很快就再次引起讨论。与涂尔干不同，费弗尔更倾向于赞同哈布瓦赫，布洛赫也对此持部分赞同态度。哈布瓦赫是非正统涂尔干观点的支持者，他不仅强调经济和社会的变量，还重视精神状态。哈布瓦赫也是《年鉴》杂志的编委之一。同时，布洛赫和费弗尔对瑟诺博司和历史 - 事件的批判，对涂尔干产生的影响要远远小于对贝尔做出的批判的影响。

另一个导致《年鉴》杂志创始人与涂尔干分道扬镳的因素，是在空间或时间内对遥远的社会进行分析时语言的运用。这个问题仍然具有现实意义，特别是在将"文化因素"内嵌到全球史研究方法的尝试方面。费弗尔发现，不可能在没有掌握语言的情况下就投身于某种研究；布洛赫在其《历史学家的记忆》一书及其著名的关于比较主义的文章中，也强调了语言的必要性。他的这种观点表明了他与韦伯、涂尔干和西密安之间的差异，韦伯、涂尔干和西密安认为，尽管各自之间存在很大的分歧，但他们都在不遗余力地使比较成为历史社会学的基石之一，都用更为普遍的方法，使比较成为历史学与社会科学之间产生碰撞的根本要素之一。[2] 在布洛赫看来，范畴会随着时间的流逝而演变；这是他面对历时性比较时产生怀疑的原因，也是他更青睐于共时性比较的原因。在同一个年代学的

---

[1]　Jacques Revel, "Histoire et sciences sociales. Les paradigmes des *Annales*", art. cit.

[2]　关于这一点可参考：Étienne Anheim, Benoît Grévin, "Choc des civilisations ou choc des disciplines? Les sciences sociales et le comparatisme", *Revue d'histoire moderne et contemporaine*, 5 (2002), pp. 122-146。

空间内的流通可以被史学家接受，但在其他空间内的流通则不容易被接受。此外，布洛赫一直强调对史料和语言的认知，局限于在"西方的"欧洲和日耳曼地区这一范围内的比较。最终，他将这种方法论假设（比较及语言的认知）与证实不同地区在长时段内共同要素的出现整合在一起。[1]

119

　　这种观点在很长一段时期内都是法国历史性比较的主要参考对象；拒绝韦伯式的比较分析、强调语言和史料很大程度上都是因为布洛赫的推动。[2] 这种法国式的关联史正是以布洛赫的评论为出发点，以强化其对比较的批判：在文化迁移的历史中，如果比较出现在史料本身之中，那比较就具有意义。[3]

　　布洛赫的观点让人们开始反思比较的相关层面：即使承认——我们之后会再来谈这一点——只有共时性比较可以自我证明，那如何选择相关的空间？

　　布洛赫认可在欧洲空间内比较的相关性这一观点。在他的众多观点中，这一点受到两次世界大战期间环境的影响可能最多；尽管发生了第一次世界大战，尽管法国和德国之间存在冲突，但存在于欧洲内部空间内的张力以及欧洲内部空间对同质性的诉求，都构成了一些重要的因素，尤其是从布洛赫所居住的斯特拉斯堡来看。基于这一事实，就欧洲空间内的同质性思想而言，他不仅指出了这一思想，还承认了这种思想的重要性，以便可以展开合适的比较，这与他的方法论完全相悖。布

---

① Marc Bloch, "Pour une histoire comparée des sociétés européennes", *Revue de synthèse historique*, 46（1928），pp. 15-50.

② Nancy L. Green, "L'histoire comparative et le champ des études migratoires", *Annales ESC*, 45/6（1990），pp. 1335-1350.

③ Michel Espagne, "Sur les limites du comparatisme en histoire culturelle", art. cit.

罗代尔将他的研究重点放在了地中海。这时，关于层级的思考成为焦点，但在那些自称是布洛赫思想的继承者看来，关于层级的思考没有任何意义，并以此来否认历史领域中的一切比较。布洛赫所面对的是欧洲和法国内部的多种层级：乡村、区域、跨越了边境的社会-经济空间。但是他排斥非欧洲世界空间，尤其是布罗代尔所倚重的资本主义"全球化浪潮"。布洛赫接受流通和共时性比较的观点，但排斥全球维度；布罗代尔借助空间的三种层面，以与其时间层面相对应。无论是布洛赫还是布罗代尔，他们都无法接受当今世界某种关联史学及文化区域研究内所形成的对比较的激烈抗拒。

至于语言的运用，布洛赫在研究农奴制度时提出了一个重要例证。他一直在思考，这种在中世纪的史料中不见踪影的涉及奴隶、农民但不涉及农奴（serfs de la glèbe）的表达，到底源自哪里？布洛赫研究了这些表达的演变、在不同背景及不同时期的运用，最终将这些演变与社会本身的演变联系在一起。他得出的结论是，孟德斯鸠部分承认了创造这种词的意义，即表明开明君主制度的法国与中世纪之间的差距。因此，这种表达除了蕴含"农奴"（serfs de la glèbe）的意味，更隐藏着"农民"的意味。①

在这一点上，我们发现了思考语言及其与比较的关系时可供参考的材料。通过对孟德斯鸠及其对"农奴"一词的创造的研究，实际上布洛赫所提及的只是部分过程，孟德斯鸠不仅将法国现代农民与中世纪的奴隶进行了对比，而且也将其与东

---

① Marc Bloch, "Serf de la glèbe. Histoire d'une expression toute faite", *Revue historique*, 136/2（1921）, pp. 220-242.

欧和俄国的奴隶进行了比较。孟德斯鸠围绕着一种普遍范畴提出了问题，即自由的范畴，同时通过历时性与共时性比较/对立来展开讨论：他将18世纪的法国与中世纪的法国进行比较，也与同时期的俄国进行比较。布洛赫针对第一种比较提出了批判，但他忽略了第二种。这种选择与他的方法论假设是一致的——避免所有人为的比较，特别是避免所有对自己不掌握其语言和史料的世界的比较。然而，这样的选择为他的结论带来了束缚。首先，他没有看到孟德斯鸠创造出"农奴"这种对同时存在于法国和俄国的现象做出理想归纳的词语的复杂性。启蒙运动时期的"中世纪"一词的创造，与"东部欧洲"一词的创造是同时出现的。①

　　同样，起初布洛赫是将俄国排除在欧洲的地理空间之外的。这种做法颇受争议，就如将地中海排除在欧洲之外一样。这就产生了对分析的语言能力与关联性的混淆：毫无疑问，对语言的认知是研究一个区域、做出一些比较和/或循环分析的必要前提，这是布洛赫在其著作中所强调的，也是在法国和欧洲的历史社群内被广泛接受的。对某一种文化领域的专业化以及对这种文化本身的创造，当然存在前提条件和制度因素，但它们都没有任何先验性的科学证明。如果说布罗代尔偏离这种立场，也并非偶然。可能是关于苏联论战的影响，以及法国与德国之间的紧张关系，为布洛赫的思想限定了前提。

　　鉴于这种局限性的存在，两次世界大战之间，一直对年鉴学派的兴起争论不休的关于法国历史研究的历史，忽略了第二

① Larry Wolff, Inventing Eastern Europe: *The Map of Civilization on the Mind of the Enlightenment*, Stanford, Stanford University Press, 1994.

个方面，也是非常重要的一个方面：殖民历史的边缘化。夏
121 尔-安德烈·于连的著作《北非史》（1931 年）几乎是唯一的
特例，而作者本人也长期受到来自马格里布地区法兰西共同体
的批判。① 除了这本书，我们还会发现，法语殖民地大学的数
量寥寥可数，由殖民地居民本身作为"主体"而创作的殖民
史也是文献档案中缺失的一隅。在战争期间及战后，布罗代尔
想把这些"其他的"方面加入到史学分析中，这一次，他要
122 做的就是系统地参考文献档案，也借助了对语言的认知。

---

① Charles-André Julien, *Histoire de l'Afrique du Nord*, Paris, Payot, 1931.

第六章　长时段

　　费尔南·布罗代尔强调了布洛赫和费弗尔对自己研究的影响，他指的是费弗尔及其关于精神状态的分析，以及布洛赫及其倒溯历史。然而，在历史学、语言（langue）、博学（érudition）以及社会科学之间的关系方面，他们之间存在着显著的差别。因此，费弗尔和布洛赫的关注重点都基于一种有问题意识的博学；而布罗代尔更倾向于和桑巴特站在同一立场。与布罗代尔切实关心的社会科学相比，实际上并没有被遗忘的博学排在了第二位。在布罗代尔的研究中，历史的霸权动作更多依靠的是重拾社会科学的众多工具，而非博学。[①]

　　关于历史学与社会科学之间的关系，布罗代尔在其重要著作的序言中说得很明白，首要的就是《地中海》这部著作，其后还有 1958 年关于长时段理论的文章。然而，在这些著作中，有一些要素被反复提及，也有一些要素经历了自我修正。在《地中海》中，历史学与社会科学之间的关系并没有被清晰探讨过；在其大部头的著作中，关于这些关系的论述体现出

----

① Claude Lefort, "Histoire et sociologie dans l'oeuvre de Fernand Braudel", *Cahiers internationaux de sociologie*, 13 (1952), pp. 122-131.

相当多的启发性，这一点要远超他的论文，而他的论文比著作
更加程式化和规范化。这些差异在很大程度上可以通过背景的
不同来解释：1958年，布罗代尔刚刚被任命为法国高等研究
实践学院第四学部的负责人和《年鉴》杂志的编委会主任。
他想树立自己的威信。因此，他撰写了一篇程式化的论文，从
方法论层面来看，这篇论文与《地中海》的差异不是很明显，
主要是面向当下和构建。这篇论文被其他人引用数次，就像埃
玛尔所指出的，每个人都在按照各自的方式使用它。[①] 史学家
通常强调时间性（特别是长时段），但忽略了布罗代尔已经通
过探索历史学与社会科学之间的关系发展了其思想的这一方
面。特别是人类学，这一学科影响了他对物质文化和饮食文化
的分析。然而，布罗代尔与列维·斯特劳斯的结构主义之间保
持着复杂的关系：1958年恰逢《结构人类学》出版。布罗代
尔想通过消除冲突来与结构主义进行区分。一方面，他对长时
段的分析也参考了结构的长周期；但另一方面，通过将时间层
面多样化，他又想重新引介多样化的历史时间性，这通常是结
构人类学所缺乏的。他对静止的时间（他将其与结构主义相
联系）和长时段（几乎静止的时间）的区分，恰恰证明了他
的这种想法。

　　与通史及其时间性相比，这条鸿沟更是加深了许多。布罗
代尔坚持要体现自己与塑造了世界性的、关于长时段模式的诸

---

① Maurice Aymard, "La longue durée aujourd'hui. Bilan d'un demi-siècle, 1958 -
2008", in Diogo Ramada Courto, Eric R. Dursteler, Julius Kirshner, Francesca
Trivellato (dir.), *From Florence to the Mediterranean and Beyond. Essays in honor of
Anthony Molho*, Florence, Olschki, 2009, pp. 558-579.

如汤因比、托尼或施宾格勒等学术大家的不同。他们的模式使用了线性时间和静止时间；从这一角度来看，他们的著作更像传统的通史。[①] 托尼的说辞富含政治意味，他的目的是想通过"通用的"历史性实例来使制度容易被人理解。[②] 他也同样批判韦伯及其新教伦理：他认为社会和经济环境解释了新教伦理，而不是相反。[③] 布罗代尔可以接受这种论点；然而，他的论证更多是受到了桑巴特的启发而非韦伯：他并没有在宗教、经济与社会之间寻找一种全体性和结构性关系，而是在寻找经济和社会变革的一个个漫长时段。与韦伯和托尼不同，布罗代尔更多地被整体的变革吸引，而不是比较。以此为目的，布罗代尔毫不迟疑地开始从二手资料出发来研究非欧洲世界，这完全不同于布洛赫。他对地中海地区的研究完全建立在基督教的史料上，其中，意大利和西班牙的基督教史料是不可或缺的一部分，也包括一部分来自法国和德国的史料。在其《物质文明》一书中，他的研究更加深入。他主要从二手资料出发，投身于世界史的研究之中。这也是当今文化领域内的专家抨击他的理由之一。

　　《物质文明》首先是一本对世界多个地区既有认知的综述。桑巴特的残余影响可以在其对资本主义的定义中体现。[④]　124

---

① Giuliana Gemelli, *Fernand Braudel*, Paris, Odile Jacob, 1995; Joseph Tendler, *Opponents of the Annales School*, New York, Palgrave Macmillan, 2013.

② Richard H. Tawney, *Religion and the Rise of Capitalism: A Historical Study*, Gloucester, Smith, 1926; Id., *Land and Labour in China*, New York, Octagon Books, 1932.

③ Richard H. Tawney, *Religion and the Rise of Capitalism*, op. cit.

④ Wolfgang Mager, "La conception du capitalisme chez Braudel et Sombart. Convergences et divergences", *Cahiers du CRH*, 1988 [在线阅读]。

资本主义与垄断的关系、资本主义与财政的关系、意大利的角色及其国际商业网络在布罗代尔和桑巴特的著作中都再次出现。他们两人的共有之处，是不仅对生产进行了思考，也关注交易。布罗代尔弱化了18世纪末的撕裂与工业革命的影响；对于制造业来说，进步是非常重要的，即便是在英国，进步也是从17世纪开始的；而对农业来说，遍布欧洲各国的创新的变革从12世纪就开始崭露头角。然而，在解释其他国家的经济变革时，布罗代尔主要借助的是欧洲的研究成果；与欧洲尤其是英国的资本主义相比，中国的资本主义因此具有束缚性和局限性。从这样的角度出发，这种归纳模式从根本上来说是欧洲中心主义的：布罗代尔想去解释西方的扩张，忽视亚洲的力量，从思想的角度来看，他的研究方法深受桑巴特的影响，而从政治层面来看，他的研究方法又深受冷战和欧洲建构的影响，由此诞生了一些出人意料的分裂：一方面，他对那种将伊斯兰国家视为欧洲一部分的地中海的分析是一种巨大的进步；但另一方面，同样被认为拥有着一种完整文明的俄国，仍然游离在欧洲之外，尽管俄国与欧洲在长时期内保持着联系和紧密的迁移——文化的、经济的、政治的，而布罗代尔对此也熟稔于心。[1] 对布罗代尔及其追随者来说，空间层面上的决裂一直是全球史的一个重要关注点，至今仍然是这样。也正是从这一点出发，超越这些"主义"（欧洲中心主义、中国中心主义、非洲中心主义，等等）才成为可能；因此，我们有必要仔细审视一下，布罗代尔及其所谓的思想继承者如何面对这个问题。

---

[1]　Fernand Braudel, *Grammaire des civilisations*, Paris, Arthaud, 1987.

空间层面

在布罗代尔的理论中，对空间层面的定义与长时段理论并驾齐驱：在其《地中海》一书中，三种时间共存的同时也产生了对地中海空间的区分，但这种空间不是将欧洲与伊斯兰教相对照，而是将二者嵌入同一种空间之内。[①] 在这里，历史地理学与布洛赫及费弗尔的学说相互影响，共同赋予了多样化的、等级化的、围绕着地中海的空间-时间以生命。的确，通过将伊斯兰教与欧洲囊括在同一个动态变化中，《地中海》与传统的"文化区域"中断了联系，根据其他观点及时间性，《地中海》重组了欧洲历史。作为空间的地中海首先被漫长的时期所定义。[②]

在布罗代尔 1958 年的文章中，差异已经开始显现：相比《地中海》，长时段理论被提及的并不多，而且对空间的分割也发生了变化。欧洲被重整面貌，变成了一个统一的整体。部分是因为之前提到的一些关键因素——法国高等研究实践学院成立了一个独立的学部，能够更好地在史学与社会科学之间进行衔接。这些学术方面重要问题的影响具体体现在 1962 年出版、1987 年被部分修订的教学课本《文明史纲》一书中。[③] 布罗代尔的主要服务对象是参加（法国）中学、大学学者资格

125

---

① Fernand Braudel, *La Méditerranée et le monde méditerranéen à l'époque de Philippe II*, Paris, Flammarion, 1949.

② Bernard Lepetit, "Espace et histoire. Hommage à Fernand Braudel", *Annales ESC*, 41/6（1986），pp. 1187-1191.

③ 然而，值得注意的是，在最初的版本中，1987 年选择的题目只涉及第一章，即 1987 年发表的那一章。该本教材的其他篇章被命名为《当代世界》，历史与文明没有被重提。

会考者以及中学生：他的目标是将他的思想传递给这些层级的受众。1958 年已经出现的"当下"，从那时起就占据了中心地位：布罗代尔的目的是从当下出发，反思过去。因此，人们也开始借鉴文明这一模糊和极易招致批判的概念。

在这种背景下，长时段理论更多体现的是多样化的时间性的混杂：短暂且重要的时间；经济循环的时间；长期且几乎静止的时间。布罗代尔通过提出几乎静止的时间这一概念，让自己的研究不同于人类学家，特别是不同于列维-斯特劳斯。长时段理论就是在其他社会科学中肯定历史学独特地位的一种方式。实际上，布罗代尔借助了很多历史编纂学的传统：例如两次世界大战期间的传统，在不同的环境下，一方面是皮朗，另一方面是赫伊津哈和施宾格勒，他们都提到过长时段理论，尤其是在解释一个时代的衰退、肯定另一个时代的时候。在《地中海》中，布罗代尔也对此进行了同样的运用。这还可以追溯到 18 世纪及 19 世纪吉本、孟德斯鸠以及后来的米什莱和兰克等人著作中出现的漫长的时间性的理论。当然，在所有这些情况中，对"长时间"的运用大部分是与布罗代尔不同的。文明的衰落、史料的实证主义以及与社会科学尤其是经济学互动的缺失，让这些学术著作与布罗代尔的思想产生了距离。然而，我们依然可以看到一些重要思想的延续。[1]

地理学在漫长的历史时间中的作用一直困扰着布罗代尔。

---

① Henri Pirenne, *Histoire économique de l'Occident médiéval*, Bruges, Desclée de Brouwer, 1955; Arnaldo Momigliano, *Sui fondamenti della storia antica*, Turino, Einaudi, 1984; 关于这些方面：Fernando Devoto, "'La longue durée', usages et temporalités", in Antoine Lilti, Sabina Loriga, Jean-Frédéric Schaub, Silvia Sebastiani (dir.), *L'expérience historiographique. Autour de Jacques Revel*, Paris, EHESS, 2016。

文明通过空间（领土）、社会（城市的存在）、经济（建立交换体系的必要性）以及集体精神状态（地区）而自我定义。这些因素的持续存在是非常重要的，布罗代尔也倾向于承认这些交换、流通以及殖民主义随着时间流逝在掌控着格局，改变着文明。对工业革命和西方的扩张来说也是如此。这是否意味着世界正在逐渐转变成唯一一种而且是独特的一种文明？布罗代尔对此表示怀疑，他认为史学家应该平衡两个方面——世界文明与现存的文明。但是，原因何在？

在布罗代尔对这个问题的沉默中，恰恰蕴含着底层研究、东方主义以及现在的全球史。因此，对布罗代尔主要文明观的区分也招致了越来越多的批判。例如，关于一个伊斯兰教社群是否存在于某个时代中的这种围绕着伊斯兰教的讨论曾经是、现在依旧此起彼伏。一些人对此持肯定态度[1]，另一些人则持否定态度。同样的，布罗代尔对非洲文明的定义深受一些人的追捧，他们认为这是对这片大陆的肯定，是对被视为历史根基和具有合理性的、唯一由现代领土的掌权势力所撰写的史料的再一次质疑。然而，我们很难去区分一个统一的"非洲"以及与某种文明相对立的这种非洲。[2] 这种区别/对立出现的时间相对来说比较短——很大一部分程度是去殖民化的结果。这种非洲特性的问题促使很多人为其奋笔疾书。如果库珀批判范畴本身的同一性问题，那同一性在非洲研究尤其是非洲研究的

[1] Marshall Hodgson, *Rethinking World History: Essays on Europe, islam and World History*, Cambridge, Cambridge University Press, 1993.

[2] Joseph C. Miller, "History and Africa/Africa and History", *American Historical Review*, 104/1 (1999), pp. 1-32.

127　专业领域里则体现得更为突出。

对这些争论的首要回答来自布罗代尔本身，就在其关于"文明"的三卷著作中。[1] 第一卷仍然在区分物质文明；然而，这个概念比短暂的文明概念更为有趣和灵活。小麦的文明与水稻和玉米的文明相对照，可以让人认为食物是文明的结构要素。这种划分带来了问题化和主题化的空间：城市、资源、商业。第二卷对远超文明束缚的交换层面进行了区分，而第三卷则将杜能（Thünen）、沃勒斯坦（Wallerstein）的经济-世界以及领土化、商业化和财政化的城市，国家与帝国有机且统一地归纳在一起。与沃勒斯坦的经济-世界相比，布罗代尔的经济-世界更符合一个更为松散的定义：它并不涉及封闭的地理空间，不依赖世界和历史决定论的观点，而是依赖于相互影响的、多层级和多样化的历史可能性。对经济-世界的有效衔接处于中心地位。资本主义的历史变革，无论是在欧洲还是在其他地方，都因此找到了一种潜在的解释——并不是唯一一种解释。例如亚洲就是一例。什么是相关的空间：中国？南亚？还是整个印度洋？

每一种解释都说得通，都具有合理性：受布罗代尔启发，王国斌将中国视为一种经济-世界并对其进行研究[2]，乔杜里认为印度和印度洋是一种经济-世界。[3]，狄宇宙（Di Cosmo）

---

[1]　Fernand Braudel, *Civilisation matérielle, économie et capitalisme, XVe et XVIIIe siècles*, 3 vol., Paris, Armand Colin, 1979.

[2]　R. Bin Wong, "Entre monde et nation. Les régions braudéliennes en Asie", *Annales HSS*, 56/1（2001）, pp. 5-41.

[3]　Kirti N. Chaudhuri, *Trade and Civilisation in the Indian Ocean*, Cambridge, Cambridge University Press, 1985.

认为中亚是一种经济－世界[1]，德尼·隆巴尔和其他人认为南亚是一种经济－世界。[2] 对相关层面的限定依赖于所提出的问题：海上贸易将从中国到东非的区域集中成为一个世界，而陆上贸易却又进行了颠覆，例如，又重新回到了丝绸之路。[3]

　　然而，这种快速的解决方式——分割依赖于所提的问题——并不足够有效：这种外向型、延展型的研究方式没有表明任何关于这些学者如何看待此种分割的问题。因此，王国斌认为乔杜里把他自己关于印度洋的整体性强加于别人，而参与者却对此毫无感知。在王国斌看来，他更喜欢像隆巴尔和吉普鲁（François Gipouloux）一样，通过研究东南亚及其与东亚的联系，来研究亚洲的地中海。与此同时，王国斌所使用的研究方法也非常有趣：他谈及布罗代尔和他的《地中海》，但他认为这种方法体现了伊斯兰教和欧洲之间的分离；而至少在其早期作品中，布罗代尔曾明确地强调过二者之间的融合。王国斌着重研读布罗代尔这方面的作品，以便验证他自己对海上中国和亚洲地中海之间区别的合理性，一方面是西方化的印度洋与蒙古大草原，另一方面，这两者都明确地与中国的大汉文明产生了区别。因此，我们从一种欧洲中心主义走向一种中国中心主义，每一次都是在全球史的思考框架内。历史与社会科学之

128

---

① Nicola Di Cosmo, "State Formation and Periodization in Inner Asian History", *Journal of World History*, 10/1 (1999), pp. 1-40.

② Kirti N. Chaudhuri, *Trade and Civilisation in the Indian Ocean*, *op. cit.*; Denys Lombard, *Le carrefour javanais*, *op. cit.*; Michael N. Pearson, *The Indian Ocean*, Londres, New York, Routledge, 2003

③ Stephen F. Dale, *The Muslim Empires of the Ottomans, Safavids and Mughals*, Cambridge, Cambridge University Press, 2010.

间的博弈以及在此范围内对史料的运用同样值得思考：王国斌批判乔杜里将来源于经济史的、外在的区分强加于史料；他将一种直接来源于史料的研究方法与这种研究方法进行了对比。实际上，虽然他是这样操作的，但他忘了说明，仅仅借助大汉文明的史料并不能让人了解蒙古人是如何经历了"中国大一统"。

换言之，在这种来自于社会科学某种模式的外部空间-时间的划分与自视为史料的内在的划分之间的习惯性冲突中，还有众多要素——并非无足轻重的要素——隐藏在背后：一方面是模式的生产，一方面是史料。二者都被认为是既定的，既不会用于反思，也不会为可以用来证明或否定的经验论检测服务。这也是所有这些研究方法都无法对其中隐含的某种范畴做出反思性和经验论分析的原因：无论是对所研究的方面或领域的特性，还是对其唯一性的分析。这种要素经常被提及，但几乎从来没有被明确。① 因此，国家的作用、专制主义及对私有财产的敌视，都像空间一样，令人得以认识俄国的特性。② 此

129 外，国家及其官僚体制的重要性、商业、漫长时期及其制度的假设稳定，都可以被归纳为中国的特性③，而非洲的特性则是

① Robert H. Bates, "Area Studies and the Discipline: A Useful Controversy?", *PS: Political Science & Politics*, 30/2（1997）, pp. 166-170.

② John P. LeDonne, *Absolutim and Ruling Class: The Formation of the Russian Political Order, 1700-1825*, Oxford, Oxford University Press, 1991. 还可参考《*Cambridge History of Russia*》的最新三卷。

③ 关于这一点的讨论：Arthur Waldron, *The Great Wall of China: From History to Myth*, Cambridge, Cambridge University Press, 1990; Leo K. Shin, *The Making of the Chinese State: Ethnicity and Expansion on the Ming Borderlands*, Cambridge, Cambridge University Press, 2006。

国家的脆弱等。[①] 这就不得不提到最司空见惯的理由（国家解释国家，空间证明空间，等等）。有时候，特性被解读为唯一性：某个地区或国家可以是独一无二的，是无法与其他地区或国家相比较的。然而，这种观点的一切合理性都需要一个明确的比较[②]，即使这种实践恰恰被以某种领域特性的名义而拒绝。[③] 因此，一种潜在的解决方式就是避免把所有被称为中国、非洲、印度等的实体想象成永恒的现实。有些人巧妙地用这种研究方法来探讨"非洲"，没有预先接纳它，特别是避免了从经常颇受争议的、缺乏"认同性"的概念出发来进行非洲的重构，而约瑟夫·米勒就是其中之一。[④] 像法国的弗朗索瓦·阿赫托戈一样[⑤]，米勒否定了当下主义的危害；像布洛赫一样，他否定了起源偶像式的崇拜。以此为基础，随着时间的推移，在与经济、商业和奴隶制的关系中，"非洲"思想和实践自我构建的方式就有可能逐渐被展示出来。在非洲内部，多种多样的区域在它们的内部联系中，以及它们与亚洲、欧洲以及美洲越来越紧密的联系中开始逐渐形成。这种多边的关系形成于一个漫长的进程中，它的开端远远早于欧洲的扩张，伴随着非洲

---

① Frederick Cooper, "Conflict and Connection: Rethinking Colonial African History", *American Historical Review*, 99/5 (1994), pp. 1516-1545.

② Michael Werner et Bénédicte Zimmermann (dir.), *De la comparaison à l'histoire croisée*, op. cit.

③ Frederick Cooper, Allen F. Isaacman, Florencia E. Mallon, William Roseberry, Steve J. Stern, *Confronting Historical Paradigms*, op. cit.

④ Joseph C. Miller, *The Problem of Slavery as History: A Global Approach*, New Haven, Yale University Press, 2012.

⑤ François Hartog, *Régimes d'historicité*, op. cit.

内部交易的发展、横贯撒哈拉沙漠的交易、始自远古时期的非洲与印度洋的联系，以及 8 世纪时伊斯兰教的兴起。一方面是文化领域的研究远离了历史决定论，另一方面是借助与历史无关的概念，这两方面可能性的实现都需要与社会科学进行一场开门见山的讨论。如果说排斥主流经济学研究中的因果关系概念是必要的，那么与微观史及人类学的对话在非洲的背景下就显得硕果累累，因为这可以让我们按照帕特森的方法去批判一种在奴隶制中占主导地位的社会学。

　　这种观点与德尼·隆巴尔的观点非常接近，或许也是文化领域的史学家中最贴近布罗代尔的。爪哇群岛上对空间-时间的多元建构，它的对外开放，它的缓慢变革，以及它的加速发展都基于多元化的史料。不像区域研究中常见的那样，隆巴尔并没有将"西方的"史料与"地方的"史料进行对立，而是展现出它们在当时彼此促进的方式，展现出它们构成其研究主题的方式。[1] 正是从这个立场出发，我们才有可能以某种不带着特别浓厚的欧洲中心主义色彩的观点，来重归布罗代尔所提出的时间层面。

时间层面

　　被认为是某种领域的"特性"常常与漫长的时间联系在

---

[1]　Denys Lombard, *Le carrefour javanais*, *op. cit.*

一起；持续性构成了一种领域的特性。① 例如，俄罗斯这个国家在沙皇俄国时期以及在苏联时期的作用就是一例。在这种背景下，长时段就变成一种轮回：作为一种启发式的工具，长时段成为思想界的禁锢②；它并不是在质疑，而更像是在树立既有的解决方法的权威。在布罗代尔关于长时段理论的著作发表之后的五十年间，莫里斯·埃玛尔总结了长时段理论再适用性的能力和局限。③ 误解主要存在于长时段与某几个世纪甚至千年之间的联系。这方面的讨论通常都徒劳无益，因为在布罗代尔的本意里，长时段取决于主体和问题。在关于布罗代尔的长时段理论的讨论中，我们应该至少区分出两个方面：历史分期，时间性的特殊形式；以多种形式存在的时间性本身。

布罗代尔长时段理论的权威主要体现在强调古代史与中世纪史、中世纪史与现代史特别是现代史与当代史的延续性著作

---

① 关于俄国或中国特性的几个例子：Marc Raeff，"Un Empire comme les autres？"，*Cahiers du monde russe*，30/3 - 4（1989），pp. 321 - 327；André Berelowitch，*La hiérarchie des égaux. La noblesse russe d'Ancien Régime*，Paris，Seuil，2001；Pierre-Étienne Will，"Présentation" au dossier "Économie et techniques en Chine"，*Annales HSS*，49/4（1999），pp. 777 - 781；Pierre-Étienne Will，R. Bin Wong，*Nourish the People*，Ann Arbor，University of Michigan Press，1993，introduction en particulier avec les spécificités du cas chinois par rapport à l'Europe。

② R. Bin Wong，"Entre monde et nation"，art. cit.；Sanjay Subrahmanyam，"Connected Histories. Notes towards a Reconfiguration of Early Modern Eurasia"，*Modern Asian Studies*，31/3（1997），pp. 735 - 762 pour des critiques de ces approches.

③ Maurice Aymard，"La longue durée aujourd'hui. Bilan d'un demi-siècle，1958 - 2008"，art. cit.

中，这方面的著作自此以后卷帙浩繁。[1] 因此，在经济史中，至少从经验论层面来看，布罗代尔的长时段理论看似大获全胜：正如我们所看到的，20 世纪 50 年代，尽管罗斯托和格申克龙在多方面呈对立状态，但他们也都按照各自的方法将布罗代尔的理论作为一种参考。[2] 通常来说，很多研究都背离了那种将工业革命视为一次突然决裂的阐释，都在强调欧洲经济自 12 世纪一直到 18 世纪甚至 19 世纪时取得的缓慢进步。[3] 这种阐释从此占据主流地位。然而，这并不意味着，历史学与经济学之间的关系仍然还是布罗代尔所推崇的那种关系，也不意味着对关于工业革命的那些传统阐释所特有的欧洲中心主义提出了质疑。

从布洛赫、费弗尔和西密安以及布罗代尔开始就处于边

① Jacques Le Goff, *Faut-il vraiment découper l'histoire en tranches?*, *op. cit.*; Maurice Aymard, "De la Méditerranée à l'Asie, une comparaison nécessaire", *Annales HSS*, 56/1 (2001), pp. 43-50; Gilles Postel-Vinay, *La terre et l'argent*, Paris, Albin Michel, 1997; Philippe Minard, *La fortune du colbertisme*, Paris, Fayard, 1996; Alessandro Stanziani, *L'économie en révolution*, *op. cit.*; Id., *Bondage: Labor and Rights in Eurasia, from the Sixteenth to the early Twentienth Centuries*, New York, Berghahn, 2014.

② Walt Rostow, "Histoire et sciences sociales: la longue durée", *Annales ESC*, 14/4 (1959), pp. 710-718; Giuliana Gemelli, *Fernand Braudel*, *op. cit.*

③ Nicholas Crafts, *British Economic Growth during the Industrial Revolution*, Oxford, Clarendon Press, 1985; Gregory Clark, "Productivity Growth without Technical Change in European Agriculture before 1850", *The Journal of Economic History*, 47/2 (1987), pp. 419-432; Charles Feinstein, "Capital Formation in Great Britain", in Peter Mathias, Michael M. Postan (dir.), *The Industrial Economies: Capital, Labor, and Enterprise*, vol. Ⅶ de *The Cambridge Economic History of Europe*, Cambridge, Cambridge University Press, 1978, pp. 28-94.

缘地位的事件，再次回到了杜比、诺拉和很多其他学者的著作中。[①] 这涉及的不再是像 19 世纪实证史学那样来思考事件，而是去思考事件对现实和对参与者感知的重要影响。这是一种将"短时段"与"中断"再次融入历史变革的方式。然而，这种研究方式的提出经过了不同的模式。因此，埃德加·莫兰希望能通过物理学和生物学将事件重新融入一种系统化类型的分析中。[②] 而弗朗索瓦·傅勒则放弃了拉布鲁斯的立场（在持续性中去思考法国大革命[③]），将研究重点置于"中断"上（这种方式被认为更加消极[④]）。皮埃尔·诺拉认为，即使是对某一"事件"的认识，也体现了从农民社会（专注于循环时间）向城市和工业社会转变的过程。因此，并不仅仅是"革命"这个词语的意义在随着时间的流逝而发生变化：这种演变同时构成了社会和政治变革的产物和史料之一。[⑤] 然而，这些历史性的体制展现的是一去不复返的过去和未知的未来之间的真空地带，正如 1789 年、1918 年甚至 1989 年之后的情况

① Georges Duby, *Le dimanche de Bouvines*, Paris, Gallimard, 1973; François Dosse, *Renaissance de l'événement*, Paris, PUF, 2010; Jacques Le Goff, "Les 'retours' dans l'historiographie française actuelle", *Cahiers du CRH*, 22 (1999) [en ligne]; Id., "Le retour de l'événement", in Jacques Le Goff, Pierre Nora (dir.), *Faire de l'histoire*, vol. I : *Nouveaux problèmes*, Paris, Gallimard, 1974, pp. 210-229.

② Edgar Morin, "Le retour de l'événement", *présentation de L'événement*, numéro spécial de *Communications*, 18 (1972), pp. 6-20.

③ François Furet, Denis Richet, *La Révolution française*, Paris, Fayard, 1965.

④ François Furet, *Penser la Révolution française*, Paris, Gallimard, 1978.

⑤ Reinhart Koselleck, *Le futur passé. Contribution à la sémantique des temps historiques*, Paris, EHESS 1990 (orig. all. 1979).

一样。①

　　这种立场从某种程度上来说可以通过 1968 年五月风暴的后果来解释。然而，莫兰和诺拉认为，1968 年的事件并不能说明一切：事件自第二次世界大战以后就成为政治史的关注焦点，而它在社会史中尤其被边缘化。然而，如果对利科来说，对事件的呈现或将其置于背景之中属于修辞学或叙述的风格；那对柯塞勒克来说，事件和结构就一直是不可相互融合的。②与布罗代尔的研究方法相比，这样的对立体现出一种非常明显的让步。在布罗代尔看来，三种时段恰恰可以超越事件和结构的对立。另外，这种新的研究范式体现了一种思潮，这种思潮直接诞生于备受争议的欧洲（尤其是法国和德国的）历史研究中，诞生于在这种背景下理解奠基性事件（法国大革命）和整体变革（资产阶级社会的出现）的方式。

　　从世界其他区域来看，布罗代尔的时间顺序（笼统说是从 12 世纪到 18 世纪）并不是完全恰当的。因此，一些汉学家和印度学家提出了一种与西方完全不同的划分。对一些人来说，现代性始于两千年前，而对另一些人来说，现代性则随着英国的占领或毛泽东（这取决于历史编纂学）③——同时产生。我们处于这样一个按照年代来展开的研究范式中，这种范式并非与西方研究范式完全不融合，特别是在民族主义的历史研究中。尤其是印度，它对殖民前、殖民时和殖民后的历史分

　133

---

①　François Hartog, *Régimes d'historicité*, *op. cit.*

②　Reinhart Koselleck, *Le futur passé*, *op. cit.*

③　例如，Frederick W. Mote, Denis Twichett（dir.），*The Cambridge History of China*, vol. 7/1 et 2, Cambridge, Cambridge University Press, 1988。

期更加确定了其一般会淡化英国和西方的统治色彩。

　　同样地，尽管中国历史研究的重点是在两千五百年的延续之上，但这些要素也并没有被证实，而更多的是被接受；汉文化和汉人的统治因此被认定为中国统一的特征。此类文献将所谓"中国"的核心区域在历朝历代均发生变化的这一事实束之高阁：南方、北方，以及被中国的史学家们避而不谈但对蒙古人的势力发挥着关键影响力的草原。[①]

　　此外，关于中国的历史研究也是按照朝代进行划分的。[②]世界对这种按照朝代的顺序编撰历史的接受度令人吃惊：为什么无论是在中国还是在西方，在关于中国的历史研究中，这种形式的编年学都如此盛行？这种编年学在欧洲饱受批判，不仅受到了来自年鉴学派的批判，而且批判可以追溯到更久，远至19世纪，甚至更久之前。[③]

　　这种按照朝代顺序编纂的历史受到了中国史官的推崇，因为它可以证明这个国家历史久远的统一和稳定。这种历史编纂学所呈现出的是一个所谓"中国"的整体，它存在于参与者思想状态中的某个角落里，即使一个真正统一的中国领土还没有出现。基于这一点，将东亚和东南亚大草原上的不同区域统一在一个政体之下被视为一种历史的必然性。这种观点体现了世界的一种中国中心主义形象，这种形象为中国政权的合法性服务了几个世纪。与此同时，像所有意识形态

---

① Frederick W. Mote, *Imperial China*, *900 - 1800*, Cambridge（Mass.），Harvard University Press, 2003.

② Victoria Tin-bor Hui, *War and State Formation in Ancient China and Early Modern Europe*, Cambridge, Cambridge University Press, 2005.

③ Arnaldo Momigliano, *Problèmes d'historiographie ancienne et moderne*, *op. cit.*

的创新一样，中国千年大一统的创新不能自视为一个纯粹的
"超级结构"，因为它恰恰参与了真实帝国的建构。相反——
从意识形态的角度而不是从历史的政治用途的角度来看——
134　这些欧洲革命后的记忆的目的在于强化分裂。① 中国的社会精
英们通常关注的是其历史的延续，对朝代更替的书写也是基于
这个目的来进行的。当然，其他史学家，既包括中国的，也包
括欧洲的，反而强调的是分裂，例如明朝和清朝的分裂。② 因
此，正如我们之前提到的，我们必须要避免将布罗代尔的长时
段与横跨几百年甚至几千年的编年学相混淆：编年学是为民族
主义的诉求（永恒的中国）而服务的；这并非一种布罗代尔
式的历史-问题。

迈向全球微观史？

正是在这种背景下，借助多种层面的问题不仅停留在与时
间和空间的关系中，还与参与者的认同有关。参与者的认同是
大部分全球性观点的背景，而这些全球性观点被政治实体、市
场、帝国甚至诸如东方主义之类的概念所掌控。问题的关键在
于再次将参与者、生命的历史以及微观史再次引入这些观点
中。"个体""参与者""社会群体"之类的概念在历史学、
哲学、政治学、社会学等学科中都属于西方的传统。这些概念
向其他背景的输出达到了何种程度？

---

① 例如，可参考 Pierre Nora, *Les lieux de mémoire*, vol. 2, Paris, Gallimard, 1986。
② 讨论请参考 Willard J. Peterson, "Introduction", in *Cambridge History of China*, vol. 9/1, Cambridge, Cambridge University Press, 2002。

　　与古尔迪和阿米蒂奇最近所述①有所不同的是，布罗代尔的观点并不与微观史相冲突，也不与美国历史研究的重要组成相冲突，就如林恩·亨特（Lynn Hunt）、塞缪尔·莫恩、艾玛·罗斯柴尔德、琳达·科利（Linda Colley）以及杰里米·阿尔德曼等人的著作所证明的那样。实际上，从起源开始，微观史的首要目标就是维系一种基于年鉴学派经验的、重新被定义的社会史，尽管沿袭着不同的模式。金兹伯格和伯尼的部分观点更多是借鉴了布洛赫而非布罗代尔的观点②，而乔万尼·列维则坦承自己更多地受到了布罗代尔的影响。按照科塞勒克的方式对时间性进行的主观重构，就是用来定义这些社会路径。③ 列维批判吉尔茨及其对经验的构建：经验是多种多样的，通常也是相互矛盾的，很难把它们囊括在一个相互包容的整体中。④ 与1960~1970年的社会史不同，重要的并不是了解某个参与者是否具有数据意义上的"代表性"，而是了解他的经历对于回答史学家的问题来说是否具有相关性。⑤ 列维对社会史的批判与我们今天的关联史学对比较主义的批判如出一辙：发挥作用的范畴都与历史无关。⑥

135

---

①　David Armitage, Jo Guildi, *The History Manifesto*, Cambridge, Cambridge University Press, 2014.

②　Carlo Ginzburg, Carlo Poni, "Il nome e il come. Scambio ineguale e mercato storiografico", *Quaderni storici*, 14/40 (1979), pp. 181-190.

③　acques Revel, *Jeux d'échelles. La micro-analyse à l'expérience*, Paris, Gallimard-Seuil, 1996; Giovanni Levi, "Les dangers du geertzisme", *Thèmes*, 8 (2001), pp. 36-45.

④　Giovanni Levi, "Comportements, ressources, procès: avant la 'révolution de la consommation'", in Jacques Revel, *Jeux d'échelles*, *op. cit.*, pp. 187-209.

⑤　Jacques Revel, *Jeux d'échelles*, *op. cit.*

⑥　Giovanni Levi, *Le pouvoir au village*, *op. cit.*

　　尽管招致了布尔迪厄①的反对，微观史的研究观点还是带来了对传记分析②的重新评估，甚至在年鉴学派内部也发起了这样的行动，雅克·勒高夫的著作就证明了这一点。③ 当今的全球史也是如此，一些人认为全球史与传记叙述已完美地融合在一起。艾玛·罗斯柴尔德、桑杰伊·苏布拉马尼亚、娜塔莉·泽蒙·戴维斯以及其他一些人都认为，他们按照各自的方式继承了这种类型的研究范式。④ 因此，立足于南特不再被视为西方面对世界其他区域的胜利，而是不同世界之间的相互影响。而立足于加尔各答更是将这种研究范式推向了一个新的高度：底层研究让位于复杂的相互影响，在这些相互影响中，问题不再是西方的胜利或印度的落后，而是在不同层面——个体的、家族网络的、帝国的、城市的，等等——上它们各自取得的变革之间的相互影响。

136

*

　　年鉴学派首先对涂尔干的呼吁进行了回应，后来也回应了

---

① Pierre Bourdieu, "L'illusion biographique", *Actes de la recherche en sciences sociales*, 62-63 (1986), pp. 62-72.

② Giovanni Levi, "Les usages de la biographie", *Annales ESC*, 44/6 (1989), pp. 1325-1336.

③ Jacques Le Goff, "Comment écrire une biographie historique aujourd'hui?", *Le débat*, 54/2 (1989), pp. 48-53.

④ Emma G. Rothschild, *The Inner Life of Empires*, Princeton, Princeton University Press, 2011; Sanjay Subrahmanyam, *The Career and Legend of Vasco da Gama*, New York, Cambridge University Press, 1997; Natalie Zemon Davis, *The Return of Martin Guerre*, *op. cit.*; Ead., *Trickster Travels: A Sixteenth-Century Muslim between Worlds*, *op. cit.*

桑巴特（与布罗代尔一起）的诉求，最终促成了一场历史学与人类学之间的对话，这种对话远比在其他国家更为深入。通过多种层面（空间的、时间的以及参与者的）体现历史学与社会科学之间相互影响的这一举动，是这种研究范式的鲜明特性之一。然而，最近几十年里，这种对话势头渐微，尤其是历史学与经济学之间的对话，也包括历史学与历史社会学、政治学之间的对话，特别是关于比较研究方法和全球研究方法。当前，从格鲁津斯基到布琼再到皮凯蒂，尽管有一些法国学者在全球层面取得了成功，也有数不胜数的全球史著作逐一问世，但全球史还是不能稳稳地扎根于法国学术界。这种局面应该被放在一种更为宽泛的背景中去看。首先是认识论和历史背景：法国的历史，包括年鉴学派的历史，沿袭了涂尔干对德国社会学特别是韦伯的轻视，其中也夹杂着布洛赫对所有非共时性的、也不依赖于对语言认知的比较的驳斥。布罗代尔想按照自己的范式来超越这些思想，尤其要通过被西方语言改写的游记来创造出一种真正的世界史。布罗代尔的长时段理论首先是一种欧洲中心主义的历史分期，它很可能难以被世界其他地方所接受，特别是从其研究的时代来看。

从受到韦伯启发的比较这一方面来看，比较这种模式也同样不令人满意。一直到现在，这种比较都在无视其他，而将欧洲的框架强加于其他现实之上。而随着"大分流"的审视，这些现实被认为在过去与西方资本主义有着同样的制度和精神状态。这些范式与经济学的研究范式融合在一起，而与现在相比，当时经济学与历史的分离并没有那么彻底。

*

　　假如我们最终将第一部分的结论，以及从历史哲学跨越这些欧洲中心主义思潮所遇到的困难囊括在这一模式中，我们就会发现一些非常有趣的结果。首先，欧洲中心主义是切实存在的，但它应该根据作者、学科以及时期来界定。在历史哲学领域，这种趋势已经在18世纪的一些学者的身上体现出来，但一直到19世纪才开始急剧膨胀。除了历史学，哲学、经济学和社会学也为塑造这些欧洲中心主义的态度做出了极大的贡献，而史学家们从这些学科中也获得了大量的参考和借鉴。当今世界，旨在重塑这些思想的全球史思潮并没有获得比其前辈们更多的成功。换句话说，哲学、经济学和社会科学都难以跨域这些意欲成为普世化思想的西方范畴和范式，只有一部分人类学仍在坚持，但也早已是危机重重。现在我们更难从源自这些模式的经济学和社会学中辨别一些认识论的框架；学者和模式（modele）都公开表示受到了来自欧洲和美国的影响。如何打破这种僵局？

　　在回答这个问题之前，我们必须要介绍一下这种分析中的两个额外要素：首先，一直到现在，我们都会不由自主地将语言和哲学置于一边。然而，这些工具通常都被认为可以区分"真实的历史"和历史在其他学科中的用途。问题是双重的：对文献学的这种支配是在哪个时代被实现的？文献学是否可以超越哲学或历史经济学中的欧洲中心主义立场？

　　另一个要素一直到现在都被嗤之以鼻：非欧洲世界和他们

的参与者。"他者"的世界不断被历史哲学、历史经济学及历史社会学还有布罗代尔提及，但这些世界最终还是相对处于思想界实践的边缘。因此，现在我们应该来近距离审视一下这些时而与欧洲的研究范式对立、时而又相互联系的非欧洲的历史编纂学的建构。

138

第三部分｜文献学与全球档案

第七章 文献学与历史：文艺复兴的一项创举？

　　西方思想欲将真正"科学"的史学研究范式的兴起作为一种历史必然性来呈现；这种研究范式突出了文艺复兴与它之前那些时代的明显的割裂；这种研究范式认为此项变革是欧洲的壮举，忽略了"其他"世界为此所做的贡献。特别是，这种诠释将"历史"的发展变成博学和文献学的缩影，忽视了其他领域自17世纪以来发挥的重要作用，例如，法学和关于"人类学"、"社会学"或"经济学"的反思。① 然而，我们会发现，无论是在文艺复兴之前还是之后，这些延续在欧洲都是规模庞大的；欧洲和其他世界的互鉴非常重要；"社会科学"从17世纪开始在史学研究方法的定义方面发挥着关键作用。历史性反思突然成为一种全球性思想，具有与认知的其他维度对话和与其他世界对话的双重意义。

　　举例来说，洛伦佐·瓦拉（Lorenzo Valla）（1406～1457）

---

① Daniel Woolf, *A Global History of History*, Cambridge, Cambridge University Press, 2011.

一直被世人推崇为所谓"现代"史学和文献学研究方法的奠基人。[①] 尽管他出生于罗马，在罗马接受了教育，但在阿方索五世的保护下，他在那不勒斯推翻了历史和宗教批判的形式。他证明了《使徒行传》并不是原版，这导致他受到了宗教法庭的审判。[②] 尽管失望至极，他还是艰难地在前行：在考证出《君士坦丁献土》[③] 系伪造之后，瓦拉又开始质疑教皇与君主相比所拥有的权威（由上述《君士坦丁献土》所论证）[④]。权威不再出自教会的官方阐释，而是来自文献学家的解释；真相并不是在对圣经文本的评论中衰竭，历史性并不是所谓的或"被承认的"，而是被证实的。[⑤] 从这个角度来看，历史学与文献学批判都成为人文主义变革最大的一部分，提出了一种面对世界的视角，这与教会的视角形成了鲜明对比。文献学以及对历史讹错的批判开始发挥核心作用；重新发现古代经典也变得同样重要。[⑥]

实际上，文献学的研究方法早已在对圣经的文本分析中得到了巩固。自瓦拉以后开始发生变化的是权威的概念，权威可

---

① Laurentius Valla, *De falso credita et ementita Constantini donatione* 1440, édition critique en italien avec texte latin par Olga Pugliesi, Milan, Rizzoli, 2001.

② Carlo Ginzburg, "La lettre tue. Sur quelques implications de la deuxième épître aux Corinthiens 2, 3.6", *Critique* 769-770 (2011), pp. 576-605.

③ 人们认为君士坦丁大帝通过这份文件授予了教宗西尔维斯特一世对罗马帝国西部的最高统治权。

④ Anthony Grafton, *Faussaires et critiques. Créativité et duplicité chez les érudits occidentaux*, Paris, Les Belles Lettres, 1993（英文原版，Princeton University Press, 1990）。

⑤ Blandine Kriegel, *L'histoire à l'âge classique*, Paris, PUF, date, p. 41.

⑥ Arnaldo Momigliano, *Problèmes d'historiographie ancienne et moderne*, op. cit.; François Hartog, *Le miroir d'Hérodote. Essai sur la représentation de l'autre* Paris, Gallimard, 1980.

以树立某个文件的真实性。瓦拉的研究方法是神学、政治学与法学争论的焦点。因此，宗教性争议出现在对文献学和历史学研究方法的区分之中。[1] 早在文艺复兴期间，对远古时期的追溯就通过恢复三种语言——拉丁语、希腊语和希伯来语——得到了体现，前两种语言被意大利文献学家所崇尚，而希伯来语被阿拉伯人和西班牙人视为权威。先是瓦拉，继而是伊拉斯谟，这二人借助希伯来语向世人展示了真正的《新约》。随后，新教徒展开了对《旧约》的文献学分析，后来又对《新约全书》进行了文献学分析，目的是向世人揭露罗马教廷的错误阐释。路德（对瓦拉的学说做了透彻研究）对授予早期教皇的文件的真实性提出了质疑。斯宾诺莎也不甘落后，开始质疑《摩西五书》的真实性。[2]

无论这是不是为了确认（或批判）国家或教会的权威，关于历史真相和文献真实性的问题还是应运而生。很多办法被提上案头；1560 年，哲学家弗朗西斯科·帕特里齐（1529～1597）[3] 建 142 议在同一个文本中呈列出关于某段历史或某个事件的所有版本[4]；这正是 17 世纪中期开始蔓延的怀疑主义的一些变体。[5]

---

① Davide Canfora, *La controversia di Poggio Bracciolini e Guarino Veronese su Cesare e Scipione* Firenze, Olschki, 2001.

② Tullio Gregory, *Speculum naturale. Percorsi del pensiero medievale*, Roma, Edizioni di Storia e Letteratura, 2007; Richard H. Popkin, *The History of Scepticism from Erasmus to Spinoza*, Berkeley, University of California Press, 1979.

③ Francesco Patrizi, *Della poetica*, éd. Danilo Aguzzi-Barbagli, 3 vol., Firenze, Istituto di studi del Rinascimento, 1961-1971.

④ Eugenio Garin, *La cultura filosofica del Rinascimento italiano*, Firenze, Sansoni, 1979.

⑤ Thomas Leinkauf, *Il neoplatonismo di Francesco Patrizi da Cherso come presupposto della sua critica ad Aristotele*, Firenze, La Nuova Italia, 1990.

史学史指明了文献学的研究方法如何逐渐地树立起自己的权威，这一方面伴随着宗教的争议，另一方面也伴随着君主制国家的建立。① 欧洲因此也通过一种特殊的进程展现出其特殊性，即对所谓"现代"史学研究方法的运用，这也促使国家开始实施"现代"的法律。这种阐释是否有其合理性？

对于这个问题，我们可以从数百本学术著作中找到肯定的回答；在欧洲，这种立场成为历史学领域大学生和研究者们老生常谈的一部分，就像我们习惯于认为我们的世界是现代历史研究唯一并且独特的创造者一样。这是千真万确的。这种演变经历了漫长的时期——早在文艺复兴之前就已经开始——而类似的研究方法也在欧洲以外的地方同步发展，正如近年来众多著作甚至一本全球关联文献学的期刊所指出的那样。② 这种对世界文献学的研究是在欧洲中心主义幻象之外迈出的非常重要的一步。欧洲中心主义的幻象不仅认为是西方创造了文献学和

① Blandine Kriegel, *L'histoire à l'âge classique*, *op. cit.*

② Sheldon Pollock, Benjamin A. Elman, Ku-ming Kevin Chang (dir.), *World Philology* Boston (Mass.), Harvard University Press, 2015; Sanjay Subrahmanyam, *Aux origines de l'histoire globale*, *op. cit.*; 见综述: Georg G. Iggers, Q. Edward Wang, Supriya Mukherjee, *A Global History of Modern Historiography*, New York, Routledge, 2008; *The Oxford History of Historical Writing*, 5 vol., Oxford, Oxford University Press, 2011 - 2015. 关于印度: Velcheru Narayana Rao, David D. Shulman, Sanjay Subrahmanyam, *Textures of Time: Writing History in South India*, *1600 - 1800* Delhi, Permament Black, 2001, 法语译本: *Textures du temps. Écrire l'histoire en Inde*, Paris, Seuil, 2004。关于中国: Q. Edward Wang, *Inventing China through History: The May Fourth Approach to Historiography*, Albany, State University of New York Press, 2001; 关于近东: Israel Gershoni, Amy Singer, Y. Hakan Erdem (dir.), *Middle East Historiographies: Narrating the Twentieth Century*, Seattle, University of Washington Press, 2006。请参考 Brill 最新线上期刊: Philological Encounters。

博学，也认为欧洲中心主义这种工具是长期以来西方和全世界
使用的唯一的、同样的一种工具。从这种角度来看，史学家们
倾向于重现他们全力批判的经济学家和社会学家的观点，即唯
一的一种方法在各处都是适用的。当然，极端相对主义对反思
的进步没有丝毫益处：如果所有的文本分析都是文献学，那如
何来区分某种历史研究方法与其他方法的不同？又如何区分历
史的文本分析？

　　在这场全球文献学的宏图大业开始之初，波洛克、艾尔曼
和张谷铭就想从文献学宽泛的定义中找到答案，以便将不同的
技巧囊括其中；按照这种方式，文献学不再像普鲁士和欧洲自
18 世纪和 19 世纪之交开始所认定的那样，仅仅是对一个文本
的编辑和评论，而是蕴含着某些更为宽泛的内容：语法分析与
历史语言学；文本、手稿或印刷品的历史；阐释与宗教经典诠
释学的问题。① 这项宏大的工程展现出两种僵化的视角。第一
种围绕的是文献学的自身定义：它的定义如此宽泛，包括了所
有的文本分析，甚至找不到一个可以用来表达这种研究方法的
术语。就如波洛克所言，这种术语的缺失并无不妥，因为文献
学的实践和思想本身都在所研究的背景之中有所体现。事实真
是如此吗？是否有可能像一些哲学家和几乎所有经济学家在他
们各自领域里所做的那样，概括出文献学的本质？

　　另一种僵化的视角实际上也与第一种相互联系，涉及文本
分析的创造条件。这些条件并非仅仅是思想性的、知识性的，
同样也是政治性的和社会性的。将反思、文本和文献学的分析

①　Sheldon Pollock, "Introduction", in Sheldon Pollock, Benjamin A. Elman, Ku-
　　ming Kevin Chang (dir.), *World Philology*, *op. cit.*

方法与国家和帝国权力的出现和兴起联系起来非常恰当。是什么使得位于地球不同区域的参与者在某一特定时间里开始思考一篇文本的意义？这又会带来什么样的知识和政治后果？

人文主义者通常倾向于弱化他们对前辈们，以及伊斯兰国家和亚洲学者们的感激之情。然而，这些人的著作对他们来说都是闻名遐迩的：手稿的追逐者不仅遍布意大利（波焦·布拉乔利尼、萨卢塔蒂）①，也散布在欧洲其他地方和地中海地区、中东以及中亚地区。君士坦丁堡的衰落加剧了这种融合，大批学者随身携带着他们珍贵的手稿逃往意大利和法国寻求避难。丝绸之路并不只服务于香料、金属和奴隶；这些手稿也在丝绸之路上流通着，连接了从中国到威尼斯的所有区域，又从这些区域扩散延伸至欧洲的其他地区。威尼斯港口充斥着来自东方的香水、香料、呢绒和羊皮纸。这座城市拥有数百件从埃及、中国、中亚和波斯来的手稿。② 在开罗，被高希（Ghosh）给予第二次生命的印度奴隶③起身前往埃及、印度和近东地区寻找手稿。这不仅仅是收藏家的事：文献学分析在信奉基督教的西方之外蔓延④，中国是第一个。在中国，对文本和回忆的分析自远古时代开始就被联系在一起。

我经常与我的一位汉学家同事开玩笑。我问他："为什么你们汉学家一直在坚持不懈地将中国的历史介绍为一系列的朝

① Stephen Greenblatt, *Quattrocento*, Paris, Flammarion, 2013.
② *Catalogo de'codici manoscritti orientali della Biblioteca naniana compilato dall'abate Simone Assemani*, Padova, Stamperia del Seminario, 1787.
③ Amitav Ghosh, *Un infidèle en Égypte*, Paris, Seuil, 1999.
④ Arif Dirlik, Vinay Bahl, Peter Gran (dir.), *History after the Three Worlds : Post-Eurocentric Historiographies*, Oxford, Oxford University Press, 2000.

代更替，而这种介绍方式长久以来却被欧洲批判和唾弃？"我的朋友蓝克利对此的回答是："不同的朝代反映出中国对记忆的保存；没有按照朝代来划分中国历史，这是共产主义政治家和史学家的创举，因为他们想让自己的国家及国家的历史符合马克思主义的编年学。"① 我理解这种说法，也理解这是针对中国马克思主义意识形态的反应；但是，这并不足以解释中国历史上朝代的重要性。实际上，这种按照朝代顺序进行的编年学折射出历史记忆建构的方式。与西方的古代史不同，在中国，早在公元前 4 世纪，历史和史学家就已经占据了明确的地位。② 中国古代的历史研究囊括了闲话、对话、奇闻轶事、闪回，这些方法与希腊的历史研究有部分相似之处。③ 从东汉（公元第三个百年）时期开始，中国的历史研究开始行政化，风格也非常明确（从年鉴到编年史），也启动了对文人的系统培训。④ 在 7 世纪唐朝时期，区分、记录和保存历史文献、历史书写以及三者之间的联系被明确体现出来。"真实的文献" 145就这样被创作、辨别和分类，作为书写朝代历史和编年史的根据。⑤ 在 11 世纪的宋代，在国家的管控下，创作历史成为一项

① Christian Lamouroux, "Longue durée et profondeurs chronologiques", *Annales HSS*, 70/2 (2015), pp. 359-365.

② *The Tso Chuan: Selections from China's Oldest Narrative History*, 由 Burton Watson 翻译, New York, Columbia University Press, 1989。

③ Geoffrey E. R. Lloyd, *The Ambitions of Curiosity: Understanding the World in Ancient Greece and China*, Cambridge, Cambridge University Press, 2000.

④ Michael J. Puett, *The Ambivalence of Creation: Debates concerning Innovation and Artifice in Early Modern China*, Stanford, Stanford University Press, 2001.

⑤ Denis Twitchett, *The Writing of Official History under the T'ang* Cambridge, Cambridge University Press, 1993.

越来越中央集权化的工作。[1] 国家建立了一个中央机构，来专门编纂可以构建现行朝代记忆的"真实的事实"，稳固过去所有朝代的"真实的事实"，以避免产生与他们创作的所有历史产生冲突的解释。[2] 一些通常与19世纪德国历史研究相联系的概念，例如证据和年代舛错，开始明确形成。如果说儒家思想中作为"生活之师"的历史仍然具有重要意义，那这时的重点就转向了制度和政府的作用。类比法成为这种想给统治者的决策提供一些借鉴的历史研究的要素之一。这也是历史前所未有地成为中国精英教育里一项核心要素的原因。[3] 与此同时，对文本的分析达到了前所未有的复杂和成熟，特别是对孔子学说的诠释。[4]

乍一看，朝代的中断和蒙古人的入侵仅仅是中断了这种传统。忽必烈征服了中国的北方，打败了南方的宋朝，统一了南北方之后，立即着手将都城建在北方的大都。这就是元朝（1279~1368年）的开端。蒙古将士们被列为最高等级，位于其后的是作为税务官员的来自中亚和西方的穆斯林。作为宋朝

---

[1] Christian Lamouroux, "Longue durée et profondeurs chronologiques", art. Cit. 也请参考 Christian Lamouroux, Juan Carlos Garavaglia, Michael J. Braddick, "Prologue. Histories and Bureaucracies: Administrate and Serve the State", in *Serve the Power（s）, Serve the State: America and Eurasia*, Cambridge, Cambridge Scholars Publishing, 2016, pp. VII-XIX。

[2] Thomas H. C. Lee（dir.）, *The New and the Multiple: Song Senses of the Past*, Hong Kong, 2005.

[3] Pierre-Étienne Will, *Chinese Local Gazetteers: An Historical and Practical Introduction*, Paris, Centre de recherches et de documentation sur la Chine contemporaine, Notes de recherche du Centre Chine n°3, 1992.

[4] Françoise Bottéro, *Sémantisme et classification dans l'écriture chinoise*, Paris, Institut des hautes études chinoises, 1996.

后裔的汉人则被列在社会和行政等级的最末端。① 然而，随着
时间的流逝，这些差异逐渐变得模糊。元朝人意识到他们也必
须维护好与中亚其他民族的关系。通过商贸协定，他们实现了
这一目标：马匹对军队来说非常重要，因此他们用食物来交换
马匹。② 稳定商贸关系仅仅是元朝逐渐融合相邻地区人口的第
一步。元朝人尝试着便利与宋朝人的通婚制度，也沿袭了宋朝
的行政官吏的调动制度，以便促进不同民族的融合。③

　　在中国的边界之外，蒙古人在当今中国的北部加紧了排兵
布阵。蒙古帝国在13世纪初期达到了顶峰；后来分裂成四部
分，分别位于俄罗斯南部、波斯、蒙古和中国。因此，元朝统
治了中国八十九年，于1368年被明朝推翻。明代的疆域相比
元代就局限得多，蒙古族的不同部落守卫着当今中国的东部和
北部地区。明代政府想体现出自己与之前蒙古"蛮人"的不
同。然而，随着他们不断地将统治势力延伸至国家的南部和西
部地区，他们最终对这些蒙古"蛮人"进行了融合，将其纳
入明朝行政管辖之内。历史的编撰正是在这样的背景下进行
的。明朝人沿袭了之前几个朝代的做法；官方历史的编撰动用
了来自不同部门的近千人；"真实的文献"（《明实录》）囊
括了所有被视为真实的要素，一般认为，明朝官方是从这些要
素出发开始编写历史的。这些文献被誊录成两份，一份被盖上

146

① Morris Rossabi, Khubilai Khan. *His Life and Time*, Berkeley, University of California Press, 1988.

② Christian Lamouroux, "Organisation territoriale et monopole du thé dans la Chine des Song（960-1059）", *Annales ESC*, 46/5（1991）, pp. 977-1008.

③ Christian Lamouroux, "Commerce et bureaucratie dans la Chine des Song（xe-xiie siècle）", *Études rurales* 161-162（2001）, pp. 183-213.

官方印章，一份被内阁收录。两份文献都被存放在朝廷档案里①，而原稿通常被焚毁。尽管有着这样的严格监管，对史料的批判性分析和非官方历史的不断丰富还是得到了极大的发展，如王世贞（1526~1590）的作品所体现的那样。② 这些史料和不同的研究方法提倡必要的文献学分析，以辨别真正的文献并鉴定其真伪。③ 关于历史研究的不同卷册逐渐增多，以至于我们可以从当时的一部目录索引中发现10种撰写历史的文体，这些卷册1378年被按照范畴组织起来，达到28000册。

17世纪，明代与被定义为"游牧民族"的蒙古势力开始针锋相对，但我们知道蒙古人远非"游牧民族"那么简单。在16世纪与17世纪之交，蒙古人内部部落联盟的数量也逐渐增加。他们通过联姻、协约实现联盟，最后形成唯一的一个整体，实现了一个真正的结盟，例如和后金。④ 忧心忡忡的明朝人想阻挡这种趋势，但1619年他们被打败。金人势力一度远达今的朝鲜，此外还与明朝在满洲里布置的军队进行了联结。从1630年代开始，这种结盟特别是他们的首领（女真人）、从此以中国的满族而闻名，加速了攻击的进程，其势力逐渐向中国北部延伸。他们征服了朝鲜和辽东的联盟，从这些

① Achim Mittag, "Chinese Official Historical Writing under the Ming and Qing", in *José Rabasa*, Masayuki Sato, Edoardo Tortarolo, Daniel Woolf（dir.）, *The Oxford History of Historical Writing*, vol. 3：1400-1800, *op. cit.*, pp. 24-42.

② On-cho Ng, Q. Edward Wang, *Mirroring the Past：The Writing and Use of History in Imperial China*, Honolulu, Hawaii University Press, 2005.

③ Pamela K. Crossley, *A Translucent Mirror：History and Identity in Qing Imperial Ideology*, Berkeley, California University Press, 1999.

④ I. Ia Zlatkin, *Istoriia Dzhungarskogo Khanstvo*, 1635-1758 [Histoire du khanat des Dzoungars, 1635-1758], Moscou, Nauka, 1978.

147

联盟那里获取了必要的食物补给。他们也征服了中国北部的明朝人，给他们提供了比明朝更好的经济（获得土地）和政治（担任高级别的行政机构官吏）条件。

1636 年，他们的首领皇太极再一次更改了联盟的名称，成立了一个新的朝代——清朝，以淡化其满洲的族源身份。他希望自己能够再次对"中国"实现大一统。1644 年，他完成了统一大业。在几十年里，满洲人（从此以后被称为清人）只有一个目标：消灭明朝在南部的残余势力。一直到 17 世纪末，他们才实现了这个目标。正是在这样的背景下，我们才应该切换至在明-清交替之前、之中以及之后的耶稣会会士的出现，插入一些他们对中国历史的阐释。耶稣会会士并不是纯粹的传教士或观察家，而是在中国社会精英身边发挥重要作用的一批人。[①] 利玛窦（1552～1610）尝试着将中国的历史嵌入欧洲历史研究和宗教研究的范围内。他将儒学作为一种一元宗教介绍给大众，完全忽视了佛教和新儒学主义之间的张力。[②] 卫匡国将伏羲皇帝与欧洲的年表相对照[③]，而郎世宁（1688～1766）（"宫廷画家与卑微的仆人"）从路易十四的画像中受到启发，为乾隆皇帝创作了一幅画像。无论是历史还是其方

148

---

① Antonella Romano, *Impressions de Chine*, *op. cit.* ; Jonathan D. Spence, *La Chine imaginaire. Les Chinois vus par les Occidentaux de Marco Polo à nos jours*, Montréal, Presses de l'Université de Montréal, 2000.

② 借助利玛窦留下的拉丁语文章，Nicolas Trigault 编辑撰写了基督教使团在中华帝国的历史，法语译本，里昂，1616 年。

③ Martino Martini, *De Bello Tartarico Historia*, Antwerp, 1654Id., *Opera omnia*, 2 vol., éd. Giuliano Bertuccioli, Trente, Università degli Studi di Trento, 1998.

法，数学还是绘画①，这种影响并不是仅仅从欧洲走向了中国，而是相互的。因此，像德经这样掌握了多种语言的能人，毫不迟疑地发挥自己掌握汉语、阿拉伯语和土耳其语的优势，撰写了《匈奴、土耳其、蒙古和其他鞑靼诸国通史》（1756~1758）一书，在这本书中，他将亚洲的游牧民族与欧洲的文明进行了比较。通过与阿拉伯语史料相对照，他创造了一种他自认为坚持事实、忠于事实的批判型分析，他认为，他所忠于的事实都是在皇帝的影响下编撰出来的。他进行了更深入的分析，想从中国的著作中找出隐藏的象征意义。他认为自己从中发现了埃及的影子。② 这正是一种既是欧洲中心主义又是中国中心主义的模式，在这种模式中，无论是欧洲的还是中国的定居民族，在一定程度上都与野蛮的游牧民族形成了鲜明对照。

在同一时期，受中国传统和经由西方耶稣会士传播的西方影响的启发，中国的历史研究开始从沉思和哲学反思向文本分析和文献学演变。③ 当时在欧洲盛行的对历史认知的怀疑论在中国也开始蔓延，从李贽（1527~1602）的书里就可见一斑。而曲景春（1506~1569）提出了一种批判性的文献学方法，他的很多篇章都再一次近距离地审视了博丹（Jean Bodin）（1529~1596）的所见所闻。这种进程在清朝一直延续到 18 世

---

① Laura Hostetler, *Qing Colonial Enterprise：Ethnography and Cartography in Early Modern China*, Chicago, University of Chicago Press, 2001；László Kontler, Antonella Romano, Silvia Sebastiani, Borbála Zsuzsanna Török (dir.), *Negotiating Knowledge in Early Modern Empires：A Decentered View*, New York, Palgrave Macmillan, 2014.

② M. de Guignes, *Mémoire dans lequel on prouve que les Chinois sont une colonie égyptienne*, Paris, Desaint et Saillant, 1760.

③ Liam Matthew Brockey, *Journey to the East：The Jesuit Mission to China, 1579-1724*, Cambridge (Mass.), Harvard University Press, 2007.

纪，与此同时，西方对世界主义的倾向也更加明显，如同西方对旅行和绘画的关注不断加深一样，中国也开始向西方看齐。然而，与启蒙运动不同的是，在这个世纪里，中国的历史研究与哲学渐行渐远。一些中国学者公开指明这种从哲学向文献学的转变，以突出他们分析的公正性。① 文献学成为一种反对历史怀疑论和相对论的工具。②

　　我们先停下脚步来看看这种创作的制度背景：在中国明朝统治时期，国家发挥的作用要比欧洲的国家更为重要和集中，这不仅体现在行政措施方面，也体现在文献的创作和保存方面。③ 在 17 世纪和 18 世纪，各地的档案和属于个人的文献种类繁多④，而与此同时，中国政府也希望能维护其对"真实文献"的控制权。这与欧洲大相径庭。在欧洲，尽管专制君主制得到了确认，但包括国家档案在内的文献在不断增加的同时，也削弱了君主"垄断历史"的所有企图。无论是从文献和信息的创作还是从流通方面来说，这种结果都体现出权力的多元化，更体现出专制主义的欧洲行政机构效率的低下。⑤

　　但是，关于历史研究的知识的流通和相互影响并没有局限在欧洲与中国之间；在这一方面，几个世纪以来，通过满族人

149

---

① Pamela K. Crossley, *A Translucent Mirror*, op. cit.

② Benjamin A. Elman, *From Philosophy to Philology: Intellectual and Social Aspects of Change in Late Imperial China*, Los Angeles, University of California Press, 1984, 2e éd. 2001.

③ On-cho Ng, Q. Edward Wang, *Mirroring the Past*, op. cit.

④ On-cho Ng, "Private Historiography in Late Imperial China", in *José Rabasa*, Masayuki Sato, Edoardo Tortarolo, Daniel Woolf (dir.), *The Oxford History of Historical Writing*, vol. 3: *1400-1800*, op. cit. pp. 60-79.

⑤ Dominique Margairaz, Philippe Minard (dir.), *L'information économique*, op. cit.

和俄罗斯人，与蒙古世界和奥斯曼帝国以及印度的联系早已经
发生。[①] 在朝圣者、商人以及货物流通的同时，学者及其著作
的流通也在同步进行。[②] 中国历史研究的演变不仅与其内部的
变革相呼应，也与西方的、伊斯兰教的（包括伊朗的）、印度
的和蒙古的思想影响相呼应。[③] 这些都有助于我们理解在对文
150　本的批判性研究演变中存在的相似之处。

与伊斯兰教的相遇

　　欧洲人的传统阐释证实了穆斯林历史研究的宗教特性以及
对其史料批判的缺失。[④] 事实上，伊斯兰教的历史研究除了波
斯和阿拉伯传统（前伊斯兰教的），还深谙犹太教和基督教的
批判性思想。[⑤] 在启示发生后的最初几个世纪里，伊斯兰教的
历史研究从创世纪出发，在穆罕默德时期达到顶峰，最终延续

---

①　Morris Rossabi（dir.）, *Eurasian Influences on Yuan China*, Singapore, ISEAS, 2013.

②　Q. Edward Wang, Franz L. Fillafer（dir.）, *The Many Faces of Clio : Cross-Cultural Approaches to Historiography* New York, Berghahn, 2007.

③　Nalini Balbir, Maria Szuppe（dir.）, *Lecteurs et copistes dans les traditions manuscrites iraniennes, indiennes et centrasiatique*s, Roma, Istituto per l'Oriente C. A. Nallino, Eurasian Studies XII, 2014.

④　关于这一点以及最初的批判之一请参见 Marshall Hodgson, *Rethinking World History*, *op. cit.* ; Jocelyne Dakhlia, "Homoérotismes et trames historiographiques du monde islamique", *Annales HSS*, 62/5（2007）, pp. 1097-1120。

⑤　Abdallah Laroui, *Islam et histoire*, Paris, Albin Michel, 1999Sholeh A. Quinn, *Historical Writing during the Reign of Shah Abbas : Ideology, Imitation and Legitimacy in Safavid Chronicles*, Salt Lake City, University of Utah Press, 2000; Harbans Mukhia, *Historians and Historiography during the Reign of Akbar*, New Delhi, Vikha Publishing House, 1976; Peter M. Holst, Bernard Lewis（dir.）, *Historians of the Middle East*, Londres, 1962; Suraiya Faroqhi, *Approaching Ottoman History : An Introduction to the Sources*, Cambridge, Cambridge University Press, 1999; Pamela K. Crossley, *A Translucent Mirror*, *op. cit.*

到世界的终结。① 尽管一些虚构对话的出现具有说教目的，就如在中国的情况一样，但伊斯兰教的历史研究在先知思想流通的真实性方面倾注了极大的精力，从这一点出发，就如在欧洲一样，这种批判性分析也开始不断深入其他领域，在这些领域内，文本和文献的认证是至关重要的。② 因此，重新认识阿拔斯王朝历史的企图让书写历史和改写历史的形式与同时期加洛林王朝统治下欧洲的做法非常相似。③ 9 世纪的时候，仅仅在巴格达，可以通过各种方式自我定义为"历史研究"的作品数量就远远超过了法国和德意志国家作品的总和。④ 我们有可能区分出的三种历史研究的文体是：编年学、传记学和群体传记学。⑤ 对关于先知的原始文本的关注引发了一些以重构这些文本本身的流通链条为目标的分析。在 9 世纪，一种"关于传统的科学"令人得以找到这些文本的评价原则和鉴定原

151

① Beatrice Gruendler, "Early Arabic Philologists", in Sheldon Pollock, Benjamin A. Elman, Ku-ming Kevin Chang (dir.), *World Philology*, *op. cit.*, chap. 4Beatrice Gruendler., *The Development of Arabic Script*, Atlanta, Scholars Press, 1993.

② Wen-chin Ouyang, *Literary Criticism in Medieval Arabic-Islamic Culture : The Making of a Tradition* Edinburgh, Edinburgh University Press, 1997.

③ Antoine Borrut, "La memoria omeyyade: les Omeyyades entre souvenir et oubli dans les sources narratives islamiques", in Antoine Borrut, Paul M. Cobb (dir.), *Umayyad Legacies : Medieval Memories from Syria to Spain*, Leiden, Brill, 2010, pp. 25-61.

④ Tarif Khalidi, *Arabic Historical Thought in the Classical Period*, Cambridge, Cambridge University Press, 1994; Franz Rosenthal, *A History of Muslim Historiography*, Leiden, Brill, 1968.

⑤ Chase F. Robinson, *Islamic Historiography*, Cambridge, Cambridge University Press, 2003.

则，同时也可以从假的（圣训）中去伪存真。① 哈里发的建
构也在朝着这个方向前进，以至于每个哈里发都在同时借助
《古兰经》里的解释和对其征服的辩护来树立自己的权威。
与非穆斯林世界的人接触带来了新的问题。一直到那时，一
种文本的真实性还依赖于学者的分析和证明，同时也要忠于
先知的言论。现在，"非信徒"则呈现出他们自己对事实的
解释，其中夹杂着来自穆斯林方面的新的证明，甚至是关于
先知的文本中不为人熟知的、关于区域和人口的新的证明。
这就产生了大量的叙事（recit）、纪事（chronique）、证明
（testimony），以及在阿拉伯、伊拉克和叙利亚之间产生的风
格和论据的多样化。史学家自认为是作家，而不仅仅是古代
文献资料的讲述者。

　　10 世纪时，很多学者停止了编纂历史的脚步，不再致力
于给证据不一致的话题创作出一种具有决定性的答案（就如
从修昔底德开始欧洲所做的事一样）。相反，他们提供了具有
同等可能性的另类解释，创造了替代性叙述。这是非常重要的
一点，因为我们知道，这种历史性的书写模式也在中国广泛传
播，而欧洲社会只是在 19 世纪才从"怀疑论"者的著作中，
以及从原著为阿拉伯语和波斯语的翻译著作中再次发现这种模
式。自此，我们就有可能从伊斯兰教所特有的历史书写中发现
一种宗教思潮（Athar）和一种世俗思潮（Khabar）。泰伯里
（Al-Tabri）（839~923）创作了一种从创世纪开始的通史，在

---

① Abdesselam Cheddadi, "À l'aube de l'historiographie arabo-musulmane: la mémoire islamique", *Studia islamica*, 74（1991）, pp. 29-41.

这部历史中，他不仅参考了阿拉伯语的文本，也借助了汉语、希腊语、土耳其语和印度语的文本。[①] 而在印度度过了大半生的阿尔·比鲁尼（Al-Biruni）（973~1048）同样也借助了文献学和数学知识来解决关于编年学、历法以及社会精英的系谱等问题。[②] 他深受亚里士多德哲学思想的影响，最终通过三角函数计算出地球的圆周。在掌握了梵文之后，他也撰写了一部印度史。[③]

152

阿拔斯王朝的衰落，极大地打破了伊斯兰世界的均衡。首先是失去对巴格达的控制，同时，一方面面临着西班牙的丧失，另一方面面临着在伊朗逐渐兴盛的什叶派王朝的建立。逊尼派和什叶派之间的对立不断增强，无论是在宗教方面还是国家方面，对文本和文献诠释的关注也在不断增强。苏菲派教义的繁荣更是给个体的研究和阐释增加了一种核心要素。启示与解释之间的张力一方面促使大量作品出现，另一方面也鼓励了历史学和文献学分析的发展。

从 10 世纪开始，伽色尼王朝令情况变得更为错综复杂：因由突厥人苏丹创立，这个王朝既支持逊尼派，也推崇波斯文化。[④] 与中亚和帖木儿帝国之间的不断联系让伊斯兰世界的势力范围不断延伸至欧亚大陆的大部分地区。11 世纪时，塞尔

① Tarif Khalidi, *Arabic Historical Thought in the Classical Period*, *op. cit.*

② Shlomo Pines, "The Semantic Distinction between the Terms Astronomy and Astrology according to al-Biruni", *Isis*, 55/3 (1964), pp. 343-349.

③ Muhammad ibn Ahmad Biruni, *Târikh al-Hind*, éd. Ainslee Embree, New York, Norton, 1971.

④ Clifford Edmund Bosworth, *The Ghaznavids: Their Empire in Afghanistan and Eastern Iran*, *994-1040*, Edinburgh, Edinburgh University Press, 1963.

柱帝国与伽色尼帝国针锋相对，前者从后者手中夺走了波斯。它们推动了草原地区和伊朗的突厥化。起初，塞尔柱帝国支持波斯的逊尼派文化，但什叶派文化同样在波斯得到了发展。1194 年塞尔柱王朝到达了终点，花拉子模王朝的国王让他们遭受了极大的损失。然而，接下来又轮到花拉子模王朝受到成吉思汗的攻击。成吉思汗帝国曾是历史上最大，或者说是势力范围最广的帝国之一；从那以后我们发现，强大的蒙古人并不是简单的游牧掠夺者。蒙古帝国的行政机构建立在税务的书写记录和对军队和其所需进行的协调之上。正是在蒙古帝国及其行政机构内，伊斯兰教的历史研究开始发展，这离不开拉施特（1247~1318）、志费尼（1226~1285）和纳西尔·艾德丁·图西（1201~1274）等人的努力。① 拉施特是宫廷宰相，同时也是一位学者，不仅撰写了一部波斯的历史，也撰写了关于蒙古人和中国的历史。② 这种微妙的平衡随着奥斯曼人打败蒙古人取得独立而被打破。蒙古帝国不断衰落；从 1350 年开始，金帐汗国解体，不仅造成了高度不稳定和相对游牧的草原社会，例如诺盖人（一支突厥人和蒙古部落的联盟），也形成了诸如克里米亚汗国、喀山汗国以及阿斯特拉罕汗国等城邦国家。此外，在草原地区，突厥哈萨克人、巴什基尔人和鞑靼人都发展

153

① Nasir al-Din Tusi, *Contemplation and Action : The Spiritual Autobiography of a Muslim Scholar*, London, Taurus, 1998; Denise Aigle, " Le grand jasaq de Gengis-Khan, l'empire, la culture mongole et la shari'a", *Journal of the Economic and Social History of the Orient*, 47/1 (2004), pp. 31–79.

② Thomas T. Allsen, *Culture and Conquest in Mongol Eurasia* Cambridge, Cambridge University Press, 2001; Louis Hambis, "Une édition originale sino-mongole du xive siècle", *Comptes rendus de l'Académie des inscriptions et belles-lettres*, 97/3 (1953), pp. 365–370.

成为强大的力量，虽然他们内部也时常发生着斗争。在经过三十年于印度领土上进行的战争后，蒙古人的最后一任首领帖木儿（Timur 或 Tamerlan）在 1398 年洗劫了德里。当时，成吉思汗的蒙古帝国已经四分五裂，帖木儿是第一个（也是最后一个）想重组帝国的人。得益于不同游牧部落都加入了他的联盟，他可以借助人力、马匹、粮草等大量资源。在这些力量的帮助下，怀着对"不忠的印度人"的大量金银财宝的向往，帖木儿首先向撒马尔罕发起了进攻，后来又拿下了喀布尔，最终攻占了德里。[①]

正是在这种背景下，历史编纂学的思想开始再次涌现，特别是随着伊本·白图泰（Ibn Battuta）（1304~1368 或 1377）和伊本·赫勒敦（1332~1406）作品的出现，历史编纂学开始复兴。伊本·白图泰的作品、作品中呈现的新发现以及对作品的运用不断增加，像俄罗斯套娃一样环环嵌套：几年之前，萨尔曼·鲁西迪创作了一个故事《哈龙》，在这本书中，他称自己受到了白图泰的"哈莫什公主"的启发。实际上，根据最常见的说法，这只是鲁西迪本人的一段幻想。[②]鲁西迪是白图泰众多的崇拜者之一。从 19 世纪初开始，白图泰的游记被英国的一位东方主义者萨缪尔·李（Samuel Lee）翻译成英文（1829 年），自此，关于他，长途游历的叙事就成了众多评论

---

① Beatrice Forbes Manz, *The Rise and Rule of Tamerlane* Cambridge, Cambridge University Press, 1989; John Darwin, *After Tamerlane*, Londres, Penguin Book, 2008; Gérard Chaliand, *Les empires nomades*, Paris, Perrin, 1995.

② Salman Rushdie, Joseph Anton. *Une autobiographie*, Paris, Plon, 2012. 鲁西迪对这一新的版本并不满意；在这之前，这个故事在他的抽屉里沉睡了多年，最终他再次发现了它并将它写成了一部小说。

的焦点。萨缪尔·李是受人尊敬的牧师，是伦敦皇家学会成员、加尔各答亚细亚学会成员。他也是剑桥大学的希伯来语和阿拉伯语教授。作为英国古叙利亚研究的奠基者，萨缪尔·李也被牵涉进一场按新教改革而形成的关于历史解释的全球性大争论中。在这个时期，三种思潮产生了对立：历史主义、未来主义与末世预言实现论。萨缪尔·李坚持鼓吹起源于德国的末世预言实现论，这种思潮认为，圣经中关于世界末日的预言都已经得到了证实，一方面是罗马帝国的衰落，一方面是犹太人被驱逐出以色列。在这一点上，白图泰的观点是：伊斯兰教在萨缪尔·李关于世界末日的框架内扩散，在一定程度上，这种扩散可以由罗马的衰落和犹太人被驱逐来解释。但还有另一件事情：在拿破仑战争之后，白图泰的手稿引起了很多国家的注意，以至于他用拉丁文撰写的评论在耶拿出版，这本书的节本被保存在剑桥大学。① 激发这种兴趣的因素有很多：欧洲兴起的东方主义；奥斯曼帝国的衰落及其引起的忧虑；英国的殖民扩张；游记在19世纪获得的与日俱增的成功。问题在于：为什么是白图泰②？

　　在萨缪尔·李和早期评论家眼中，白图泰被视为马可·波罗的补充，但他还带来了更多关于路线的信息，在那个时候，这些路线吸引着英国的关注，因为英国与非洲和中亚存在着极大的利益关系。实际上，白图泰从丹吉尔出发，开启了很多条

---

① Stewart N. Gordon, *When Asia was the World*, New Haven, Yale University Press, 2008.

② Ross E. Dunn, *The Adventures of Ibn Battuta* Berkeley, University of California Press, 1986; Leonard P. Harvey, *Ibn Battuta*, Londres, Tauris, 2007; David Waynes, *The Odyssey of Ibn Battuta*, Chicago, University of Chicago Press, 2010.

探索路径：向南，一方面直达延巴克图和巴马科，另一方面朝东非前进；向东，经过中亚、阿拉伯地区、印度、东南亚一直到中国。在德里，他成为苏丹的编年史作家，被派往中国。经过马尔代夫时，他成为法官，在最终到达中国之前娶了多位妻子。白图泰为世人留下了关于德里苏丹图格鲁克宫廷的珍贵描述，关于跨撒哈拉的沙漠商队发展的信息以及在伊斯兰教法内解决商贸争议的办法。这是一种特殊文体的游记，融合了多种观察和多个领域内的特定知识，从植物学到航海学，从商贸到法学，无所不有。①

　　在历史研究的全球史中，如果说白图泰在众多追捧经商故事和历险故事的无所不有的游记崇拜者身边收获了好运，那伊本·赫勒敦则更像是一位理论家。赫勒敦也是一位伟大的旅行家，但并不局限于此：他构思出一些与科学和哲学相关联的历史分析方法。在他看来，历史叙事更多借鉴的是关于人类未来的普遍原则，而非传记或经历。他的祖籍是德拉毛省，在迁往突尼斯之前一直住在塞维利亚。1332 年，他出生在突尼斯。他的父亲在突尼斯担任穆夫提（伊斯兰教法说明官），教授了他一些法学、语法和哲学知识。1348 年，赫勒敦辅佐突尼斯最高权威塔尔法金的儿子穆罕默德大将军。四年之后，他开始为艾布·伊斯哈克二世苏丹服务，后来又服务于非斯（Fez）的苏丹。深陷权力游戏之争后，他逃往摩洛哥避难，后来又因为同

---

① Ibn Battuta, *The Travels of Ibn Battuta*, Cambridge, Hakluyt Society, 1958-2000, version française abrégée: éd. C. Defremery et B. R. Sanguinetti, Paris, 1854Id., *Voyages et périples*, in *Voyageurs arabes*, éd. Paule Charles-Dominique, Paris, Gallimard, coll. «Bibliothèque de la Pléiade», 1995.

样的原因迁往安达卢西亚。最后，他又返回君士坦丁堡附近的布吉；后来，他奉命前往埃及，又从埃及前往大马士革，在大马士革与帖木儿相遇。[1] 他创作了《世界通史》和《论普遍历史》两部书。[2] 他认为，历史不是简单地描述过去发生的事件："历史在于思考，在于探索真相，在于细致入微地解释事实的原因和起源，在于深究事件为什么发生、如何发生。"[3] 他指出了历史变革的几个要素：习俗、气候、经济、政治，等等。他也提出了与维柯和马基雅维利等人类似的观点，他们提出这些观点远在赫勒敦之后。赫勒敦非常重视集体化，认为作为历史的驱动器，环境远比个体行为更为重要。同个体一样，国家也经历了形成、演变和最终灭亡的过程。一个成熟的国家会显露出经济衰退的迹象，会鼓励镇压，会唯利是图、向骄奢低头；它的衰退自此也就是不可避免的。与此同时，他也认为，在社会均衡和历史演变中，团结的原则非常关键；这种原则体现在家庭关系和氏族关系中，体现在宗教、伦理中，甚至也体现在职业中。相比进步的社会，在未开化群体中，团结表现得更为强烈。在城市社会里，团结的程度更是远远逊色于未开化群体。[4]

在白图泰和赫勒敦的著作中已经有所体现的阿拉伯的、欧洲的、波斯的以及印度的重要影响，在奥斯曼帝国时期加剧，

[1] David Lawrence (dir.), *Ibn Khaldun and Islamic Ideology*, Leiden, Brill, 1984.

[2] Moncef M'Halla, *Lire la Muqaddima d'Ibn Khaldun. Deux concepts-clés de la théorie khaldunienne : asabiya et taghallub (force et domination)*, Tunis, Centre de publication universitaire, 2007.

[3] Ibn Khaldoun, *Le livre des exemples*, Paris, Gallimard, 2002.

[4] Aziz al-Azmeh, *Ibn Khaldun in Modern Scholarship : A Study in Orientalism*, Londres, Third World Center for Research and Publishing, 1981.

这为伊斯兰教与欧洲传统的相互融合提供了便利。特别是在君士坦丁堡被占领之后，大量希腊语、拉丁语的著作被翻译成突厥语、阿拉伯语和波斯语。① 这些语言也被用来撰写编年史、史诗和朝代史。15 世纪后半叶，通史广为流传；通史受到的是阿拉伯语著作的启发，但通常由波斯语写成。② 在穆罕默德二世（Mehmer Ⅱ）（1451～1481）统治时期，时局发生了变化：帝国及其税收和征兵的中央集权化伴随着行政机构语言的统一。③ 16 世纪时，很多文人批判书写风格的多样化和语言的多样化；用突厥语书写的作品大量出现，内容或是直接与国家统一相关的历史，或是通用的分析，或是根据伊斯兰教传统形成的传记。朝代史又重新激发了大众的兴趣，特别是被用来赞扬现时的朝代史。16 世纪时，除了由宫廷编撰和资助的一些历史著作之外④，其他主题也开始丰富起来：区域史、伊斯兰教通史，甚至还包括在奥斯曼帝国之外和欧洲国家的历史，尤其是法国史。⑤ 用希腊语和亚美尼亚语写成的作品也开始问世，用以介绍这些地区、地区的人口以及著名的人物。

这又涉及一场与同时期欧洲发生的几乎近似的演变。因

① H. Erdem Cipa, Emine Fetvaci, *Writing History at the Ottoman Court*, Bloomington, Indiana University Press, 2013.

② Cemal Kafadar, Hakan Karateke, Cornell H. Fleischer（dir.），*Historians of the Ottoman Empire*, URL：http：//www. ottomanhistorians. com

③ Cemal Kafadar, *Between Two Worlds：The Construction of the Ottoman State*, Berkeley, University of California Press, 1995.

④ Virginia H. Aksan, Daniel Goffman（dir.），*The Early Modern Ottomans：Remapping the Empire*, Cambridge, Cambridge University Press, 2007.

⑤ *La première histoire de France en turc ottoman：chroniques des padichachs de France*, 1572, éd. et trad. Jean-Louis Bacqué-Grammont, Paris, L'Harmattan, 1997.

此，卡帝普·切莱比（Katib Celebi）（1609~1657）在其《百
科全书》一书开篇的"历史"中明确指出，历史研究涉及的
是人民、风俗习惯及家族系谱；历史研究的目的在于了解过
去，以过去为鉴，以避免重蹈覆辙。[①] 一直到当时，奥斯曼帝
国的史学家都在使用很多关于时间和时间性的概念，历法、年
鉴、宇宙学，等等。受切莱比启发，他们开始不约而同地思考
统这种时间性的方法，以及历史的中断和延续问题。[②] 这种方
法与那种以启示为目的而表达时间性的方法有所不同。[③] 如果
天文学时间与先知的时间（启示录）是通用的，那么对其他
穆斯林史学家来说，社群也有它们自己的历史。[④] 因此，英雄
史诗、区域历史以及城市历史像传记一样开始蓬勃发展。[⑤] 与
此同时，与赫勒敦不同，切莱比和其他奥斯曼帝国的史学家认
为，在奥斯曼帝国时期，朝代循环——注定最终会消亡——可

157

---

① Suraiya Faroqhi, *Approaching Ottoman History*, *op. cit.* 也可参见 Cemal Kafadar,
Hakan Karateke, Cornell H. Fleischer （dir.）的网站信息，*Historians of the
OttomanEmpire*, URL: https://cmes. fas. harvard. edu/projects/ottoman-historians。

② Pinar Emiralioglu, *Geographical Knowledge and Imperial Culture in the Early Modern
Ottoman Empire*, Farnham, Ashgate 1988; J. Stewart-Robinson, "Compte rendu de
Joseph Matuz, L'ouvrage de Seyfi Celebi, historien ottoman du xvie siècle", *Journal
of the American Oriental Society*, 98/4 （1978）, pp. 578-626.

③ Aziz Al-Azmeh, *The Times of History. Universal Topics in Islamic Historiography*, New
York, Central European University Press, 2007.

④ Onur Yildirim, "The Battle of Lepanto and Its Impact on Ottoman History and
Historiography", in Rossella Cancila （dir.）, *Mediterraneo in armi* Palermo,
Quaderni di Mediterranea, 2007, pp. 533-556.

⑤ Maurus Reinkowski, Hakan Karateke （dir.）, *Legitimizing the Order: Ottoman
Rhetoric of State Power* Leiden, Brill, 2005; François Georgeon, Frédéric Hitzel
（dir.）, *Les Ottomans et le temps* Leiden, Brill, 2012.

以被某个朝代的独有特征所打断。① 17 世纪时，如中国一样，奥斯曼帝国的历史书写变得更为官化，受到了中央权力的管控。但这种发展趋势并没有排斥大量其他"非官方"历史的出现，也没能阻挡文献学分析与博学分析的广泛流通。语言及其运用是历史研究分析的核心；这些研究方法使多样化在帝国内部得以发挥其价值。② 最终，如同当时的欧洲一样，想得到国家承认的意愿推动了这场运动。然而，与西方不同的是，在奥斯曼帝国，国家与宗教权威之间的界限并不那么明显③，对古兰经的分析，一方面在于建立过去某段历史的真实性，另一方面也在于对历史再次提出质疑，如同欧洲新教徒对圣经条文所做的那样。④

在波斯，历史研究和伊斯兰教思想势均力敌，与阿拉伯世界相比，更为世俗化的著作和研究方法层出不穷。用阿拉伯语和波斯语写作的阿尔·比鲁尼想同时借助文献学和数学来解决历史研究中的历法和编年问题。波斯的历史研究也同样引入了时间的循环性概念，这在阿拉伯的文献中是极其罕见的。⑤ 用来叙述波斯体制的短语是"dawlas"，这个词从字面来说是 158
"革命""歪曲"的意思，但其扩展意义也有"朝代"或国家

① Gottfried Hagen, Ethan Menchinger, "Ottoman Historical Thought", in Prasenjit Duara, Viren Murthy, Andrew Sartori (dir.), *A Companion to Global Historical Thought*, op. cit., pp. 92-106.

② Margaret Meserve, *Empires of Islam in Renaissance Historical Thought*, Cambridge (Mass.), Harvard University Press, 2008.

③ Cemal Kafadar, *Between Two Worlds*, op. cit.

④ Franz Rosenthal, *A History of Muslim Historiography*, op. cit.

⑤ Julie Scott Meisami, *Persian Historiography at the End of the Twelfth Century*, Edinburgh, Edinburgh University Press, 1999.

之意。在萨珊王朝时期，阿拉伯、波斯与基督教传统之间的影响逐渐增强。骑士的历史和英雄史诗也被写入通史（universal history）和编年史中。在帝国史之外，各地的历史和区域史也在不断发展。史学家法特鲁拉·本·鲁兹比汗·昆吉（1456～1521）列出了几种类型的作家和文体：从亚当或穆罕默德为起点追溯过去的史学家；研究先知生平的史学家；年鉴编撰者和编年史作家；获得法学博士的史学家；朝代史史学家，等等。伊斯坎达尔·贝格（1560～1632）完成了其著作《阿拔斯史：装饰世界》，参考了修昔底德的思想，也分析了其史料的可信度。这其中既有阿拉伯和伊斯兰教历史研究的影响，也夹杂着欧洲天文学和编年史学家的影响。[①]

历史研究和伊斯兰教文学的影响一直扩展到非洲。[②] 在这种情况下，除了印度之外，殖民历史研究也通常会令人想到一片没有历史和文字记录的文献的大陆。[③] 事实上，除了口述历史，关于非殖民历史和殖民前历史的书面史料还是切实存在

① M. Ismail Marcinkowski, *Persian Historiography and Geography*：*Bertold Spuler on Major Works Produced in Iran*, *the Caucasus*, *Central Asia*, *India and Early Ottoman Turkey* Singapore, Singapore University Press, 2003.

② Paul E. Lovejoy, "Islamic Scholarship and Understanding History in West Africa before 1800", *The Oxford History of Historical Writing*, *vol. 3*：*1400 - 1800*, *op. cit.*, pp. 212 - 232；François-Xavier Fauvelle-Aymar, Bertrand Hirsch (dir.), *Les ruses de l'historien*, Paris, Karthala, 2013.

③ Zahra Ramouh, *Sources arabes sur l'histoire des relations du Maroc et de l'Afrique occidentale du XIXᵉ siècle*, Paris, Unesco, 1987；Toyin Falola, Christian Jennings (dir.), *Sources and Methods in African History*：*Spoken*, *Written*, *Unearthed*, Rochester (N.Y.), University of Rochester Press, 2003；Saliou Mbaye, "Sources de l'histoire africaine au XIXᵉ et au XXᵉ siècle", *Bibliothèque de l'École des chartes*, 162/2 (2004), pp. 483-496.

的。特别是穆斯林被从安达卢西亚驱逐之后，刺激了大量将人
力和货物运输至西非的不正当交易。① 这也是法律领域的史料
在这些地区的图书馆里出现的原因，尤其是在桑海帝国的图书
馆里。这些法律史料涵盖了大量的伊斯兰教教令，也收纳了诸
如赫勒敦等主要穆斯林史学家、传记作者和编年史作家的著
作。地方性编年史也同样获得了广泛的流通。②

159

　　然而，伊斯兰教影响最深远的地区之一，是印度次大陆地
区。在这里，伊斯兰教和印度教传统及佛教传统形成了相互融
合。这种共存起初是被英国人忽视的，在当今世界又随着印度
民族主义的回归而被强力否定。我们非常有必要再来强调一下
这种共存。

印度的文字

　　2012 年 3 月，我的朋友、德里大学的历史学家帕布邀请
我去参加一系列活动，包括由大学生和教授们合作举办的研讨
会和音乐会。举办这些活动的目的是抗议牛津大学出版社拒绝
出版关于《罗摩衍那》的一部全集。这本全集里收录了关于
罗摩衍那的著作，都是一些古印度语文本，介于史诗、历史和
宗教之间。2008 年，为抗议对这些在他们眼中被视为圣物的

---

① Jean-Philippe Omotunde, *Les racines africaines de la civilisation européenne*, Paris, Menaibuc Éditions, 2002；Andreas Eckert, "The Burden of Peculiarity: History and Historical Thought in Africa", in Prasenjit Duara, Viren Murthy, Andrew Sartori (dir.), *A Companion to Global Historical Thought*, op. cit., pp. 321-334.

② Joseph M. Cuoq, *Recueil des sources arabes concernant l'Afrique occidentale du VIIIᵉ au XVIᵉ siècle*, Paris, CNRS Éditions, 1975.

文本的评判方式，一些印度民族主义活动家占领并破坏了一些地方性设施。印度社会随即展开了一场论战。最高法院被民族主义派政党攻占，他们认为一些大学的学术著作中体现出对宗教的不敬。最高法院将皮球踢给大学，命令他们组建一支由专家组成的调查小组。这支调查小组的专家全部实行匿名制。两年之后，调查小组出具了调查意见：那些备受争议的文章对大学生来说有点过于"晦涩"；它们偶尔会做出便捷的解释，但整体而言，它们并没有表达宗教情感。这种裁定非常谨慎，并且从整体上来说有利于史学家，但人们还是对这项裁定视而不见；德里大学决定从教学课程里"撤掉"这些备受争议的文章，而牛津大学出版社也拒绝将其出版。

历史的政治用途与宗教之间的关系因此并不仅仅是西方或伊斯兰教的特性，在印度也引发了论战。然而，除了这些一般的、共同的特性之外，印度也有其独一无二的特征。在印度，与英国殖民者自18世纪末期开始的传统争论有所不同，对历史的书写建立在很多传统之上。起源于佛教的萨满传统同时受到了吠陀时期婆罗门教和往事书时代印度教的批评。实际上，这些萨满教的思潮批判吠陀，认为吠陀的制度的建立是用来满足人类的需求，而并非佛祖的意愿。[1] 佛教的史料同样也特别注重文献的保存，一方面是为了表明当地有权势者的支持，另一方面也是为了确立与佛教编年史相对立的印度编年史的地位。用梵文创作的史料数不胜数，主要是史诗（《历史往事

---

[1] Romila Thapar, *The Past before Us : Historical Traditions of Early North India* Delhi, Harvard University Press, 2013; Ead., *Time as a Metaphor of History*, Delhi, Oxford University Press, 1992.

书》）。每一部《往事书》都被用来致敬一位印度佛祖。其他的往事书文献（《毗湿奴往事书》）有助于区分出神话故事（每一章的接续体现出从神话开始的历史的逐渐兴盛）；其中也夹杂着预言。[1] 因此，两种文体的史诗由此形成，即《摩诃婆罗多》与《罗摩衍那》。前者追溯了不同种族之间冲突的历史，后者强调了不同种族与君主之间的关系和张力。这些史诗叙事将朝代史与预言结合在一起。在当今印度饱受争议的《罗摩衍那》里的文章，实际上曾经被按照各种方式多次重写和阐释。这种灵活性以一种独特的方式，与民族主义者赋予其唯一一种阐释的企图形成了对比。

　　传记与文本评论如雨后春笋般涌现，用不同语言完成的英雄史诗也在次大陆的不同地区开始发展。[2] 在这些文本和诠释中，时间的循环根据天文学的计算方法，体现在几个千年里。[3] 英国和德国的很多传统阐释强调，属于神话和轮回范围内的印度的循环时间与西方线性的、历史性的时间不可调和。实际上，这两种时间性在我们提到的这些文章中恰好都有所体现。[4] 循环时间参考的是历史的宇宙论维度，而线性时间则涉及人类活动。重要性在于两者之间的相互影响。无论是在印度

[1]　Kumkum Chatterjee, *The Cultures of History in Early Modern India : Persianization and Mughal Culture in Bengal* Oxford, Oxford University Press, 2009.

[2]　Sheldon Pollock, *The Language of the Gods in the World of Men : Sanskrit, Culture and Power in PremodernIndia*, Berkeley, University of California Press, 2006.

[3]　Caterina Guenzi, *Le discours du destin. La pratique de l'astrologie à Bénarès*, Paris, CNRS Éditions, 2013.

[4]　Romila Thapar, "History as a Way of Remembering the Past: Early India", in Prasenjit Duara, Viren Murthy, Andrew Sartori (dir.), *A Companion to Global Historical Thought*, op. cit., pp.21-33.

教教义还是在佛教教义里，"自命不凡的"时间——西方思想里进步的同义词——是缺失的；关于长时段理论的思考导致人们将重点置于时间的长度之上，而不是重视事件和速度的提高。历史研究的很多传统也是这样发展的，从关于部落和地方首领族系的研究作品着手，一直延伸至史诗叙事。①

　　多种文体和形式的历史书写在次大陆地区不断流通，也在次大陆与其他区域之间不断流通，尤其是通过将印度与中国、日本和东亚联系起来的佛教。与各种形式的佛教相关联的至高无上的寺院史和家族史，刺激着人们开始编纂卷帙浩繁的历史著作。② 在这种背景下，文本分析开始发展。并且，即使"文献学"或与之类似的词汇还未曾出现，但类似的实践早已经存在。③ 评论文本和解释宗教经验的著作已经开始问世。④

　　然而，印度历史研究的演变不仅受到了佛教和印度教的影响，与伊斯兰世界的相互影响也在其中发挥了重要作用。这是非常关键的一点，这一点通常被殖民者、英国的史学家和部分印度民族主义的历史研究所隐藏，他们都在追寻"纯印度的"、某种程度上与伊斯兰教相对立的传统。恰恰相反，正是

161

---

①　Kumkum Chatterjee, *The Cultures of History in Early Modern India*, op. cit.; Corinne Lefèvre, Ines G. Zupanov, Jorge Flores (dir.), *Cosmopolitismes en Asie du Sud*, op. cit.

②　Ian Harris, *Cambodian Buddhism: History and Practice*, Honolulu, University of Hawaii Press, 2005; Stephen C. Berkwitz, *Buddhist History in the Vernacular: The Power of the Past in Late Medieval Sri Lanka*, Leiden, Brill, 2004.

③　Sheldon Pollock, "What is Philology in Sanskrit?", in Sheldon Pollock, Benjamin A. Elman, Ku-ming Kevin Chang (dir.), *World Philology*, op. cit., chap. 5.

④　Gérard Colas, Gerdi Gersschheimer (dir.), *Écrire et transmettre en Inde classique* Pondichéry, EFEO, 2009.

印度次大陆对这些不同文化和思潮的融合，才形成了它的
特性。

实际上，在 8 世纪阿拉伯人攻占信德和木尔坦之后，13
世纪末期，哈拉吉人（起源于阿富汗，讲普什图语）替代了
马穆鲁克突厥人，成为德里苏丹国的首领，马穆鲁克突厥人这
支强大的力量曾占据了印度中部和北部很大一部分的土地。然
而，哈拉吉人后来又被图格拉克人（1320～1414）驱逐。按照
作者们的说法，图格拉克人可能来自呼罗珊地区（实际上，
当时的史料用这种称呼来指代所有来自伊斯兰世界的"异域
人"）或信德和奥斯曼帝国之间的地区。① 借助奴隶士兵、马
穆鲁克人和阿富汗将士的力量②，图格拉克人不断扩张着帝国
的势力，从德里到奥里萨，从班戈尔到阿曼海。1398 年，图
格拉克人受到帖木儿王朝的短时攻击，但在帖木儿王朝之后，
图格拉克人又重新执掌政权。穆罕默德·图格拉克逝世之后，
德里陷入了自称为先知穆罕默德后裔的赛义德人（1414～
1451）的手中。在历史记载中，这是伊斯兰教思潮——特别
是阿尔·比鲁尼发挥了重要作用——与印度传统的相互融
合。③ 伊斯兰教的纪年法和传记与印度的编年史和年鉴结合在
一起。然而，这些方式通常被演绎为近似英雄史诗的诗篇，长

162

---

①　Seema Alavi, *Muslim Cosmopolitanism in the Age of Empire*, Cambridge (Mass.),
Harvard University Press, 2015.

②　Peter Jackson, *The Delhi Sultanate : A Political and Military History*, Cambridge,
Cambridge University Press, 1999.

③　Rama Sundari Mantena, *The Origins of Modern Historiography in India :
Antiquarianism and Philology, 1780-1880*, New York, Palgrave Macmillan, 2012.

期用来定义印度历史书写的特征。[①] 传记形式（圣贤传）占主导地位；它涵盖了官员、苏菲教神话、诗人以及宗教人物，其中也包括贵族。相反，官方的文献和档案包括两种类型的史料：一种可以被定义为信息类的稿件（新闻）；另一种是规则指令（行政政令、宫廷封印、许可、官方命令[②]）。德里苏丹国的编年史学者创造出很多种类型的历史书写，通常都受到了阿拉伯-穆斯林世界的影响。除了这些用波斯语记录的档案之外，还有不少档案是用印度语、马拉地语、拉贾斯坦语、旁遮普语、印地语写成，当然也包括孟加拉语。神学家和法学家为这种创作做出了极大的贡献。[③] 在这个时期，编年史和朝代史、军事史也在印度其他地区发展起来，例如，古吉拉特苏丹国、巴哈尼（印度德干地区）以及安得拉邦的卡提亚。

最终，在莫卧儿王朝的统治下，印度、波斯及阿拉伯-伊斯兰世界之间的联系才开始不断增强。因此，阿布·法兹尔——这项进程的主要推动者和构思者——分别于1596年和1599年撰写了《阿克巴·纳玛》和《阿克巴律法》两部著作。[④] 这不仅仅是为了捍卫阿克巴大帝的政权；阿布·法兹尔还在印度官方的历史研究中引入了史料批判、比较和证据分析，并对它们进行推广。阿克巴本人也采用了一种适用于印度的伊斯兰教的时间记录法，下令撰写一部伊斯兰教的千年史。

---

① Khaliq Ahmad Nizami, *On History and Historians of Medieval India*, New Delhi, Oxford University Press, 1983.

② Asim Roy, "Indo-Persian Historical Thoughts and Writings: India 1350-1750", in *The Oxford History of Historical Writing*, *vol.3: 1400-1800*, *op. cit.*, pp. 148-172.

③ Kumkum Chatterjee, *The Cultures of History in Early Modern India*, *op. cit.*

④ Seema Alavi, *Muslim Cosmopolitanism in the Age of Empire*, *op. cit.*

在巴布尔大帝时期，用梵语写成的克什米尔编年史被译成波斯语。[1] 这并没有妨碍诸如菲里什达穆罕默德·卡西姆·赫度（1560~1620）等史学家借鉴印度的史料。[2]

这些态度都反映出莫卧儿帝国想包容不同传统、宗教和族群的世界性态度，我们会在接下来的篇章中对此进行详细叙述。[3] 作为用各种当地语言撰写的历史著作在不断增加的例证，我们尤其要提到的是，印度南部通晓多种语言的人或卡纳姆人借助的是来源丰富的史料和铭文。[4] 除了那些在莫卧儿宫廷里创作的文献，还有不少文章都是在不同地区问世的——使用的都是完全不同的语言——也包括18世纪在莫卧儿帝国残余势力中萌芽的王国，特别是南部的迈索尔王国和马拉塔王国，以及北部的旁遮普王国。法律文献及神话故事、编年史及传记，都在这些作品之列。特别是在印度教的维济亚讷格勒姆[5]，各种文体层出不穷，关于"真正的历史应该是怎样的"这一问题的讨论，不仅在西方此起彼伏，在印度也频频出现。[6]

这些进程对到目前为止我们已经提及的其他地区都具有意

---

[1] Jonardon Ganeri, *The Lost Age of Reason: Philosophy in Early Modern India, 1450-1700*, Oxford, Oxford University Press, 2011.

[2] Rajeev Kinra, "Make it Fresh: Time, Tradition, and Indo-Persian Literary Modernity", in Ann Murphy (dir.), *Time, History and the Religious Imaginary in South Asia*, London, Routledge, 2011, pp. 12-39.

[3] Satish Chandra, *State, Pluralism, and the Indian Historical Tradition*, Oxford, Oxford University Press, 2008; Corinne Lefèvre, Ines G. Zupanov, Jorge Flores (dir.), *Cosmopolitismes en Asie du Sud*, op. cit.

[4] Rama Sundari Mantena, *The Origins of Modern Historiography in India*, op. cit.

[5] Velcheru Narayana Rao, David D. Shulman, Sanjay Subrahmanyam, *Textures du temps*, op. cit.

[6] Sugata Bose, Kris Manjapra (dir.), *Cosmopolitan Thought Zones: South Asia and the Global Circulation of Ideas*, New York, Palgrave Macmillan, 2010.

义，例如中国、奥斯曼帝国和波斯。这些地区都是彼此关联
的，尤其是通过鸿篇巨制的流通。[①] 印度的史料证明了与伊斯
兰世界、欧洲和中国相似的担忧。这涉及的是创作一些能捍卫
一个王朝或当地精英政权及其所得的文献；这些意图通过编年
史、传记以及宗教文献等形式体现。

正是在这种背景下，相互关联和借鉴才显得尤为重要，
不仅是在印度、中国、波斯与奥斯曼帝国之间，而且也包括
这些地区与基督教西方世界之间。[②] 因此，正如在我们提到
过的其他地区一样，在印度，关于历史书写的模式和历史真
实性的问题也出现了。这个问题的答案并不总是与古代西
方、中世纪西方和现代西方的答案相一致；但这些答案同样
也并不是不适用于西方，就如相互借鉴所见证的那样。我们
举一个弗朗索瓦·贝尔尼埃尔（François Bernier）（1620～
1688）[③] 的例子。我们知道，在 17 世纪的欧洲，关于历史真
实性的讨论与宗教的紧张关系——圣经文本的真实性——以
及与哲学的怀疑论有着千丝万缕的关系。笛卡尔再次质疑了
历史和文学的根基；同样批判怀疑论者的皮埃尔·伽桑狄

---

① Corinne Lefèvre, "Europe-Mughal India-Muslim Asia: Circulation of Political Ideas and Instruments in Early Modern Times", in Antje Flüchter, Susan Richter (dir.), *Structures on the Move: Technologies of Governance in Transcultural Encounter*, Berlin, Heidelberg, Springer, 2012, pp. 127–145; Corinne Lefèvre, Ines G. Zupanov (dir.), *Cultural Dialogue in South Asia and Beyond: Narratives, Images and Community*, numéro spécial de *Journal of the Economic and Social History of the Orient*, 55/2 (2012).

② Angela Barreto Xavier, Ines G. Zupanov, *Catholic Orientalism*, Oxford, Oxford University Press, 2015.

③ Michael Harrigan, "Seventeenth-Century French Travellers and the Encounter with Indian Histories", *French History*, 28/1 (2014), pp. 1–22.

（Pierre Gassendi）（1592~1655）则表现出另一种态度。据称，皮埃尔·伽桑狄在孩童时代就能够当场将希腊语诗歌翻译成拉丁语，反之亦然，他也精通希伯来语，而且特别幽默。据雷纳尔神父说，在一次关于灵魂转世的争论中，他情不自禁地嘲笑对手："毕达哥拉斯曾说，人死了以后他的灵魂会进入牲畜的身体里；但我不认为牲畜的灵魂会进入到人的身体里。"①

尽管皮埃尔·伽桑狄是众矢之的，但他尊重基督教的教义，不过，他批判亚里士多德及其教条主义以及笛卡尔式的精确性。为了反对笛卡尔，他不仅参考逻辑学，还借鉴了可能性理论，以评估"说真话"的机会。他将这种方法运用于史料本身：他摒弃逻辑学，并去预测某篇文章是否真实；他将可能性和有细微差别的判断与笛卡尔做出的最终的、断然的结论相对照。这是非常重要的一个因素，后来被启蒙运动时期很多批判笛卡尔的哲学家所运用。为支持一种远离形而上学的"经验科学"，伽桑狄借鉴了新史诗主义。这种方法便利了与阿拉伯穆斯林和印度世界的相遇，而从我们当今的常识来看，这都是意料之外的。因此，伽桑狄的学生之一，弗朗索瓦·贝尔尼埃尔开始提出不同的哲学问题（原子论、牲畜的智慧）。② 与他的老师伽桑狄一起，弗朗索瓦·贝尔尼埃尔于 1652 年和 1653 年在普罗旺斯的天空下观察了日食和月食。作为伽利略的支持者，他们二人形成了与地球中心说支持者的对立。也正是在科学与哲学的相互融合中，贝尔尼

165

---

① Abbé Raynal, *Anecdotes littéraires*, t. 1, Paris, Durand, 1750, p. 160.

② Sylvia Murr（dir.）, *Bernier et les gassendistes*, Corpus, 20-21（1992）.

埃尔发展了其对历史的思考；他也通过在东欧、非洲和亚洲的旅行和居住，深化了这种思考。在他看来，在宇宙学中去除地球的中心地位，在历史中将欧洲去中心化，都属于同一种范式。

1656 年，贝尔尼埃尔从马赛启程，抵达埃及后不幸感染了轻微的鼠疫。两年之后，他抵达苏伊士，准备前往红海的吉达和摩卡。1659 年末，他在古吉拉特海岸的苏拉特登陆。1659 年的春天，他服侍在达拉王子左右，达拉王子作为王储，被指定接替莫卧儿沙·贾汗（Shah Jahan）国王的王权。在经历了数次与其兄弟奥朗则布（Aurangzeb）的战争之后，达拉王子被奥朗则布打败，奥朗则布夺得了王位。溃逃中的王子遇到了贝尔尼埃尔，并委托后者照顾他的妻子。贝尔尼埃尔为莫卧儿宫廷服务了三年，最终成为享誉欧洲的编年史作家。他希望"掀开"莫卧儿君主历史的虚假面目，同时也希望能揭露欧洲关于印度的负面展示。① 先后在达拉王子和奥朗则布王子身边的经历也让他开始思考"革命"这个概念的意义；贝尔尼埃尔多次直截了当地使用这个词语，来描述奥朗则布推翻了王储达拉王子的事件。我们这里仅仅是部分涉猎了柯塞勒克所提及的领域，即从占星学中公转的概念转向社会运动。② 然而，贝尔尼埃尔将这种对地球中心论的批判与对史学家所拥有的史料的批判联系

---

① François Bernier, *Un libertin dans l'Inde moghole* Paris, Chandeigne, 2008；Michael Harrigan, "Seventeenth-Century French Travellers and the Encounter with Indian Histories", art. cit.

② Reinhart Koselleck, *Le futur passé*, op. cit.

在一起；哥白尼的革命与对历史真相的追寻成了一回事。但是，他同样也受到印度这个大环境的影响，特别是将朝代的变迁镶嵌在莫卧儿人宇宙观的背景内。① 这种关于革命和历史变革思考的背后，是一场关于历史书写的形式及其"真实性"的更广泛的思考。

　　贝尔尼埃尔提出了一个在当今世界看来仍然具有开放性的问题，即读者、读者的文化知识与知识来源之间的距离。他并没有努力去否定或消除这种距离：相反，他将这种距离摆在大众面前。因此，在他的笔下，沙·贾汗的女儿们成为悲剧的主角，而其中的男主角是奥朗则布。与同时期印度的编年史作家一样，贝尔尼埃尔沿袭拉辛的风格，赋予同一个事件不同的版本。对文本和当地语言的分析、不同来源的史料以及直接观察成为他知识体系的一部分。他一直坚持认为，这种直接观察、历史阐释与对古代史料和神话的艰难验证之间的差距，这种由亚里士多德提出、被 17 世纪欧洲怀疑论者强调的差距是存在的。②

166

---

① José Frèches, "François Bernier, philosophe de Confucius au xviie siècle", *Bulletin de l'École française d'Extrême-Orient*, 60 (1973), pp. 385-400; Paolo Francesco Mugnai, "Ricerche su François Bernier filosofo e viaggiatore (1620-1688)", *Studi filosofici*, VII (1984), pp. 53-115; Joan-Pau Rubiés "Race, Climate and Civilization in the Works of François Bernier", in Marie Fourcade, Ines G. Zupanov, *L'Inde des Lumières. Discours, histoire, savoirs (XVIIᵉ-XIXᵉ siècle)*, Paris, EHESS, 2013, pp. 53-78.

② Pierre H. Boulle, "François Bernier and the Origins of the Modern Concept of Race", in Sue Peabody, Tyler Stovall (dir.), *The Color of Liberty: Histories of Race in France*, Durham-Londres, Duke University Press, 2003, pp. 11-27; Peter Burke, "The Philosopher as Traveller: Bernier's Orient", in Jas Elsner, Joao-Paulo Rubiés (dir.), *Voyages and Visions: Towards a Cultural History of Travel*, Londres, 1999, pp. 124-137; Nicholas Dew, *Orientalism in Louis XIV's France*, Oxford, Oxford University Press, 2009; Joao-Paulo Rubiés, "Oriental Despotism and European Orientalism: Botero to Montesquieu", *Journal of Early Modern History*, 9 (2005), pp. 106-180.

他熟识莫卧儿王宫里的活动家，但无法获得批判其历史史料的
工具。贝尔尼埃尔的方法就在于展示阴暗的方面，而不是将其
隐藏，在于展示莫卧儿统治者在将自我统治权利合法化的过程
中对这些阴暗方面的运用。正是这些多重影响的相互作用，使
他的作品成为欧洲与亚洲的历史和科学知识相互碰撞的完美映
射。即使在揭露印度人诸如关于日食、月食等"荒谬的信仰"
时，他实际上也是在批判这种欧洲本身所存在的类似的
态度。①

　　总而言之，无论是在中国、印度、波斯、奥斯曼帝国，还
是在非洲，朝代史、通史和传记都在大行其道。如果说中国的
历史研究非常注重文献学，奥斯曼帝国的历史研究非常注重文
本的真实性，那么在印度，小说、神话与历史之间的紧张关系
则意义深厚。史学家与他们的作品在这些空间内流通；他们产
生的影响是相互的，而且是意义非凡的。

　　15世纪至18世纪初这段时间内，历史研究的这些相互关
联的变革可以用多种方法来诠释。一些人认为，史料及其等级
的合理性概念，博学的概念，就如自16世纪起在欧洲被确认
的那样，在世界其他地区也同样出现过。② 而另一些人则着重
强调了欧洲历史研究的范式与"其他"地区范式之间的多元
化；从这一点出发，一些人强调了非欧洲国家的发展迟滞及
实现一种科学性历史的不可能性，还有一些人则以这种多元

---

① François Bernier, "Lettre envoyéà Monsieur Chapelain", 4 octobre 1667, in *Un libertin dans l'Inde moghole*, *op. cit.*, pp. 301-344.

② Sudeshna Guha, *Artefacts of History : Archeology, Historiography and Indian Pasts*, Delhi, Sage, 2015.

化的客观存在为基础，希望能找到另一种历史研究范式，这种范式与几个世纪以来欧洲所使用的范式形成鲜明的对比。第一种范式旨在从一种与时俱进的角度来发展历史研究，即在几个国家内同时发展，无论它们彼此是否关联；第二种范式则强调世界不同地区在历史概念和实践中存在的差异。在欧洲中心主义的视角中，这种范式很容易成为被抨击的对象：这种范式只倡导唯一一种创作历史的方式——这对于欧洲自身来说就是错误的，对全球这个整体来说，从几个世纪的维度来看，更是错误的。这种范式的另一种变体推翻了论据，以寻求在前殖民世界里创作历史的另一种替代方式。这就是底层研究的立场。从思考的角度来说，底层研究接受了欧洲中心主义的框架，将自我局限于推翻欧洲中心主义的结论。

　　这些范式依据的是"历史"所要表达的非历史性定义，以此为出发点，这些范式或承认，或否认非西方世界可以创作"历史"。还有另一种可能性，即针对一些概念以及所谓历史学家的实践，通过强调它们自16世纪以来全球性的、彼此不一的内涵，来将这些概念甚至实践历史化。问题并不是像利科所言，即界定历史是不是一门学科或一种文学类别，而更像是将这些实践置于一种历史性的、循环的框架之内。最重要的并不是按照某种普遍的定义来界定这些史料是否可以被定义为"真正的具有历史性"——从此以后也是非历史性的，而是了解它们的起源、功能以及如何被一些知名作者再次使用。例如，历史与小说之间的分界在前殖民时期的印度没有任何意义。这并不意味着历史是多种文学类型中的一种，而是意味着

168 这种区分是读者所为，而非史学家的做法。只有读者才能够做
出这种区分。[1] 正是这些相互联系，才使我们将创作历史同
时作为一种行动和思考。这些尝试发生在多元化、相互联系
的背景下：印度次大陆、中国、波斯、伊斯兰世界以及奥斯
曼帝国、中亚、欧洲和非洲的不同地区。从这个角度来看，
欧洲在历史研究方式上取得的进步不是特例，而是全球大势
所趋中的一部分。这些思考的同步性，加上历史研究和哲学
相关知识的流通，使人们意识到这些思考和历史实践的关联
性演变。无论是在欧洲还是在亚洲，17 世纪时，面对怀疑
论在哲学领域和对历史性资料的审查过程中不断升级，多种
方案被提到台面上。西欧从来没有占据垄断地位，确切地说
也没有发明"现代历史研究"。西欧很大程度上借鉴了这个
领域内其他国家所取得的进步。[2] 通常被视为激进主义的文
艺复兴时期的一些创新，实际上不仅扎根于对用希腊语和拉
丁语[3]写成的作品的再创造之中，也扎根于中世纪西方[4]作品

---

① Sheldon Pollock, "Pretextures of Time", *History and Theory*, 46（2007），
pp. 366-383; Id., *The Language of the Gods in the World of Men*, *op. cit.*

② Georg G. Iggers, Q. Edward Wang, Supriya Mukherjee, *A Global History of Modern
Historiography*, *op. cit.*; José Rabasa, Masayuki Sato, Edoardo Tortarolo, Daniel
Woolf（dir.），*The Oxford History of Historical Writing*, vol. 3: *1400-1800*, *op. cit.*

③ Arnaldo Momigliano, *Problèmes d'historiographie ancienne et moderne*, *op. cit.*;
François Hartog, *Le miroir d'Hérodote*, op. cit.

④ Yitzhak Hen, Matthew Innes（dir.），*The Uses of the Past in the Early Middle Ages*,
Cambridge, Cambridge University Press, 2000; Peter Burke, *The Renaissance Sense of
the Past*, Londres 1969; Blandine Kriegel, *Les historiens et la monarchie*, Paris, PUF,
1988.

以及阿拉伯语①、汉语②和印度语③作品中。伊斯兰教的历史研究在欧洲广为人知，其对文本分析的严谨性也享誉盛名。由耶稣会士引入欧洲的中国历史研究亦是如此。雅克-贝尼涅·博须埃（Jacques-Bénigne Bossuet）（1627~1704）撰写的《世界史叙说》展现出其思考多样化世界的理想。他从全球维度上将编年史、圣经故事和政治历史结合在一起；在他看来，应该看清巴黎在法兰西王国中的地位，法兰西王国在欧洲的地位以及欧洲在世界上的地位。

在所有情形中，都是作者们将某些历史文献视为创造或文学作品。④ 在法国、英国和意大利、德国大肆盛行的、旨在质疑历史性文献⑤真实性的怀疑论在同时期的中国和奥斯曼帝国也同样存在。

基于此，一连串的问题开始出现：首先是理解这种对历史领域内"真相"的全球性兴趣的根源。正如我们之前所言，知识和思想的流通当然发挥着核心作用；然而，这种流通能够

---

① Q. Edward Wang, George G. Iggers（dir.）, *Turning Points in Historiography：A Cross-Cultural Perspective*, Rochester, University of Rochester Press, 2002；Suraiya Faroqhi, *Approaching Ottoman History*, *op. cit.*

② Benjamin A. Elman, *From Philosophy to Philology*, *op. cit.*；Pamela K. Crossley, *A Translucent Mirror*, *op. cit.*；Franklin Perkins, *Leibniz and China：A Commerce of Light*, Cambridge, Cambridge University Press, 2004.

③ Sudeshna Guha, *Artefacts of History*, *op. cit.*；Velcheru Narayana Rao, David D. Shulman, Sanjay Subrahmanyam, *Textures du temps*, *op. cit.*；Jagadish Narayan Sarkar, *History of History-Writing in Medieval India*, Calcutta, 1977.

④ Jean-Paul Dumont, *Le scepticisme et le phénomène. Essai sur la signification et l'origine du pyrrhonisme*, Paris, Vrin, 1985；Richard H. Popkin, *The History of Scepticism from Savonarola to Bayle*, Oxford, Oxford University Press, 1960, réimpr. 2003.

⑤ Carlo Borghero, *La certezza e la storia：cartesianismo, pirronismo e conoscenza storica*, Milano, Franco Angeli, 1983.

顺利进行的前提，是必须有其他因素同时发挥作用。将历史看作一个完整的学科有点不合时宜；在 17 世纪，范畴与学科之间的差异并不那么明显，因此必须用全球性知识和融入后来被定义为"经济学"、"人类学"或"法学"之类名词的思考来进行分析说明。但是，除了借助于史料批判或文献学，正是在这些领域以及借助这些领域对历史研究建构的影响，西方体现出其与世界其他地方的差异。法律标准、关于"经济学"的思考和实践并非只在西欧露出头角而在世界其他地方从未出现。但是，正是在西欧，这些知识与实践获得了特殊的形式，不仅致力于将这些偶然的、特殊的事务普遍化，也将这些事务强加于"他者"。正是在这种历史研究的重构与法学、经济学和帝国建构的相互联系中，西方的特性得以形成。

170

第八章 帝国的记忆

亚洲帝国

1453 年君士坦丁堡陷落，西方传统上认为这是拜占庭帝国的终结，是东方国家、近东地区和东欧地区伊斯兰化的开端，但在奥斯曼帝国的史料中，呈现出的却是另一番面貌。奥斯曼帝国的苏丹决定像拜占庭的皇帝们一样，使用"军事总指挥"（Basileus）这一称呼，以便体现出以他们的帝国为根基的基督教传统、罗马传统和希腊传统的融合。也正是在攻陷了君士坦丁堡之后，这位苏丹自封为两海（地中海和黑海）与两洲（欧洲和亚洲）的首领和总指挥。[①] 穆罕默德二世后来使用了"恺撒"这个称呼，同时将君士坦丁堡定义为"御座"（波斯语：gah，"地方"；塔克特语："王位"），阿拉伯语即"苏丹国"。此外，随着在中亚的不断扩张以及对帖木儿后裔及从金帐汗国分裂而出的各汗国的征服，这位苏丹同样也接纳了"可汗"这一称号，即使奥斯曼人与帖木儿没有任何直接

[①] Cemal Kafadar, *Between Two Worlds*, op. Cit.

的血缘联系。与印度的阿克巴、伊朗的阿拔斯以及明代和清代
的皇帝一样，穆罕默德二世及其王位继承者通过重用来自帝国
内部主要民族的官吏并使用多种语言来加强宫廷的行政统治。
这种融合特别体现在身份的演变上：在很多土地贵族家庭势力
被缩减的同时，皈依了伊斯兰教的基督徒被任命为大臣。这段
时期内的法律和税收也同样使用了伊斯兰教的制度，例如伊斯
兰教教法，但也借鉴了源自被征服地区的制度。热那亚的商人
保留了他们的特权，而亚美尼亚人、希腊人和犹太人社群则被
视为"书中的人"。这些人已经被统一，但从政治权利的角度
171 看，他们却从属于穆斯林。他们也需要缴纳一种特别的税负。

　　同样，在印度，莫卧儿人注重的是他们是帖木儿王朝的后
裔，注重他们源起于阿富汗以及他们与波斯的联系。16世纪70
年代，起源于阿富汗、与波斯世界联系紧密的莫卧儿人陷入吉
拉特、拉贾斯坦以及班戈尔的战争之中。在他们的整部历史中，
无论是从象征意义还是实际意义上说，他们都对印度北部拉杰
普特人的土地抱有极大的兴趣，这是与阿富汗和中亚相连的重
要节点。莫卧儿人的编年史中自始至终都流露着对他们的发源
地费尔干纳的深深眷恋。正如在中国一样，在莫卧儿时代的印
度，帝国建构与皇帝对历史的掌控是同步进行的。因此，先成
为王子、后来成为莫卧儿帝国皇帝的阿克巴（1542～1605）从
1579年开始就自诩为律法的真正诠释者，完全忽视了乌里玛
（伊斯兰教学者，通常为逊尼派）的存在。因此，他再次回归中
央集权，不仅控制了律法，也控制了文献档案。[1] 像中国的清

---

① Muzzafar Alam, *The Languages of Political Islam*, *1200-1800*, Chicago, University of Chicago Press, 2004.

朝一样，莫卧儿人担负起一种双重使命：重新编纂历史以强化他们执政的合法性；包容其他种族和宗教的部落，以将他们统一到帝国怀抱之中。因此，阿克巴试图跨越所有穆斯林和印度人之间的界限，而历史书写也是其伟大宏图的一部分。在他的解释和描述中，新的历史编纂学更应该是理性和客观的，而不是带有神秘色彩。在这个基础上，阿克巴和他的史学家们开始质疑以前体现了与印度部落之间发生冲突的印度-波斯历史编纂学。

　　莫卧儿皇帝们并未局限于将波斯语作为其官方行政语言，他们同时也使用了"沙"这种对君王的称呼。与波斯什叶派之间的联系并没有妨碍奥朗则布在逊尼派穆斯林面前强化他的地位，这因此激发了奥斯曼人的愤怒。出于同样的原因，莫卧儿人的编年史毫不迟疑地将奥斯曼苏丹定义为"罗马皇帝"，质疑其对伊斯兰世界统治的合法性。[1] 在这种背景下，宗教与政治哲学之间的关系以及莫卧儿时代印度（l'Inde moghole）历史的作用，通过伊斯兰教教法、苏菲派教义的实践以及语言而体现。[2] 这些方面曾被很多学者深入研究过，特别是穆扎法尔·阿兰。在当时的背景下，苏菲派教义是一种工具，从宗教和政治层面，将印度元素囊括到伊斯兰教中。将波斯语作为官方用语并不是微不足道的：这体现出他们正在通过承认莫卧儿人的波斯起源，来找到一种方式，以跨越次大陆地区的语言与

172

①　Asim Roy, "Indo-Persian Historical Thoughts and Writings", art. cit.

②　Naimur Rahman Farooqi, *Mughal-Ottoman Relations: A Study of Political and Diplomatic Relations between Mughal India and the Ottoman Empire, 1556–1748* Delhi, Idarah-i Adabiyat-i Delli, 1989.

阿拉伯语之间的张力。① 将法学作为规则而不是义务也表现出同一种包容的趋向。伊斯兰教教法令人开始考虑不同群体之间的相互联系；只有在殖民时期它才局限于这种层面。起初，被后人称为"文学"的作品都只包括从希腊语和波斯语被翻译成阿拉伯语的作品。后来，这种变革开始在关于伦理传统的文学中不断增强，这类文学定义了政治、行政和艺术中所适用的行为。这些思潮同时受到了多种传统的启发，深刻地影响着莫卧儿帝国的统治。

世界性在印度如此超前地出现这一现象值得我们深思。② 穆斯林与印度人之间的关系并非我们从当今印度的紧张局势中所推测的那样。这些紧张局势属于20世纪，在现代世界更为微弱，至少比起英国殖民时期来是更为微弱的。③ 而正是这种教会再合一运动，伴随着莫卧儿印度的历史书写这种对印度和穆斯林元素的归纳概括。这种运动体现在帝国的日常生活中。联结印度和中亚的通道对于这些地区的马匹供给，特别是对军队的武器来说至关重要。穿梭在中国、波斯、中亚、奥斯曼帝国和俄国以及亚洲内陆、印度之间的沙漠商队在15世纪至18世纪一直没有停下发展的脚步。④ 这种沙漠驼商的交易形成了

① Muzzafar Alam, *The Languages of Political Islam*, *op. cit.* Louise Marlow, *Hierarchy and Egalitarianism in Islamic Thought*, Cambridge, Cambridge University Press, 1997; Tarif Khalidi, *Arabic Historical Thought in the Classical Period*, *op. cit.*

② Kumkum Chatterjee, *The Cultures of History in Early Modern India*, *op. cit.*; Seema Alavi, *Muslim Cosmopolitanism in the Age of Empire*, *op. cit.*

③ Corinne Lefèvre, Ines G. Zupanov, Jorge Flores (dir.), *Cosmopolitismes en Asie du Sud*, *op. cit.*

④ Muzzafar Alam, *The Languages of Political Islam*, *op. cit.*; Satish Chandra, *State, Pluralism, and the Indian Historical Tradition*, *op. cit.*

佛教徒在这几个世纪中沿着这同一条路径进行的最后一次艰难
迁徙和朝圣。① 随着伊斯兰教在中亚和印度北部的扩张，朝圣
不断发展，伊斯兰教学者和朝圣者们也沿着贩运香料、奴隶和
布匹的商人的路径前进。② 布哈拉与伊斯坦布尔之间的联系不
断增强，经过皈依了伊斯兰教的哈萨克人的草原，穿越塔什
干，不断延伸，最终到达了俄国的领土。无论是印度人还是穆
斯林，这些印度商人操着各种语言，其中波斯语成为这些地区
最主要的商贸语言。③

我们在中国的历史编纂学建构及其政治用途和帝国架构之
间也发现了类似的联系。④ 每朝每代都提供了一种官方的历史
版本，以让帝国建构更加具有合法性；从推翻明朝统治开始，
努尔哈赤颁布法令，命令记录其先父的档案，创建官方关于明
代和满族人的历史书写，以体现满族人夺取政权的合法化。在
之前几个朝代里已经设立的修史的专门机构里，清代又增加了
一个整理军队事务档案的机构，以及另一个关于历史"文书"
的机构。伴随着中国不断发生变革，以及与过去蒙古领地之间
关系的演变，明代历史被官方修订了多次。实际上，明朝编纂

① Scott C. Levi, *The Indian Diaspora in Central Asia and Its Trade, 1550 - 1900*, Leiden, Brill, 2002.

② André Wink, *Al-Hind: The Making of the Indo-Islamic World, vol. 1: Early Medieval India and the Expansion of Islam, Seventh-Eleventh Centuries*, Leiden, Brill, 1991, pp. 45-64.

③ John F. Richards, *Power, Administration and Finance in Mughal India*, Aldershot, Ashgate, 1993.

④ Scott C. Levi, "India, Russia and the Eighteenth-Century Transformation of the Central Asian Caravan Trade", *Journal of the Economic and Social History of the Orient*, 42/4 (1999), pp. 519-548.

的文献里，将后来掌权的女真人和满族人形容为部族人。[1] 这种评价不再适用于新的掌权者。[2] 同样，努尔哈赤割据辽东在明代史料里被大肆批判，但这在后世被视为"大业"的开端。[3] 清朝在 18 世纪浩浩荡荡地展开了其扩张进程，特别是在东北和西北地区，其中也包括平定准噶尔汗国。[4] 这项进程也带来了官方对历史的重新修订，以体现其统治的合法性。乾隆皇帝（1736~1796 年在位）设立了一个中央机构，用于收集和理顺历代的历史，同时用于收集和理顺各省及其行政机构的历史。这种重要变革同样也发生在关于与这些大人物类似的女真人和满族人的起源历史上。[5] 出于同样的目的，乾隆命令编纂民族国家历史的部门在北方领地增加消息报道的数量，以收集材料，用于撰写一部满足中央政权需求的关于北部地区领地的历史。然而，像之前的几个时代一样，各地出版的刊物里提供的证据通常都有悖于他的初心。[6]

在东北地区（特别是在如今的辽宁地区），清朝设立了一种体系，给予农民"国家农民"的特殊身份，这种身份的农

---

① Elizabeth Endicott-West, *Mongolian Rule in China：Local Administration in the Yuan Dynasty* Cambridge （Mass.），Harvard University Press，1989.

② David A. Graff, Robin Higham （dir.），*A Military History of China*, Boulder, Westview Press，2002.

③ Lynn A. Struve, *The Ming-Qing Conflict, 1619-1683：A Historiography and Source Guide*, Ann Arbor, University of Michigan Press, 1998

④ Leo K. Shin, *The Making of the Chinese State*, op. cit.

⑤ Peter Perdue, *China Marches West：The Qing Conquest of Central Eurasia*, Cambridge （Mass.），Harvard University Press，2005；I. Ia Zlatkin, *Istoriia Dzhungarskogo Khanstvo, 1635-1758* ［Histoire du khanat des Dzoungars, 1635-1758］, *op. cit.*

⑥ Pamela K. Crossley, *A Translucent Mirror*, *op. cit.*

民开始在北京周边不断增加。[①] 西北部地区的情况与辽宁的情况相似，但也存在差异：1660 年至 1750 年，从中国南方迁往西北地区的移民数量众多。清朝沿袭了明朝和元朝的策略，并将这种策略在更大范围内推广，目的是充分利用这些移民士兵的力量。[②] 这些西北地区的移民士兵主要来自汉族地区或新疆南部。中国人采取了一种与 17 世纪和 18 世纪在美洲殖民地飞速发展起来的英式契约（或法式契约）近似的体系。当时，关于地方精英阶层——既包括汉人也包括满族人——融入新的帝国的问题开始显现。满族人的策略非常简单：他们首先寻求从农民手中获得足够的资源，但又不像明朝那样极力压榨农民，致使农民起来反抗。与此同时，他们削弱了南方省份的税收自主权，在以汉族为主要人口的农业地区中，拉大土地贵族与农民之间的差距。[③] 几年之后，清朝决定结束税收机构与军队之间的重合，而这也是抗击明朝战争的特点。这项政策首先在南方推行，后来又普及到整个中国的领土。将税务机构从军队阶级中分离，皇帝的目的不仅是控制明朝汉人精英，也是控制满族的军人。当时，皇帝设想了两种行政和军队机构，一种是针对汉人的，一种是针对满族人的，提拔的机制也各不相同。这种职业的区分实际上

175

① Frederic Wakeman, *The Great Enterprise : The Manchu Reconstruction of Imperial Order in Seventeenth-Century China* Berkeley, University of California Press, 1985.

② Cameron Campbell, James Lee, "Free and Unfree Labor in Qing China. Emigration and Escape among the Bannermen of Northeast China, 1789-1909", *History of the Family*, 6 (2001), pp. 455-476.

③ Pamela K. Crossley, "Pluralité impériale et identités subjectives dans la Chine des Qing", *Annales HSS*, 63/3 (2008), pp. 597-621.

不是要让明代的汉人被孤立，而是使他们融入新的政体；行政机构中的官位，甚至是较高级官位，也并不只属于满族人。然后，一旦这项目标达成，帝国的高官们就倾向于鼓励融合，通过汉族和满族之间的通婚，加速整个帝国所有区域内这两个民族的行政官员内部的融合。

最终，从职业和种族代表的角度来看，行政机构得以稳定之后，18世纪初，清朝加速了对行政和军队的中央集权化的进程。[1] 这种中央集权化的进程并不是消灭语言差异和行政差异。与蒙古人的传统不同，清朝在北方新的省份创设了相对自主的行政机构。档案中保存下来的文献很好地证明了这一点：在这些地区，行政机构和军队的官方语言是蒙语，而更西部地区的官方语言是藏语。[2] 换言之，在历史书写与帝国统治之间存在着一种适应性；扩张使这些民族降服。然而，这些民族被融入了帝国内部。实践与价值观的结合是政策和初衷，也是现实，在旨在加强帝国强化其统治的历史书写中得到了证实。这也是中国、印度与奥斯曼帝国之间的一个共同点。在向西方靠拢的时候，这个共同点又是什么？

另类的俄国：
东方与西方之间的折中

16世纪至18世纪，欧洲大陆两端的地区所处的进程几乎都是一样的：在英国人、西班牙人、法国人和葡萄牙人奔赴大

---

① Mark C. Elliott, *The Manchu Way*, *op. cit.*
② Frederic Wakeman, *The Great Enterprise*, *op. cit.*

西洋和美洲的同时，俄国人侵占了草原。和在所有地区一样，在俄国，历史书写、运用法律以及帝国的扩张，彼此之间都是相互联系的。在罗曼诺夫王朝（1613）（原文即如此）时期，历史书写发生了变革。早已存在多年的编年史更多地聚焦于罗曼诺夫王朝的人的历史，俄国的历史，尤其是自与鞑靼人战争之后的历史，也开始聚焦于地区历史。① 在圣徒传记中，也出现了两种新的趋势：关注点都围绕着传记和自传，就连叙事都呈现出统一化的趋势。官方的历史编纂学开始兴起，例如菲德·格里博多夫为沙皇亚历克西斯一世米哈伊洛维奇撰写的《俄国沙皇及公国的历史》。编年史开始成为官方文献。②

从这个时期开始，俄国历史编纂学的固定模式开始出现：首先，莫斯科公国以继古罗马帝国和拜占庭帝国之后的"第三罗马"的面貌呈现，以为其在那段时期内的权力辩护，同时也为其由推定而得出的同时具有西方和东方的血统辩护。沙皇的登基仪式结合了对古罗马和拜占庭仪式的想象，也在努力寻求将这种思想合法化。③ 在这种基础上，莫斯科公国想证明

---

① John H. Herman, "The Cant of Conquest: Tusi Offices and China's Political Incorporation of the Southwest Frontier", in Pamela K. Crossley, Helen F. Siu et Donald S. Sutton（dir.）, *Empire at the Margins: Culture, Ethnicity and Frontier in Early Modern China*, Berkeley, University of California Press, 2006, pp. 135 - 161; Id., *Amid the Clouds and Mist: China's Colonization of Guizhou, 1200 - 1700*, Cambridge, Harvard University Asia Center, 2007, pp. 103-143.

② L. V. Cherepnin, *Russkaia istoriografiia do XIX veka*［L'historiographie russe avant le xixe siècle］, Moscou, Nauka, 1957; V. I. Buganov, *Otechestvennaia istoriografiia russkogo letopisaniia: obzor sovetskoi literatury*［Historiographie nationale des chroniques russes: étude sur la littérature soviétique］, Moscou, Gosizdat, 1975.

③ Mikhail N. Tikhomirov, "Maloizvestnye letopisnye pamiatniki"［chroniques méconnues］, *Istoricheskii arkhiv*, 7（1951）, pp. 207-253; Nancy Kollmann, *The Russian Empire, 1450-1801*, Oxford, Oxford University Press, 2017.

与鞑靼人和"游牧的"蒙古人之间的斗争以及侵占他们的领土是合理的。1552 年围攻喀山并最终将其占领，成为俄国自16 世纪以来民族主义神话中的重要事件之一[1]；我们知道，爱森斯坦拍摄了一部关于这个事件的电影，在大炮武装的高大城楼上演奏的那一段配乐是普罗科菲耶夫的作品。这样一个摆脱了草原的统治、继承了罗马及拜占庭遗风的俄国，当然可以从其政治和意识形态的维度来研究[2]，但我们要避免原封不动地接受它。[3] 攻占喀山是莫斯科公国的一项地缘政治战略，在经历了很长时期的与蒙古势力的结盟之后，莫斯科公国投身于对草原地区的攻掠之中，开始吞并非俄国的人口。[4]

俄国继承自欧亚大陆帝国的这种大一统思想（将行政和军事职责赋予地方精英）在现实中切实存在，在档案管理的机构（突厥人事务处、鞑靼人事务处、诺盖人事务处等）中也是如此。随着向草原地区深入以及加强了对领土的控制，俄国人翻译了大量原文为汉语、土耳其语、波斯语和哈萨克语的文献。随着时间的流逝，关于这些重要文献的收藏都被公开，例如关于 17 世纪俄国人、鞑靼人与中国人之间关系的资料[5]，

① Nancy Kollmann, *The Russian Empire*, *op. cit.*

② Geoffrey Hosking, *Russia : People and Empire*, *1552-1917*, Cambridge (Mass.), Harvard University Press, 1997.

③ Paul Bushkovitch, *Religion and Society in Russia : The Sixteenth and Seventeenth Centuries* New York, Oxford University Press, 1992.

④ Charles Halperin, *Russia and the Golden Horde : The Mongol Impact on Medieval Russian History*, Bloomington, Indiana University Press, 1985; Anatole Mazour, *An Outline of Modern Russian Historiography*, Berkeley, University of California Press, 1939.

⑤ Seymour Becker, "Russia and the Concept of Empire", *Ab Imperio*, 3-4 (2000), pp. 329-342.

关于基于 16 世纪和 17 世纪的司法诉讼史料而开始的中亚商贸联系的资料，等等。① 这些译作令人回想起 18 世纪英国人在 178印度的所作所为，或自 16 世纪起葡萄牙人在印度、非洲和美洲的所作所为。在所有这些情形中，那些使用所谓当地语言撰写的文献都是由侵略者收集和翻译的。这样的做法都具有双重目的：首先，为其对建构的统治甚至历史记忆的统治进行辩护；其次，为更好地操控帝国政治而掌握资料。②

正是在这种背景下，法学与历史的交汇同时在为沙皇和莫斯科公国帝国扩张的辩护中发挥着核心作用。③ 正如同时期的欧洲一样，这是在牺牲大地主利益的条件下将权力授予君主；这种想法经历了寻找和阐释旨在将沙皇权威合法化的历史文献的过程。随后，另外一些文献被征调，以便使土地所有者们保卫他们的领地；政府的权威为此做出证明，但与西欧不同的是，政府权威主要与沙皇的形象保持一致。也就是说，在俄

① Natalia F. Demidova, Viktor S. Miasnikov (dir.), *Russko-kitaiskie otnosheniia v xvii veke*: *materialy i dokumenty* [Les relations russo-chinoises au xviie siècle: matériaux et documents], 2 vol., Moscou, Nauka, 1969 - 1972; Natalia F. Demidova (dir.), *Materialy po istorii russko-mongol'skikh otnoshenii*: *russko-mongol'skie otnosheniia*, 1654-1685 *sbornik dokumentov* [Matériaux pour l'histoire des relations russo-mongoles: les relations russo-mongoles, 1654-1685, recueil de documents], Moscou, Izdatel'skaia Firma Vostochnaia Lietartura, 1995, 1996, 2000 avec documents d'archive.

② Oleg D. Chekhovich, *Samarkandie dokumenty*, *XV - XVI vv.* [Documents de Samarcande, xve-xvie siècles], Moscou, 1974 (en persan avec trad. russe) Rozia G. Mukminova, *Sotsial'naia differentiatiia naseleniia gorodov Uzbekistana v XV-XVI vv* [La différenciation sociale de la population des villes d'Ouzbékistan aux xve et xvie siècles], Tachkent, 1985. Les documents originaux en persan sont aussi traduits par Scott C. Levi, *The Indian Diaspora in Central Asia*, *op. cit.*

③ Alessandro Stanziani, *Bâtisseurs d'empires. Chine*, *Russie*, *Inde à la croisée des mondes*, *XVe-XIXe siècle* Paris, Liber, 2012.

国，沙皇不仅能够宣布对某块土地或某些人的有效管制权，也能够授予或者完全剥夺一切权利。实际上，从伊凡三世和瓦西里三世（1459~1533）开始，俄国才有了对社会精英的明确的法律定义：除了世袭的土地，考虑到现实的军事活动，法律增加了赠予土地。赠予土地与蒙古和中亚穆斯林的"伊克塔"极为相似，即土地只有在其后代同样为王公服务的时候才可以被继承。如果赠予者去世，那土地就会被重新收归国有。[1]

　　然而，同欧洲的掌权者在美洲的活动一样，俄国的帝国扩张也同样产生了对标准的质疑。新占领地区遇到的问题是缺乏农民；莫斯科公国大力借助对草原地区的攻占来充实其领土和军事方面的力量。生活在这些被攻占土地上的都是逃难的农民、逃兵以及在莫斯科公国其他领地上没有足够财产的社会精英。他们为修建堡垒、攻占相邻地区做出了一定的贡献。[2] 为了鼓励参军、增强军队的力量，莫斯科公国各王公在前线地区大肆鼓励土地赠予，特别是在南部地区。与俄国其他区域不同，这种法令所针对的是位于不同社会阶层的人：既有驻扎在城市军队里的人，也有驻扎在乡村的人，也包括农民。[3] 国家证明的土地所有权因此导致了当地人口的土地被剥夺，俄国农民得以安身立命的同时，也限制了莫斯科公国大贵族的权

① Nancy Kollmann, *By Honor Bound : State and Society in Early Modern Russia*, Ithaca-Londres, Cornell University Press, 1999.

② Carol Belkins Stevens, *Soldiers on the Steppe : Army Reforms and Social Change in Early Modern Russia*, Dekalb, Northern Illinois University Press, 1995.

③ Viktor Zagorovskii, *Belgorodskaia cherta* [La ligne de défense de Belgorod], Voronezh, Voronezhskii Gosudarstvennui Universitet, 1969.

力。[1] 对贵族来说，沙皇在周边区域对土地所有权所做出的证明，也是对其所掌控的农民权力的证明。[2] 第二种奴隶制的根源就存在于俄国这种殖民扩张和沙皇证明、授权和收回贵族土地的权力中。历史书写带来了上述变革的同时，也反映着这些变革：它为攻占草原地区而辩护，但也为罗曼诺夫王朝的权力而辩护。

同西方帝国一样，俄国也占领了其他的土地，从游牧民族手中夺取，或表面看起来是这样；如同亚洲帝国一样，俄国人并不想也没有将一种语言或特殊的法律观念强加于人，而是将不同的种群融入其行政机构。这种折中的方式保证了俄国的辉煌得以持续至19世纪中期。在19世纪的帝国统治中，俄国坚定地倒向了西方。

180

最强者的规则：
西方殖民建构中的法律与历史

首先，我们非常有必要强调一下以下两种说辞：法学很快就在西方关于史学方法的建构中发挥了中心作用；从此以后，将史学方法局限于文献学和博学就非明智之举。其次，法学（这时还很难从经济学中分离出来）与历史性论据用一种特殊

---

① Carol Belkins Stevens, *Soldiers on the Steppe*, *op. cit.*, pp. 67-68.

② Emilia I. Indova, "Rol' dvortsovoi derevni pervoi poloviny XVIII v. formirovanii russkogo kupechestva" [Le rôle de la cour à la campagne pendant la première moitié du xviiie siècle dans la constitution d'une classe marchande en Russie], *Istoricheskie Zapiski*, 68 (1961), pp. 189-210.

的形式支持着欧洲的殖民扩张，即对"他者"的驯服和驱逐。
我们应该从这些因素的结合中来寻找欧洲中心主义的根源。

翻译和学习被殖民人口的语言是帝国统治的一部分，也影
响着现代历史研究的建构。萨义德将这种巧取豪夺的现象与欧
洲的统治联系在一起，从中发现这在欧洲具有普遍性；然而，
这种进程同样也发生在俄国、中国、印度以及奥斯曼帝国。在
所有这些国家中，对"历史方法"的区分、历史的内容以及
为帝国的辩护都是相互联系的；但是，相互联系带来了不一样
的结果，这些结果并没有体现在那些建立在博学和文献学之上
的欧洲"科学性历史"与欧洲以外的、处处呈现这些元素的
神话性历史的传统对立之中，这些差异体现在别处；在欧洲，
历史与文献学的联系部分是人文主义的产品，部分是殖民扩张
的结果。

亚洲帝国的世界性本质是不同的：它建立在一种真正的合
一运动（oecuménisme）的基础上，剔除了开放和西方人文主
义所特有的欧洲中心主义的等级因素。西方帝国更倾向于不相
信欧亚帝国在这种背景下可以创造出一些旨在肯定这种针对殖
民地人民趋势的历史性概念和实践。但是这种差异并没有与文
献学或博学联系在一起，正如萨义德和格林布拉特①等人给我

---

① Richard Hellie, *Enserfment and Military Change in Muscovy*, *op. cit.* 地籍档案
（*pistsovye knigi*）大部分可在 RGADA（Archives des actes anciens de Russie）查
阅，f. 1239, opis'3, ch. 17, 69－72, 74, 76, 86－87（cadastres du district de
Moscou, 1674－1681）fond 396, opis'2, ch. 5（1616－1732）, Smolensk et
plusieurs autres districtsfonds 1209（*prilozhenie arkhiv premikikh votchnikh del*,
1565－1692）, opis'1, ch. 1－3, opis'2, ch. 1－2, opis'16－72. Documents
cadastraux édités in *Pistsovye knigi Moskovskogo gosudarstva*, éd. N. V. Kalachov,
Saint-Pétersbourg, 1872 et 1877。

们指明的那样，也没有与欧洲政权在法学、经济学和人类学的实践过程中形成的历史的用途联系在一起。这些知识的范畴用来为财产、利益和种族辩护，同时也为欧洲对世界的攻占而辩护。法学以及经济学、人类学学科中的欧洲中心主义比历史学中的欧洲中心主义色彩更为浓厚；这些因素影响着欧洲的国家建构和帝国建构。为了理解这一点，有必要脱离西方法学家给我们树立的法学形象的束缚。因此，在法国法律（欧洲称为大陆法，与之对立的是普通法）史学家之间非常通行的一种方法，就是在私法与公法的区分之中、也在国家的中央性之中寻找"真正的法律"的出现，即一种所谓现代的法律。传统法律史的关注重点一方面是国家-民族——例如法国，另一方面是受罗马法影响的法学合理性。这就涉及对一种更为复杂的、无休止的进程进行迟到的重构，在这种进程中，关于法学特别是罗马法，或者关于国家的不同概念之间的冲突不会被预先解决。因此，在 17 世纪的法国，法学和历史被用来证明皇权的有效性，也被用来建立一个地主阶级；就像在同时期的俄国和其他欧洲国家一样，地籍制度和土地所有者封号书面证明的兴起就可以证明这一点。

　　所谓现代国家的本质与"现代"法律和"现代"历史的本质是共同发展的。① 正如"布尔日学派"所强调的，法学与

---

① Stephen Greenblatt, *Ces merveilleuses possessions. Découvertes et appropriation du Nouveau Monde au XVIe siècle*, Paris, Les Belles Lettres, 1996 (orig. Oxford University Press, 1991) .

历史的碰撞非常关键。[1] 我们还应该理解这些学者通过"法学"和"历史"所要表达的意思。他们的出发点是，多种关于罗马法解释的出现都是有可能的。一种选择会基于在这个时代里明确定义的注释的标准而做出；布尔日学派和后来的雅克·库哈斯（Jacques Cujas）都想给君主制度提供一种"独有的"法律，免除来自罗马教廷和公国双方的争议。[2] 在这种背景下，对法兰西王国的历史合法性以及对地主和贵族封号的区分，就恰恰是通过研究权力和土地的史料来实现的。[3] 对自认为继承了罗马帝国法的国家法学范畴的创造，体现出这种转折182 点的一个重要时刻。[4] 作为"现代"法律科学奠基人而在法律史中无处不在的库哈斯，借助文献学的技巧，找出了"假的"、不真实的文献和年代的讹伪。[5]

　　无论是在法国还是在其他国家，所谓"现代"历史研究的出现通常都与现代国家的出现联系在一起，而现代国家与民族国家又有所不同。行政集中化的同时，也需要努力去接受唯

---

① Jean Bodin, *La méthode pour la connaissance de l'histoire*, éd. Pierre Mesnard, Paris, 1951; Henri See, "La philosophie de l'histoire de Jean Bodin", *Revue historique*, 175 (1935), pp. 497-505.

② Frédéric Audren, Jean-Louis Halpérin, "La science juridique entre politique et sciences humaines", *Revue d'histoire des sciences humaines*, 1/4 (2001), pp. 3-7; Hans G. Gadamer, *Vérité et méthode*, Paris, Seuil, 1976.

③ Paul Ourliac, Jean-Louis Gazzaniga, *Histoire du droit privé français*, *de l'An mil au Code civil* Paris, Albin Michel, 1985; Katia Béguin, "La circulation des rentes constituées dans la France du xviie siècle", *Annales HSS*, 60/6 (2005), pp. 1229-1244.

④ Marie-France Renoux-Zagamé, *Origines théologiques du concept moderne de propriété*, Genève, Droz, 1987.

⑤ Blandine Kriegel, *L'histoire à l'âge classique*, *op. cit.*

——种语言；这在法国是一项缓慢的进程，在伊比利亚半岛和意大利，这项进程则更为艰难。将不同区域的语言统一在唯一一种行政语言之下必然会面临竞争，竞争的各方不仅包括地方社会精英，也包括教会和学者，任何一方都想提高拉丁语在共同交流中的核心语言地位。因此，文献学不仅被用来证明和确认这些新等级制度的有效性，也用来制造新的等级制度并使之合法化：语言的等级制度，一方面是国家语言和地区语言之间的等级制度，另一方面是这些语言和拉丁语之间的等级制度。这些关系随即延伸至当地制度与国家制度、宗教制度与世俗制度之间，每一方都想要在对方面前树立自己的权威。

让·马比荣（1632~1707）的主要精力在于寻找原始版本并对它们进行甄别。1677 年出版的《本笃会之圣人文件》第五卷为他招致了骂名，人们认为他在关于圣人顺序的历法中删除了他自己不熟悉的圣人。他对此立即做出回应："对于一名法官来说，对公平正义的热爱是其首要素质；同样，对一名历史学家来说，对过去所发生事情的真相的热爱和追求也是其首要素质。"[1] 他的研究方法，是借助古文书学对古老的宪章、贵族和地主爵位以及真实的文件字据进行分类和鉴定。[2] 考古学、钱币学和古董同样也用来支持历史分析。[3] 史学家和古物收藏家携手走在了一起。

---

[1] Krzysztof Pomian, "Les historiens et les archives dans la France du xviie siècle", *Acta Poloniae Historica* 26（1972）, pp. 109-125.

[2] Jean Mabillon, "Brèves réflexions sur quelques Règles de l'histoire", in *Le moine et l'historien, dom Mabillon, oeuvres choisies précédées d'une biographie par dom Henri Leclercq* éd. Odon Hurel, Paris, Robert Laffont, 2007, p. 932.

[3] Jean Mabillon, *De re diplomatica*, Lutetiae Parisiorum, 1685.

在马比荣之前，让·博丹（《易于认识历史的方法》，1566年）就已经在这场关于根源、有效性以及对文献分类的争论的基础上，将皇宫君主制度的功能与领主的权力进行了对照。[①] 最高权力被定义为亨利三世统治时期内战中最强大的一方。亨利三世选择了博丹作为布卢瓦王朝的代表（1576~1577）；然而，博丹后来反对绥靖政策的废除。失宠之后，他转而投奔阿朗松公爵，后来又获得了安茹公爵，即弗朗索瓦三世的保护。

历史书写与最高权力之间的联系是让·博丹著作的核心：在《易于认识历史的方法》一书中，他将历史构思为人类的记忆，这种记忆毫无例外地保存了所有的认知。在《共和国六书》（1576年）中，他再次将这些原则与对主权概念的区分联系起来。[②] 博丹认为，国家有三重概念——面对外部的、面对内部其他权力的以及从法律角度来看的，例如生产者和担保人。[③] 实际上，在16世纪中期，最高统治者已经要求对行政文献进行分类。[④] 博丹运用法律来证明君主制度的独立性，提到了最高权力理论以及权威与权力——法律和政治权威的概念。在这种目的中，

---

① Arnaldo Momigliano, "L'histoire ancienne et l'antiquaire", in *Problèmes d'historiographie ancienne et moderne*, op. cit.

② Jean Bodin, *Les six livres de la République*, 1576；参考版本：Lyon, Jean de Tornes, 1579。

③ Robert Descimon, Alain Guéry, "Un État des temps modernes?" in André Burguière, Jacques Revel (dir.), *Histoire de la France*, vol. 4: *La longue durée de l'État* dir. Jacques Le Goff, Paris, Seuil, 1989, pp. 209-608.

④ Robert Descimon, "Jean Bodin", in *Dictionnaire des grandes oeuvres juridiques*, Paris, Dalloz, 2008; Yves Zarka, *Jean Bodin. Nature, histoire, droit et politique* Paris, PUF, 1996.

历史及其重构发挥了奠基性作用。①

这种研究范式的另一方面植根于封号和证书的有效性。几百年来,这样的文本数不胜数:契约、授爵仪式、法律、封建主对农民的权力、城市的优势和义务、名门贵族的起源、系谱和继承,等等。② 如何辨伪存真呢?

恰恰是马比荣从对这些文献的文献学分析中找到了一种方法。③ 法治国家的出现过程先后经历了历史以及法律和文献的历史,后者企图在新政体酝酿的过程中重新修正包容和排外的准则。④

184

然而,这种方法没有解决私有档案和公共档案之间的区分问题,因为在那个时代,"公共"一词并不意味着所有人都可以获取,而只是与公共权力联系在一起。⑤ 这种区分成为法律争议和政治协商的主题;在法国,宫廷想要将数量远超同时期奥地利和西班牙的行政文献和宫廷文献"私有化"。但不同部门的负责人并不总是将他们的档案交给储存契据文献的国库,

① Thomas Maissen, *Die Geburt der Republic*, Göttingen, Vandenhoeck und Ruprecht, 2006.

② Marie-Dominique Couzinet, "Jean Bodin: état des lieux et perspectives de recherche", *Bulletin de l'Association d'étude sur l'humanisme, la Réforme et la Renaissance*, 40/1 (1995), pp. 11-22.

③ Harold Berman, *Law and Revolution* Cambridge (Mass.), Harvard University Press, 1983; Rodolfo Sacco, Antonio Gambaro, *Sistemi giuridici comparati* Torino, Einaudi, 1996.

④ Bruno Neveu, "Mabillon et l'historiographie gallicane vers 1700", *Pariser Historische Studien*, 18 (1974) (tiréà part, Bonn, Rörscheid, 1976).

⑤ Daniel Odon-Hurel, "L'historiographie du monachisme de l'époque moderne en France et en Belgique", *Revue d'histoire de l'Église de France*, 217/86 (2000), p. 589-606; Marie-Paule Caire-Jabinet, Introduction à l'historiographie, Paris, Armand Colin, 2013.

而更倾向于将它们传给自己的后代。

　　这种现象只是局限于国家层面的皇权建构吗？这个问题需要一种微妙的答案，因为在我们所研究的那个时代里，以及在这些时代之外，是一个个帝国主宰着世界的舞台。在欧洲历史研究的欧洲中心主义历史中，这种维度通常被避而不谈。这些欧洲中心主义历史倾向于低估非欧洲世界内的类似变革，也轻视欧洲的帝国与民族之间尚未成熟的相互接触，甚至藐视这种相互接触在所谓"现代"历史研究出现过程中发挥的作用。恰恰相反，我们会发现，博学与文献学并不仅仅是君主国家面对罗马教廷和公国时产生的诉求，它们也同样是帝国和殖民扩张的一种强力工具。这正是历史书写及其用途在欧洲与亚洲的帝国建构中产生差异的最为明显的方面。亚洲和欧亚帝国（奥斯曼、俄国）的世界性政策通常与西欧帝国的政策相对立，后者旨在驯服和排斥殖民地人民。[①] 西欧帝国的侵略性越强，欧亚帝国越倾向于求同。这种差异蕴含着历史研究的建构及其政治用途。因此，奥斯曼帝国及其社会精英在其扩张的过程中力图通过历史来树立自己在被征服人民面前的权威。这种做法不仅仅是表面的，也影响了帝国自身的组织架构。[②]

　　将历史引入法律学科内，证明了这种疑虑：我们不仅需要了解罗马法和中世纪法律，还需要了解历史，以便对现行准则

185

---

① Jean Favier, *Les archives*, Paris, Éditions des Archives nationales, 1958.

② 关于这些差异，请参考：Jane Burbank, Frederick Cooper, *Empires in World History*, *op. cit.*；Jack P. Greene（dir.）, *Exclusionary Empire*, Cambridge, Cambridge University Press, 2010；Peter Fibiger Bang, Dariusz Kolodziejczyk（dir.）, *Universal Empire：A Comparative Approach to Imperial Culture and Representation in Eurasian History*, Cambridge, Cambridge University Press, 2012。

做出正确解释。弗朗索瓦·博杜恩于 1608 年写道："如果没有历史，那法律就是盲目的。"[①] 历史超越了博学和谱系学，成为行政管理的一种工具，确切地说，是通过法律成了这种工具。对这种趋势的最初解释体现在对当地习惯法的收集和编辑中。对宫廷习惯法的汇编区分了"真实的"和不符合事实的文献和史料；这些汇编赋予了国家证明和宣布这些被如此挑选出来的习惯法的有效性的权利。[②]

然而，这项构建国家及其法律的民族大业，以及通过这种方式对民族国家历史的建构，与帝国建构在同步进行。[③] "法兰西"，她的法律以及她的历史在这种全球性背景下逐渐形成。这种法律的目标是保证法兰西王国在面对日耳曼民族的神圣罗马帝国和其他公国时的独立地位[④]；它也在寻求为其殖民侵略辩护。如果没有 16 世纪和 17 世纪的殖民扩张，围绕着罗马法的无休止的争端就不会发生，无论如何不会按照同样的方式发生。[⑤] 对"最高权力"这一源于拉丁语的概念的重新定义

① Dariusz Kolodziejczyk, "Khan, Caliph, Tsar and Imperator: The Multiple Identities of the Ottoman Sultan", in Peter Fibiger Bang, Dariusz Kolodziejczyk (dir.), *Universal Empire*, *op. cit.*, pp. 175-193.

② François Baudoin, *De institutione historiae universae et eius cum jurisprudentiae conjunctione*, Argentorati, 1608.

③ Jochen Hoock, Pierre Jeannin, Wolfgang Kaiser, Ars mercatoria, 3 vol., Paderborn, Schoning, 1991, 1993, 2001; Louis Assier-Andrieu, *Une France coutumière. Enquête sur les "usages locaux" et leur codification*, *XIXe-XXe siècles*, Paris, CNRS, 1990.

④ Jean-Frédéric Schaub, " La notion d'État moderne est-elle utile ?", *Cahiers du monde russe*, 46/1-2 (2005), pp. 51-64.

⑤ Henri-Jean Martin, *Livre, pouvoir et sociétéà Paris au XVIIe siècle*, Genève, Droz, 1984; Marie-Laure Legay, *Les États provinciaux dans la construction de l'État moderne*, *XVIIe et XVIIIe siècles* Genève, Droz, 2001.

意义非凡：让·博丹开始关注"权力"与"最高权力"之间的关系，并将"最高权力"与国家主权进行了对比。[①] 他质疑罗马法的普遍性，从这一点出发，他不仅讨论了面对法兰西王国时产生的"日耳曼的"诉求，同时也为同时代为殖民侵略辩护的人刻画了一条路径。对习惯法的研究和法典编纂同时增强了君主权力及其殖民的维度。由君主权力确立的对"风俗习惯"的创造以及对"口述性"的适应，构成了硬币的两面。[②] 未成书面文字的规章制度被法兰西及其殖民地政府和法官们收集起来并进行翻译，最终投入使用。无论是在哪种情况下，这都是在面对"他者"——商人、农民、殖民地的人民——时，树立和书写国家的权威。

因此，国家的兴盛并不仅是一项民族大业，也是一项帝国大业。法兰西王国的建立和克里格尔潜心研究的史学史的变革实际上也伴随着法兰西在美洲、地中海地区和亚洲地区的扩张。[③] 欧洲统治者为了分析西班牙对美洲领土的侵略而进行的

---

① Peter Stein, *Roman Law in European History*, Cambridge, Cambridge University Press, 1999; Carmen Val Julián (dir.), *La conquête de l'Amérique espagnole et la question du droit*, Paris, ENS Éditions, 1996.

② Diego Quaglioni, *I limiti della sovranità. Il pensiero di Jean Bodin nella cultura politica e giuridica dell'étà moderna* Padova, Cedam, 1992; Julian H. Franklin, *Jean Bodin et la naissance de la théorie absolutiste*, Paris, PUF 1993 (orig. angl. Cambridge, 1973).

③ ves Charbit, "Les colonies françaises au xviie siècle: mercantilisme et enjeux impérialistes européens", *Revue européenne des migrations internationales*, 22/1 (2006), pp. 183-199; Thomas Gomez, *Droit de conquête et droits des Indiens*, Paris, Armand Colin, 2014; Jean-Frédéric Schaub, "La catégorie 'études coloniales' est-elle indispensable?", *Annales HSS* 63/3 (2008), pp. 625-646.

法律和历史研究具有三重目标①：撰写一部"没有法律的人民"的历史；证明将他们的土地据为己有是合法的；为奴隶制辩护。得益于法国历史研究的复兴，我们现在才能更好地了解这项被忽略了太久的进程。② 毫无疑问，法兰西为我们呈现出一部关于法律和权威的综合体，甚至是包涵了不同司法权、皇权、不同公国以及不同殖民地主权形式的综合体。这些因素之间的流通并没有停滞，在从一个区域流通到另一个区域、从一个时代流通到另一个时代的过程中发生了变革。恰恰是这种流动性和复杂性，引发了在殖民地世界内部区分法律身份的问题。因此，法律和历史允许控制移居国外的法国移民的劳动，同样也允许对本土人民的劳动进行控制。1664 年，为了打消法国人前往新法兰西的疑虑，也为了对抗基督徒的叙事，皮埃尔·布歇（Pierre Boucher）撰写了《新法兰西国家真实自然风俗的历史和生产》一书。在这本书中，他追溯了当地人口的历史及其环境，最终得出的结论是：除了易洛魁人、凶恶的蚊子和严酷的寒冬，大西洋彼岸的一切都是不错的。他也承认，他们正在殖民的世界人口众多，都是一些

187

---

① Robert C. Davis, *Esclaves chrétiens, maîtres musulmans*, Paris, Babel, 2007; Gillian Weiss, *Captives and Corsairs: France and Slavery in the Early Modern Mediterranean*, Stanford, Stanford University Press, 2011; Vincent Denis, *Une histoire de l'identité: France*, 1715–1815, Seyssel, Champ Vallon, 2008; Nabil Matar, *Islam and Britain*, *1558–1685*, Cambridge, Cambridge University Press, 1998.

② Lewis Hanke, *La Lucha española por la justicia*, *en la conquista de América*, Madrid, Aguilar, 1967; Anthony Pagden, *The Fall of Natural Man: The American Indians and the Origins of Comparative Anthropology*, Cambridge, Cambridge University Press, 1982; Tzvetan Todorov, *La conquête de l'Amérique. La question de l'Autre*, Paris, Seuil, 1982.

野蛮人，必须对他们进行开化。

与传统观点不同，1685 年著名的黑人法令不仅是一个开端，也是一个终点，是一种自 18 世纪开始的，对不同殖民地奴隶和奴隶身份的法律法规和相似定义的归纳总结。一些法令赋予奴隶以平民的权利，而另一些法令则没有；一些法令承认奴隶主对奴隶的控制权，而另一些法令也没有；等等。这些差异与每个殖民地的特殊条件、奴隶或奴隶主到达的时间及其来源有关。不是只有一种奴隶制，而是存在很多种奴隶制。因此，法兰西民族感情在路易斯安那地区比在其他殖民地更加意味深长；国家在种族化，同时也在多元化。但是，从此以后，这不仅是在没有给予当地土著居民任何封号的情况下为侵占他们的土地而辩护，也是追溯殖民地的历史性、追溯克里奥尔人的法国血统以及将其与奴隶做出区分的问题。这是一项具有双重意义的进程，因为在宗主国，这些因素导致了法国人和克里奥尔人之间的关系问题，也导致了法国人和来到法国的奴隶之间的问题。从理论上来说，后一问题从路易十四时期开始就很快得到解决，因为路易十四下令，所有抵达法国土地的奴隶都将获得自由之身。然而，在实践中，这个问题争议颇多，不同的法庭给出的判决都是相互矛盾的。[①] 至于克里奥尔人，这个名词的含义同样发生了演变：随着奴隶制的诞生，区分有法国血统的克里奥尔人和混

---

① Cécile Vidal, "Francité et situation coloniale. Nation, empire et race en Louisiane française, 1699-1769", *Annales HSS*, 64/5 (2009), pp. 1019-1050; Ead., "The Reluctance of French Historians to Address Atlantic History", *The Southern Quarterly*, 43/4 (2006), pp. 153-189.

血克里奥尔人，尤其是肤色特征不明显的克里奥尔人变得非常重要。再一次，证明和族谱被用来承认或者确认这些元素的有效性。换句话说，君主企图通过历史和法律来树立自己的权威，以面对自己在海外领土上的各种地方性社群、宗主国里的王侯将相、"其他的"人群及其侨民。但是，凡事皆有利弊，所有的参与者——法国本土的地方性社群、海外地区的原住民和殖民当局——也都在尝试运用法律和历史来抵抗中央当局。

　　这些元素并非法国所特有，在其他西方帝国也同样存在，但是，法律、历史与帝国建构之间相互影响的形式和结果却不尽相同。因此，在英格兰，如果说 1400 年到 1550 年这段时期依然由帝国史主导，那么从这个时代开始，宗教与帝国（英格兰、苏格兰和爱尔兰之间）之间的张力就开始不断增强。[①] 教权主义历史、军事史以及传记开始主导舞台；像在法国一样，对罗马帝国权力残余的呼吁与机会主义者一样，开始大张旗鼓地发展起来：詹姆斯一世确定，在议会和法律被付诸实践之前，国王是至高无上的，因此必须由国王来给领主们分封土地，而不是相反。在国王看来，对君主制度的批判主要针对的是其缺乏法律上的合理性以及为了支持宫廷的诉求而形成的文献。自然法与君主制度的历史法形成了鲜明对照。[②] 土地贵族与君主制度之间的张力与其他张力类似：一个帝国（最高权力）的诉求即面对罗马教廷势力和其他强势国家时的领土独立，这也是英国面对苏格兰和爱尔兰时的愿望。因此，从

188

---

①　Sue Peabody, *There Are no Slaves in France*, *op. cit*.

②　David Woolf, *The Social Circulation of the Past：English Historical Culture*, *1500-1730*, Oxford, Oxford University Press, 2003.

1540 年开始，英格兰的很多参与者声称英格兰王国的"任务"和义务是使苏格兰降服，而在苏格兰人看来，他们更希望两方势力平等相处。[①] 英格兰人和苏格兰人各自提及自己的民族神话，以呈现各自的完美历史；然后，他们双方又互相攻击对方的版本，认为它们都是被凭空捏造出来的。他们都借鉴文献学的技巧和博学，以证明各自论据的真实性，并对使用过的史料进行批判性分析。就这样，英国人不断地寻找文献，以证明苏格兰人早在中世纪时就已依附于英格兰国王的权威；而苏格兰人提供的文献也在不断地证明英格兰人对苏格兰人的依附。这场争论导致英国政治思想中帝国概念的诞生：英格兰国王的最高权力可以对苏格兰行使所有权。[②]

苏格兰问题解决之后，新成立的这个联合体——英国（苏格兰、威尔士和英格兰）对爱尔兰的企图改变了时局。苏格兰的詹姆斯六世建立了斯图亚特王朝并自称英国的詹姆斯一世。他首次提出"英国国民性"这一概念，将爱尔兰也涵盖在内。他对这一概念的定义，不仅借助了自 16 世纪 40 年代开始的帝国建构，也参考了 10 世纪的盎格利亚王国，以及爱德华一世（1272~1307）统治时期的法令和宪章，以强调这一漫长的时期以及曾经支持过其诉求的先辈们。[③] 从这一名词的罗马语意义上来说，英国成为一个"共和国"，即将主权建立在

① Harold Berman, *Law and Revolution*，Ⅱ：*The Impact of the Protestant Reformations on the Western Legal*，Harvard，Harvard University Press，2003.

② David Armitage, *The Ideological Origins of the British Empire*，Cambridge，Cambridge University Press，2000，p. 37.

③ Andrew Fitzmaurice, "Classical Rhetoric and the Promotion of the New World"，*Journal of the History of Ideas*，58（1997），pp. 221-244.

帝国之上的一项公共财产。

　　詹姆斯一世在"英国家庭"、即苏格兰和英格兰移民的土地所有者的支持下，在阿尔斯特省大力发展种植园。他受到了英国上层精英们的大力支持，以至于在 1606～1610 年，包括弗朗西斯·培根（Francis Bacon）在内的不少评论家都将阿尔斯特省种植园的营利性和价值与弗吉尼亚地区种植园的疯狂进行了对比。① 这部分爱尔兰的经验具有奠基性意义：将土地据为己有、借助于农奴形式，以及英格兰国王乃至英国最高统治者的权威被从爱尔兰输出到新大陆。然而，为在美洲地区侵占领土所做的辩护看起来比证明占领爱尔兰是合法的要复杂得多。这次轮到了西班牙人。他们用一纸教皇诏书，将对美洲土地的所有权授予西班牙国王，以此证明他们的殖民行为是合法的。西班牙人认为，欧洲其他强国也应该获得相似的授权。英国的评论家反驳称，只有国王的授权才站得住脚。因此，他们展开了对 12 世纪以后文献的分析，也开始分析拉丁语词汇"dominium"（所有权）的含义。最终，他们将所有权与帝国（"dominium" 和 "imperium"）相互融合在一起：帝国即王位的领地。从明显类比的角度看，这种辞藻并不能掩饰爱尔兰经验和新大陆经验之间的差异。与爱尔兰不同，没有任何一个美洲殖民地拥有国王或议会。此外，在爱尔兰，英国人口和苏格兰人口仍然占少数；而在美洲，受移民和种族灭绝因素的影响，英格兰人和苏格兰人的数量很快就超过了印第安人。在新

---

① Jane Dawson, "Two Kingdoms or Three ? Ireland in the Anglo-Scottish Relations in the Middle of the 16th Century", in Roger A. Mason (dir.), *Scotland and England 1286-1815*, Edinburgh, John Donald, 1987, pp. 113-138.

大陆，对土地所有权的定义也发生了变化：在爱尔兰，土地所有权的定义还保留着英国贵族所有权的主要特性[①]，而在大西洋彼岸，情况则发生了变化。

一直到 17 世纪中叶，主权一直都是一个很难模式化的概念，也很难被付诸实践：一些特许公司（例如印度公司）和皇亲国戚们充分利用了在美洲的特权。因此，担任过当时拥有殖民地所有者身份的艾希利勋爵秘书的约翰·洛克于 1669 年撰写了《卡罗来纳基本法》一书。书中使用的语言是英国宪章使用的语言；地方的领地被分割成条块，划分为封建领主采邑、男爵采邑、殖民地和庄园土地。这是在新大陆尝试采用英国的分类法，从此以后，英格兰国王的权威开始危机四伏，特别是在为奴隶制辩护的问题上。奴隶主们认为奴隶们类似于中世纪英格兰的农奴，这种身份从来没有被正式废除，因此完全有理由在新大陆继续使用这种制度。另一种说法认为，私有财产是不可侵犯的，无论是在英国还是在其殖民地。我们再次发现历史性解释、法律的运用、文献学和博学的借鉴以及帝国建构之间的传统联系。沿着这种轨迹，爱德华·科克爵士于 1628 年出版了《英国法总论》一书；从"人民的权利"这一点出发，他站在了战俘和奴隶的一方：对罗马法的解释是为了把战争中的罪犯和从非洲运来的奴隶都与奴隶制的建立联系在一起。

1688 年的光荣革命按照何种方式参与了这场变革？在英

---

① Francis Bacon, "Certain Considerations Touching the Plantation in Ireland, Presented to His Majesty, 1606", in *The Letters and the Life of Francis Bacon*, éd. James Spedding, Londres, Longman, 1861, vol. IV, p. 123.

国的历史研究中，以及在这之外，这场运动更多地被呈现为
"现代性"和"自由"的开端：议会的合法化、英格兰银行的
创立、资本主义的萌芽，都是这场奠基性运动的成果。光荣革
命或许为英国打开了在通往现代世界的历史中扮演独特角色的
道路，这种角色不同于仍处于绝对主义和前现代主义政体下的
法国、西班牙或葡萄牙，更不用提还处于专制统治之下的东欧
和亚洲。

这样的解释需要做出巨大的改变：在英国，即使没有光荣
革命，选举权一直到 20 世纪初也仅仅是一小部分人的特权，
更不用提社会权利的缺失。这种情况在殖民地有过之而无不
及。在那里，光荣革命没有给奴隶制带来任何改变，反而将自
由（liberty）与自由交换捆绑在一起，继而又将自由与当地被
选举人的集会联合在一起。自由被认为是"状态的自由"
（liberty，主要是贸易方面），而不是相对于殖民地人民整体而
言的人身自由（freedom）。[1]

191

在这样的背景下，洛克出版了《政府论》一书。[2] 我们非
常有必要着重论述这一点，因为洛克和他的这本书被系统地作
为启蒙运动和"自由主义"的"新思想"而引用。洛克是最
频繁地被与一种新的研究范式联系在一起的人，在这种研究范
式里，历史学的精髓不是博学、证明或法律，而是哲学思考。
这种主张值得玩味，对我们的论证来说更是极具重要性，因为

---

[1] Jack Greene, "Introduction", in Jack P. Greene (dir.), *Exclusionary Empire*, *op. cit.*, pp. 1-24.

[2] Jack P. Greene, *Peripheries and Center: Constitutional Development in the Extended Polities of the British Empire and the United States, 1607-1788*, Athens, University of Georgia Press, 1986.

它可以让我们确认历史书写、殖民认证与英国启蒙运动哲学兴
起之间的紧密联系。洛克捍卫自由（Liberty），他认为奴隶制
是专横的制度，但他认为战俘的存在是合理的。[①] 他将关于殖
民地的思考与英国自身的贫困和流浪问题联系在一起。在洛克
看来，让穷人、流浪汉和奴隶从事劳动，可以避免让英国和非
洲都陷入那种更为严峻的衰退和饥饿的情形之中。这种研究范
式也存在于约克公爵（洛克服侍其左右）的立法之中，在新
泽西州和宾夕法尼亚州也同样出现。在所有这些情况中，强制
劳动以社会秩序的名义被合法化，但也被冠以可以将苦难者从
某种死亡中拯救出来的基督教 "同情" 的美名。一直到 18 世
纪中期，英国主要的法学权威威廉·布莱克斯通也还在同时为
与殖民地集会相对的议会和奴隶制辩护。他区分了对领地和对
人的所有权，他认为，尤其是对战俘和黑人仆人来说，更应该
谈论的是永久服务，而不是奴隶制。[②]

美洲革命运动发生前夕，在大英帝国内部，史学史的
历史重构和方法也在随着帝国的变革而发生着演变：在爱
192 尔兰进行扩张的影响，以及后来美洲殖民地引发的问题逐
渐改变了历史性证据的概念和历史研究的主要范畴。起初，
文献学和博学展开的论战不仅是宗教性的——就像在欧洲
大陆一样——同样是政治性的，即联合王国的建构。后来，
美洲殖民地的影响改变了相对于口头证据而言的书面证

---

① John Locke, *Two Treatises of Government*, Londres, Butler, 1821（原版 . 1698）。
② David Armitage, "John Locke, Carolina, and the Two Treatises of Government", *Political Theory*, 32/5（2004）, pp. 602-627; Brad Hinshelwood, "The Carolinian Context of John Locke's Theory of Slavery", *Political Theory*, 41/4（2013）, pp. 562-590.

据——关于英国制度深刻变革的根基和对议会权利的从属
关系根基的证据——的地位。从法国波旁王朝复辟时期开
始发展的哲学-政治历史，随着詹姆士·哈林顿和托马斯·
霍布斯等人的著作，以及受路易十四时期法国存在的一种
类似"皇家史料编纂部门"机构创立的影响，在1688年之
后开始零星出现。英国的历史、联合王国的历史及其殖民
地的历史大量地使用了法律文献，以证明它们的稳固。18
世纪中期通史的回归，对这些因素进行了归纳概括。《通
史》（1747～1768）是一部由英国、欧洲大陆的历史专家和
东方学学者集体编纂的作品。① 所有人都在为帝国建构和奴
隶制进行辩护。

　　基于这种情况，我们也可以就17世纪和18世纪初提出几
点更为普遍的思考；在西方世界，历史书写正在发生着变化：
对史料的分析、文献学以及博学伴随着新的领土权力的确立而
同时在进行。通过从论据和法学范畴内获取经验，历史书写帮
助君主在包括教会等在内的其他权力面前，以及在面对军事精
英、土地所有者（通过对封号和所有权的证明）时，捍卫了君
主的权力。在这一点的基础上，精英阶层、土地所有者和劳动
阶层的关系也发生了变化：这些文献和它们做出的证明对奴隶
制、农奴制以及"穷人"、"流浪汉"和移居国外者的权利进行
了合法化的确认。最终，历史书写伴随着帝国的建构而发生；
它为侵占土地辩护，将其看作当地势力的屈服和当时普遍存在
的被迫的劳动形式。除了历史学自身内部的交汇，还有历史学

---

① Sir William Blackstone, *Commentaries on the Laws of England*, 4 vol., Oxford, 1765-1769, vol. 2, p. 16.

与法律——特别是与一种极其特殊的法律——的融合，令人们开始接受一些极具欧洲中心主义特性的观点。这也是与欧亚帝国显著不同的一点；同样也是在这些背景下，历史书写发生着自我变革，在历史研究的知识与实践流通的进程中，对"证据"的研究和对历史书写形式的研究也在不断变化。法律与经济学在这些地区也占据着主导地位；然而，在这种情况下，在法律和经济学与历史研究及帝国建构的联系中，所呈现出的与西方世界的差异是明显的。欧亚帝国更为追求大一统，它们更加包容，并不寻求将一些特殊的概念普世化，也不将其强加于"他者"；欧亚帝国产出了一些关于法学、经济学甚至历史叙事（对同一个事件的多种叙述）的归纳模式和多重范畴。

　　领土国家的形成和它们的集中构成了一种中心现象；12世纪至17世纪，在非洲-欧亚大陆各处，领土国家的数量骤减，而与此同时，它们的面积在不断增加。这种演变带来了很多其他的变革，首先就是大规模征兵与军事艺术的演变，还有武器的演变，对更多士兵的、更多后勤基础设施以及货币和食物资源的需求，等等。这些因素需要的是连贯的行政管理和对书面文献的运用，以便于信息——税收、征兵、后勤资源——的传递。① 这些变革在欧亚大陆的发展是不均衡的：在西欧和俄国，这些变革获得了成功，但是在没能有效管控贵族的波

---

① Guido Abbattista, "The Business of Paternoster Row: Towards a Publishing History of the Universal History, 1736 – 1765", *Publishing History*, 17（1985）, pp. 5 – 50; Tamara Griggs, "Universal History from Counter-Reformation to Enlightenment", *Modern Intellectual History*, 4（2007）, pp. 219 – 247; John G. A. Pocock, *Barbarism and Religion*, *vol. 2: Narratives of Civil Government*, Cambridge, Cambridge University Press, 1999.

兰-立陶宛联邦，这些变革以失败告终。理想都是一样的，带来了知识工具的发展，以及与关于历史调查独有方法的讨论紧密相连的深刻论证。

在这项进程中，宗教争端开始以一种决定性的方式介入。在欧洲，宗教与国家建构的联系是直接的：这就是君主制度与教皇、天主教徒与新教徒之间的张力。对圣经文本的分析在文献学、史料分析和历史作品的出现方面发挥了决定性作用。伊斯兰世界也同样受到了这些方面的影响：自从被研究开始，国家建构与伊斯兰教轮番上场的阐释之间的联系至今都一直非常清晰，特别是在中亚地区，也包括南亚和非洲地区。这段时期的伊斯兰教不禁止任何对文本的文献学的、分析性的批判。在印度次大陆地区也是如此。印度教与伊斯兰教之间的相互联系和相互影响主导着舞台，它们之间的对立处于隐匿的角落。宗教、国家与商贸，以及建立在这些方面上的一些历史研究的建构反映出这种趋势。

经济学也发生着变革；商贸将越来越多的大陆联系在一起，也越来越多地联系起各大陆内部的空间，无论是通过陆路还是通过水路。国际贸易的兴盛需要交易以各种有效的形式出现；合同开始登上国际舞台，博览会赋予多边交换发挥的空间，无论是在欧洲还是在亚洲；商品、技术和知识相互交汇，在所有空间内流动。贸易、城市协会与国家权力之间的紧张关系、潜在的协议和冲突在这种情形中也带来关于有效性、授权、证明等类型的文献的发展，也促进了关于历史性先例，或是对某种诉求或征税证据的研究的发展。

年代学因此变得尤为重要：我们必须要避免去思考唯一一

194

种欧洲中心主义；除了学者们之间存在的重要差异，16 世纪到 17 世纪初的欧洲中心主义与 18 世纪甚至 19 世纪的欧洲中心主义完全是两回事。在 16 世纪和 17 世纪的部分时期，对"他者"的欣赏和帝国建构还在为沿袭自人文主义的兴趣——面向所有发现和所有其他世界的，无论是古老的还是非欧洲的——留有一席之地。这种欣赏与我们之前提及的另一种思潮——即将欧洲价值观强加于"他者"的意图——共同存在，这种思潮完全将"他者"排除在帝国的财产和管理之外。这两种思潮的共存已经可以让西方有别于世界其他区域；然而，在 17 世纪，排外思潮仍然很难树立其权威。

当我们谈论 17 世纪的"全球化"时，或者当我们用类似的方式将这个时期欧洲的扩张看作西方世界霸权的前奏时，我们犯了一个双重错误：我们夸大了欧洲和英国在当时发挥的作用，也强化了一种预先被决定了的历史的重要性。实际上，一直到 17 世纪末，也没有人看好欧洲的世界霸权，甚至在一个世纪以后，这种局面也不会形成。① 因此，我们必须警惕会产生一种回顾式的错觉，这种错觉认为中华帝国、蒙古帝国或波斯帝国致力于沿着一种命中注定的循环在前进，这种循环将它们从萌芽带往统治的地位，最终又带向面对"西方"而遭遇的失败。一直到 18 世纪末，甚至在 17 世纪末，也没人能够预料到这样的局面。这也是为什么这个时期欧洲的历史研究突出了"他者"世界的野蛮，却没有呈现出一种从严格意义上来说是欧洲中心主义的模式。对于法律来说，情况则有所不同：

---

① Kenneth Pomeranz, *The Great Divergence*, *op. cit.*

法律突然与历史方法紧密相连，从 17 世纪开始突然就变得极 195
具欧洲中心主义色彩。法律对排他的帝国建构和欧洲中心主义
的历史研究做出了决定性贡献。但是，为了让这种贡献变得具
有决定性，法律还需要其他三种外部因素来辅佐：文明主义的
哲学思潮；对内的法治国家与对外不平等商法的出现；越来越
强大和包容的经济。 196

第九章　重写历史与欧亚"现代性"

在中国，历史研究和哲学研究思想的演变与帝国的变革及其与全球大环境的融合相呼应。满族人的扩张以及后来建立清朝，从政治层面来说，与行政机构和军队中融入不同民族以及当地社会精英的政策有着根深蒂固的联系。相机而动的清人在其扩张过程中，在南部地区施行了一种相对的权力下放，而在北部地区与准噶尔部的冲突中，则施行了更加严厉的中央集权化。18 世纪关于历史的思考反映出这些错综复杂的因素，即面对蒙古人在草原上获得的胜利和面对西方及其扩张而不断增长的忧虑。一些人将"现代化"与对建立在宇宙论和哲学之上的中国史学史的多种传统形式的摒弃联系在一起。同时以哲学家和史学家著称的文人章学诚（1738~1801）与另一位史学家王鸣盛（1722~1798）非常明确地表明，要坚持文献学的重要地位①，这与历史学中运用的哲学和宇宙论形成了鲜明的对比。

这与同时期法国及欧洲其他国家的哲学家们背道而驰。在

---

① 　Benjamin A. Elman, *From Philosophy to Philology*, *op. cit.*

乾隆皇帝统治时期（1736~1796），历史研究的文体形式丰富多样：全球性叙事强调了攻占草原的必要性和清朝与众不同的命运；另一些则关注对文明的普遍性分析，而与此同时，官方史学和谱系学也获得了极大的成功。帝国的融合工作还在持续，多项大部头著作同时用汉文和满文出版，例如《八旗通史》（沿袭自蒙古部族的军队）。在东北地区的殖民扩张也促成很多叙事的诞生，通常都是通过 "多种媒介" 的形式——书写与书画——展现；帝国刚一稳定，造反者就成了众多叙事的主题，例如 18 世纪后半叶的金川叛乱和四川叛乱；白莲教起义（1796~1804）以及与西北地区毗邻省份的穆斯林首领的起义也是如此。这些叙事通常由朝廷委派进行，一方面可以炫耀其平定叛军的功绩，另一方面也可以展示其帝国内部对叛军的统一与融合。[①]

朝廷同样也命人撰写了一些关于中国和满族人漫长历史的新版本史书，其中也包括关于满族起源的带有虚构色彩的史书。很多受朝廷资助的作品企图将满族人与辽代、金代以及元代统治时期其他蒙古皇帝联系在一起，以展现植根于帝国东北部的蒙古—中华文明历史悠久的存在。

然而，在 18 世纪开始蓬勃发展的还有所谓 "考证" 研究，这一研究建立在博学和注释的基础上。钱大昕（1728~1804）因此编著了一本《二十二史考异》（1782），并且重新撰写了元朝的历史。从谱系学、宗教礼仪书、地形学以及语音学和语言学研究出发，他从中归纳出一套道德伦理教程。在这

---

① Lynn A. Struve（dir.），*The Qing Formation in World-Historical Time*，Cambridge（Mass.），Harvard University Press，2004.

一点上，他与赵翼有所不同。赵翼认为，历史的宗旨不在于提供一种道德伦理，而是展示一种组织有序的制度的重要性。作为朝廷的文学家和历史学家，赵翼撰写了一部关于抗击准噶尔部斗争的历史。尽管他在炫耀平定叛乱的功绩，但他也主张对史料的一种新的运用方式。特别是他批判明朝的文人，认为他们没有理解满人的真实意图、没能制止战争；他十分重视政治分析与历史研究的关系。①

在这场论战中，包括赵翼在内的很多人都在质疑中国文学中经典作品的真实性，而其中很多作品通常都被当作史料来运用。② 1770 年，章学诚撰写了《文史通义》一书，在这本著作中，他将大部分中国经典文本定义为真实的史料。这些经典作品都被以诗的形式写了下来，但并没有失去真实色彩。在章学诚看来，历史必须解释原因和方法，而不是发挥伦理道德的作用。③ 但是，在这种过程中，章学诚并不提倡与朝代无关的历史分期，他仅仅是划分了"古代"（三代时期）与其他时代。章学诚的作品主题丰富多彩，囊括了中国通史、家族史、地方史。他将所有他认为是"史学家"的作品的名录收集在一起，分门别类地编撰成一部目录学；他对史学家的定义非常宽泛，这成为他的作品具有奠基性意义的

① Arthur Waldron, *The Great Wall of China*: *From History to Myth*, Cambridge, Cambridge University Press, 1990.

② Benjamin A. Elman, "The Historicization of Classical Learning in Ming-Qing China", in Q. Edward Wang, George G. Iggers（dir.）, *Turning Points in Historiography*, op. cit., pp. 102-134.

③ Edward L. Shaughnessy, *Rewriting Early Chinese Texts*, Albany, State University of New York, 2006.

特征。

　　他将这种主题与另一种思潮，即所谓“新文体”（今文经学）进行了对照。今文经学的作者们主张在朝代的基础上建立一个漫长的年表。其中一些人试图通过儒学思想的启发来找到时间性，以此来划分出历史发展过程中的三个时期：“据乱世”，“升平事”以及“太平世”。① 然而，这种提法立即遭到了龚自珍（1792~1841）的批判，他认为历史的发展是一种越来越明显的衰落过程。他的学说非常具有规范性意义：每个年代都有一个至关重要的问题；例如在当时那个年代，最重要的问题即衰落和无序问题，体现在对民生的忧虑方面。因此，他希望皇帝和朝廷能够重视这个问题。②

　　实际上，这些阐释深受中国经济和社会变革的影响，而中国的经济和社会在18世纪末和19世纪初正遭受着重大的震荡。当时，一直可以保证人民在歉收时期仍然能够稳定供应的粮食储备遭到了极大的破坏。地方政府和地主乘虚而入，他们希望必要时能借助货币来解决问题，而不是牺牲收成的一部分。在这样的背景下，投机活动开始兴盛，市场和财政储备的不稳定性也开始与日俱增。因此，18世纪末至19世纪上半叶，市场和财政储备逐渐被抛之脑后。最终的结果是，商人无论是在市场上还是在政治上，都开始发挥比帝

① On-cho Ng, "Mid Qing New Text Classical Learning and Its Han Provenance: The Dynamics of a Tradition of Ideas", *East Asia History*, 8 (1994), pp. 10–18.

② Chin-shing Huang, Philosophy, *Philology and Politics in Eighteenth-Century China*, Cambridge, Cambridge University Press, 1995.

国行政机构更为重要的作用。在这样的条件下，受中国在19
世纪前二三十年经济发展迟缓（与拿破仑战争以及国际经济
不稳定有关）的影响，英国的兴盛及其货币体系（金本位）
导致中国白银大量外流。① 在中国的很多省份，社会秩序开
始动荡，而对这一切做出的分析也深深触动了诸如龚自珍等
史学家的内心。

　　同样，在18世纪前半叶的俄国，以挪亚方舟和人类萌芽
为起点的传统年代记还在广为流行。然而，从彼得大帝开始，
人们对斯拉夫人起源的兴趣开始与日俱增。正是在这样的背景
下，倡导按照彼得大帝的风格对俄国进行"西方化"的瓦西
里·塔蒂谢夫，在辛勤执笔耕耘了二十年后，于1739年发表
了五卷册的《从最古老时期开始的俄国历史》。为了完成这部
巨著，他不仅参考了俄国的编年史，也借助了自身的游历和观
察，还阅读了大量西方文献。② 与同时代其他欧洲和亚洲的学
者们一样，他也抨击传统故事，诸如编年史和提要③，认为它
们都是神话。他提出辨伪存真的建议。他将俄国历史视为一部
帝国史和通史。从此以后，他将很大一部分精力用于研究帝国
内部非俄罗斯裔的人口，强调在这种帝国背景中斯拉夫人的特

---

① Man-Houng Lin, *China Upside Down: Currency, Society an Ideologies, 1808 -
1856*, Cambridge (Mass.), Harvard University Press, 2006. 至于另一种研究范
式: Richard von Glahn, *Fountain of Fortune: Money and Monetary Policy in
China, 1000-1700*, Berkeley, University of California Press, 1996。

② Vasily Tatishchev, *Istoriia Rossiiskaia s samykh drevneishikh vremen* [*Histoire de la
Russie depuis les temps les plus anciens*], Moscou, Nauka, 1962 (orig. 1739).

③ Polnoe sobranoe russkikh letopisei [*Collection complète des chroniques russes*], 43
vol., Saint-Petersburg, 2002.

殊起源。[1] 他的作品在他去世之后由一位住在俄国的德国科学院院士吉拉·米勒（Gerhard F. Müller）出版，这也并非偶然。吉拉·米勒在档案材料和亲身游历和探险的基础上，撰写了一部关于西伯利亚的历史（1751~1764）。他邀请年轻有为的德国人奥古斯特·施洛塞（1735~1809）来到俄国，后者后来撰写了一部关于日耳曼人和俄国人的历史。[2] 我们非常有必要理清施洛塞的作品中史料和博学的特殊概念：一方面，施洛塞认为很多史料和文献都是不可或缺的，无论是档案资料还是绘画；但另一方面，他认为这些支撑材料都必须经过博学的分析。他从中得出的结论是：俄国的编年史可以被拿来使用，但前提是要确认哪些是真实的，哪些是从拜占庭、阿拉伯、斯堪的纳维亚地区以及欧洲的文本中借鉴过来的。[3]

200

　　这种被看作"普遍性"的历史遇到了另一种阐释，这种阐释的目标不是强调俄国人与北部地区人民（日耳曼人和北欧人）之间的联系，而是突出他们之间的独特性。在科学院，米·瓦·罗蒙诺索夫努力在寻找关于俄国的纯粹的斯拉夫语史料，他认为俄国的古老和俄国文明的伟大完全可以与古罗马和拜占庭相媲美。从这些假设的前提出发，罗蒙诺索夫出版了一部关于古代俄国历史的书《俄罗斯古代史，从俄罗斯人民的起源到

---

[1]　Anatole Mazour, *Modern Russian Historiography*, Westport（Conn.）, Westview, 1975.

[2]　*Russische Annalen in ihrer Slavonischen Grundsprache vergleichen, von Schrift-Felern und Interpolationen gereinigt, erklärt und übersetzt von A. L. v. Schlözer*, 4 vol., Göttingen, 1802-1805.

[3]　Wladimir Berelowitch, "*Les origines de la Russie dans l'historiographie russe du xviiie siècle*" Annales HSS, 58/1（2003）, pp. 63-84.

伟大的雅罗斯拉夫王子》（*Drevniaia rossiskaia istoriia*①），全书
被分成了四卷。他也由此撰写了一部俄国中心主义的历史，
其内容与施洛塞的作品不相上下。叶卡捷琳娜二世本人紧随
其后，于1783~1784年出版了《关于俄国历史的述评》一
书，在这本书中，她强调了斯拉夫人及其语言的久远历史。
18世纪中期这种对历史的重新撰写同时伴随着俄国在乌克
兰、波兰和立陶宛的扩张，因此它旨在为斯拉夫人的特性辩
护，为了证明斯拉夫人自远古以来就在俄国以外的地区出
现过。

　　类似的演变也在奥斯曼帝国、莫卧儿人治下的印度以及
后莫卧儿时期的印度发生，在这些地区，重新修史的背景特
征是这些地区与欧洲之间的影响和交流正在不断增加。因
此，17世纪末18世纪初，莫卧儿帝国在印度变得举步维
艰：其一直处于盈利状态的税收、军事权力下放政策开始显
露出衰败的迹象。各地的上层人士开始追求更多的独立，他
们开始私吞税收，甚至开始独自与欧洲人开展生意，特别是
在孟加拉地区，商人、当地有产者与英属东印度公司之间的
关系越来越密切，从而损害了这些社会群体与德里中央政权
之间的关系。

　　这些趋势在后来被莫卧儿帝国吞并的区域里更是得到了强
化；印度南部的马拉塔人就是最好的例证。毫无疑问，马拉塔

---

① Mikhail Lomonosov, *Drevnaia Rossiskaia istoriia ot nachala rossiskogo naroda do konchiny velikogo kniazia Iaroslava Pervogo ili do 1054 goda* ［*Histoire ancienne de la Russie du début du peuple russe jusqu'au grand prince de Iaroslav*］, Saint-Petersburg, Akademiia Nauka, 1766.

人在 18 世纪上半叶的扩张对蒙古人的衰落产生了重要的影响。① 马拉塔人胸怀伟大抱负：他们的目标是替代莫卧儿人，建立一个印度王朝。他们的扩张就是将这项宏伟大业付诸实践的一次初步尝试。在与莫卧儿人治下的印度拥有同等条件的情况下，这种雄心壮志存在被实现的机会，但遭遇了两个意想不到的挫折。首先，1739 年，纳迪尔·沙（Nadir Shah）率领的一支由阿富汗人和伊朗人组建的联盟军攻占了德里；在打败了莫卧儿人之后，这支联盟军开始接受杜兰尼人的统治，杜兰尼人曾是纳迪尔·沙的雇佣兵。他们继续进行着扩张，将势力一直延伸到印度中心。杜兰尼人与马拉塔人之间的冲突不可避免，而且杜兰尼人也并不只是简单的游牧民族的掠夺者。正如杜兰尼人的首领艾哈迈德·沙·杜兰尼在给奥斯曼帝国苏丹穆斯塔法三世的信里公开宣称的那样，他别无所求，只想重新建立帖木儿帝国。②

与某些印度历史研究所主张的观点不同，不少西方的叙事认为，杜兰尼人与马拉塔人之间的对抗并没有体现出在野蛮掠夺者的不断打击下一种文明（莫卧儿帝国）的衰落。这种冲突是两种帝国大业的冲突——一方面是印度，另一方面是波斯-阿富汗。在 1761 年这场决定性战斗中，杜兰尼人歼灭了马拉塔人。1739 年莫卧儿帝国的坍塌并没有阻挡住印度半岛上

201

---

① Stewart N. Gordon, Marathas, *Marauders and State Formation Eighteenth-Century India*, New Delhi, Oxford University Press, 1994; André Wink, *Land and Sovereignty in India：Agrarian Society and Politics under the Eighteenth-Century Maratha Svarajya*, Cambridge, Cambridge University Press, 1986.

② Jos Gommans, *"Mughal India and Central Asia in the Eighteenth-Century"*, Itinerario, 15/1（1991）, pp. 51-70.

其他国家发生的一场重大变革，这场变革既是政治性的，也是
经济和军事性的，首先就是印度半岛南部的马拉地王国①，卡
纳塔卡地区的迈索尔王国。② 和北部地区的拉杰普特王国③在
这三个王国中，重大的财税改革伴随着农业、经济的变革以及
政府形式的变革。④ 政治、哲学以及宗教领域的反思同时进
发，这些反思与西方世界、杜兰尼人以及中亚地区的新的碰撞
有着千丝万缕的联系。⑤ 这些政治实体都在各自充实着史料和
档案，即他们各自的编年史和历史文献，包括财政、地籍、行
202　政等各个方面。⑥ 像在欧洲一样，这些文献的产生带来了新的
税收国家的建立；历史书写，就像在欧洲和亚洲其他国家一
样，反映出这些政治实体的变革，以及他们想在当地民众面前
树立自身合法性的意图。他们的身份认同不断被削弱，是与古
代世界的断裂以及与不同世界之间的相互渗透不断深入时产生
的一种反应。我们会发现，英国人立即开始收集和编撰地方性
档案和历史文献。对于地方性档案和历史文献作用的讨论，迄

① Stewart N. Gordon, *The Marathas*, *1600 - 1818*, New Delhi, Foundation Books, 2000.

② Nikhiles Guha, *Pre-British State System in South-India: Mysore 1761-1799*, Calcutta, Ratna Prakashan, 1985; Irfan Habib (dir.), *State and Diplomacy under Tipu Sultan: Documents and Essays*, New Delhi, Tulika, 2001; Sanjay Subrahmanyam, "Warfare and State Finance in Wodeyar Mysore, 1724 - 1725: A Missionary Perspective", *Indian Economic and Social History Review*, 26 (1989), pp. 203-233.

③ Indu Banga, J. S. Grewal (dir.), *Maharaja Ranjit Singh: The State and Society*, Amristar, Guru Nanak Dev University, 2001.

④ Kaushik Roy, *War, Culture and Society in Early Modern South Asia*, *1740-1849*, New York, Routledge, 2013.

⑤ Muzaffar Alam, Sanjay Subrahmanyam (dir.), *The Mughal State*, *1526 - 1750*, Oxford, Oxford University Press, 2011.

⑥ Rama Sundari Mantena, *The Origins of Modern Historiography in India*, op. cit.

今为止还看不到尽头，正如我们之前提到的，也正如我们后来所看到的那样，这是一个令人关注的焦点：英国人将"在地文化"据为己有并对之进行了改变，这也带来了一个问题，即"印度的统一"是真实的，或者又是一种殖民手段？在所有这些情况中，档案的建构、保存以及印度次大陆各个政权的历史，构成了这一场场论战的主要部分。

从部分程度上说，奥斯曼帝国发生的变革与蒙古帝国的变革具有相似性，原因也是大同小异：承认多元化，自治与权力的去中心化一直有效地运行到了 18 世纪中叶；在这段时期，西欧与俄国的经济方面和外交方面的扩张，希望能够通过夺取部分市场，来吸引一部分当地的奥斯曼帝国的商人和社会上层人士加入他们的势力范围。与此同时，帝国也面临着财政收入的减少——部分原因确实在于经济动荡，另一部分原因则是当地税收人员的再次剥夺。这段时期也正是为了增加帝国军事力量和夯实经济而不得不加大开支的时期。当然，中央的上层人士企图去阻止这场偏移，例如将税收权力集中起来，由中央掌控，也采取了多种措施来遏制腐败。[①] 但是，这些改革在实践过程中困难重重，在每个省收获的结果也存在很大差异。

军队也是如此；18 世纪时，奥斯曼人逐渐引进了很多欧洲的军事技术；然而，这些措施不可避免地对军事、政治和社会阶层产生了影响。引进新技术及武器的举动相当于质疑了奥斯曼帝国上等阶层的作用，他们既是征兵者，也是土地所有者。这种联系曾经在之前几个世纪里造就了帝国的强大，但也

---

① Halil Inalcik, Donald Quataert, *Economic and Social History of the Ottoman Empire*, 2 *vol.* Cambridge, Cambridge University Press, 1994.

成为 18 世纪后半叶帝国走下坡路的主要因素。土耳其禁卫军
的反抗在诸如伊斯坦布尔之类的省份开始此起彼伏；1807 年，
他们最终推翻了塞利姆三世。

　　但是，我们应该避免局限在陈述这些困难的思维中，也要
绕开认为奥斯曼帝国命中注定要经历不可避免的衰退的思想。
传统的历史研究长久以来一直强调奥斯曼帝国在 18 世纪的衰
落，以将保守伊斯兰教与西方进步主义的启蒙运动形成对
照。[1] 实际上，18 世纪并不像是一个在政治和思想层面都处于
衰退的时期。[2] 关于宗教与政治权力之间关系的重要论战此起
彼伏[3]，还带来了众多改革思潮。科学和哲学知识在奥斯曼帝
国、亚洲与欧洲之间的流通在这个时代也得到了发展。[4]

　　就像对中国和印度而言那样，对奥斯曼帝国来说，一场广
泛开展的论战也带来了两种主要思潮的对立：一方面，欧洲中
心主义的观点突出了 18 世纪西方真正的政治、哲学、社会和
经济现代化与落后的亚洲和奥斯曼帝国之间的差距；另一方
面，也是距离我们最近的，后殖民研究和文化领域的著作比较
了所有情境中存在的现代性的多种形式。第一种思潮反驳称，

---

[1] Karen Barkey, *Empire of Difference. The Ottomans in Comparative Perspective*, Cambridge, Cambridge University Press, 2008.

[2] Marshall Hodgson, *Rethinking World History*, op. cit.; Ira M. Lapidus, "Islamic Revival and Modernity: The Contemporary Movements and the Historical Paradigm", *Journal of the Economic and Social History of the Orient*, 40/4 (1997), pp. 444-460.

[3] Fikret Adanir, Suraiya Faroqhi (dir.), *The Ottomans and the Balkans: A discussion of Historiography*, Leiden, Brill, 2002.

[4] Samer Akkach, Abd al-Ghani al-Nabulusi, *Islam and the Enlightenment*, London, Oneworld Publications, 2014.

"多种现代性"与西方切实存在的成就——包括其经济、科学和价值观方面的成就——之间，存在着难以协调的困难。这些论据都是基于真相，但也存在局限性。毫无疑问，奥斯曼帝国、中国、印度以及英国和西班牙发生变革的内容与模式都是存在差异的。无论涉及宗教与政治的关系，科学与哲学、经济学以及伦理学之间的联系，还是涉及经济增长率，重要的差异都会体现出来。但是很难将这些"文明"相互对照，因为它们都是封闭和同质的实体；流通、融合，包括分级都是根本性的，这些分级在 18 世纪不断增强，而非减弱。这些因素表明，与传统的阐释不同，西方的"现代性"与东方的"落后"不能再相互对照；"多种现代性"这种说法也不再是恰当的，好似世界被划分成了一个个对立的整体。[1] 受到全球性的、相互关联的结构性变革的影响，启蒙运动时代产生了知识的变化。问题不在于确定究竟是谁输出了"现代性"或谁曾经是"最现代的"——从一种根深蒂固的价值观的层面来看——而在于理解这些演变和相互影响的根源和作用。

　　在这样的背景下，大西洋国家与东欧国家都按照各自的方式与欧洲展开了几乎不同形式的互动；但是，这两种区域可以用来明显地区分出 18 世纪大西洋国家与东欧国家和亚洲发生的一些相互接触。在这里，在这场西方的知识与价值观与当地的知识与价值观的交锋中，一种新的关于"现代性"的研究范式应运而生。

204

---

① Sebastian Conrad, *What is Global History ?*, *op. cit.*

被偷走的记忆，被商榷的记忆：
英属印度的故事

殖民化和帝国建构并非两种同质现象：不仅不同帝国之间存在明显的差异，每一个帝国的内部也存在差异。尤其是欧洲扩张的模式，该模式在大西洋彼岸与在亚洲也不尽相同。在大西洋彼岸，真正的竞争是西方势力之间的竞争，西方势力可以轻而易举地拿下地方性势力。欧洲中心主义概念的流通模式因此诞生，其中包括将书面历史与"没有历史"的人民的口述历史相对照。在亚洲，情况则有所不同。欧洲人发现他们面对的是紧密的商业联系网、稳定的土地政权，以及正如我们已经看到的，那些深深植根于书面和历史文献中的、已经对西方产生了重要影响的"文化"。特别是在印度洋和印度，就存在这种情况。在这里，不仅是英国，就连葡萄牙、西班牙、荷兰等其他强大的欧洲国家也都遇到了当地强大的政权。鉴于这种局面，欧洲的扩张或多或少包含着机会主义色彩的妥协，也包含着一些或者心之期许，或者只能简单接受的融合。我们必须从这些现象中来理解历史学与法律相互作用的方式。首先，欧洲的商人和势力都接受了地方性的商贸和法律规则，因此法律多元化的形式不会比美洲地区更为稳定。

因此，领土扩张的关键概念，包括主权之概念，被从根本上进行了修正。在美洲，正如我们所提及的那样，欧洲人希望能借助关于"帝国"和"权利"这类有可能为他们的霸权和对土地的占领进行辩护的阐释。这类阐释在印度和中国行不通，因为在这两个地方，地方势力与欧洲的竞争进行了联合。因此，荷兰哲学家、法学家格劳秀斯（Hugo Grotius）（1583~1645）形成了自己的一套关于贸易自由的理论，以反对垄断，这不仅是为了推动地方政府开放与"外国人"的商贸活动，也是为了阻止葡萄牙人在荷兰建立垄断权。印度洋的情况更为复杂。通过自治和欧洲商贸公司逐渐壮大的力量，欧洲势力从内部开始腐朽。所谓的特许公司，带着皇家特许权的光芒，于17世纪开始盛行，遍布大西洋和印度洋。然而，在大西洋，这些公司的前景并不明朗；它们不断遭遇破产和倒闭，即使他们已经足够强大到可以侵占某些领土——在新法兰西，也在东部沿海的英国人地区——这些公司最终的结局都是不断地衰落，或是因为君主制国家的再度掌权，或是因为当地势力在殖民地不断增长的威信。相反，在印度洋，这些公司，尤其是英属东印度公司和荷兰联合东印度公司，反而更加团结合作。它们发行证券，甚至开办了一些股份有限公司；它们获得了收税的权力和管理一些领土的权力。

因此，为了理解在这种背景下历史和法律的用途，我们必须同时考虑所有的因素：当地政权的力量和书面标准的存在；西方帝国的威信与他们的特许公司之间的对抗。法律与历史文献的收集成为在印度（葡属印度和英属印度）、印度尼西亚半岛以及东南亚（荷兰殖民地）扩张的一个核心因素，后来也成为殖民稳定性的中心因素。对前者而言，印度的英属东印度公司可不能被称作平庸之辈：一百年间它不断吞并新的领土，从1757年的普拉西战役一直持续到一个世纪之后拉普奇特人的起义。它所遭遇的困难一方面与当地势力的不断强大有关，另一方面也与英属东印度公司无法提升其军事和战略技能以便在印度次大陆更为有效地进行管理有关。它需要吸纳印度兵，借助他们的力量来改变战斗的战术和技巧，以打败地方性武装力量。

在这长达一个世纪的进程中，英属东印度公司和英国议会都一直在为如何稳定英国在殖民地的地位而绞尽脑汁，对其中一些人来说，还要考虑如何避免东印度公司的"掠夺"及其面对英国时的过度"独立"。因此，关于语言、历史、风俗以及印度法律的研究开始生根发芽。① 一种接近萨义德的东方学和殖民史的阐释，将重点放在英国人对印度历史的占为己有以及英国人将"真实的"历史（英国的和欧洲的）与印度神话相对照的态度上。② 尽管我们可以列举多个实例来证明这种阐释，但这种阐释忽视了两个重要的因素：英国的专家、学者和官员参考了很多地方性的史料和媒介，他们深深地受到这些参考资料的影响③；同样，那种旨在将某些英国或欧洲的范畴用于研究印度的普世态度并非个例，还有一些人的立场强调了认识当地语言和制度的必要性。因此，英属东印度公司决定借鉴蒙古人和后蒙古时期诸如上诉法院之类的法律制度，而在中央

① Alessandro Stanziani, *Seamen, Migrants and Workers: Bondage in the Indian Ocean World, Eighteenth-Nineteenth Centuries*, New York, Palgrave Macmillan, 2014.

② Nicholas B. Dirks, *Colonialism and Culture*, Ann Arbor, University of Michigan Press, 1992.

③ Thomas Trautmann, *Languages and Nations: The Dravidian Proof in Colonial Madras*, Berkeley, University of California Press, 2006.

层面则完全运用英国法。① 英属东印度公司的总管沃伦·黑斯廷斯（Warren Hastings）下令收集所有的"法律"和制度，无论它们是伊斯兰教的还是印度教的。他鼓励借助当地语言的研究，来接近当地的居民。从这一点上，我们可以看出殖民领域内文献学的根源，即萨义德所贬低的东方主义。实际上，黑斯廷斯非常重视印度背景下的"特性"，也非常重视英国的"特性"，从这一点出发，他也强调了颁布合适的规章制度的重要性。他也从中得出了结论，即只有英属东印度公司里接受过良好培训的官员而非英国议会里的官员才可以真正地管理印度。他得到了威廉·琼斯的支持。威廉·琼斯也是文化"特性"的支持者，他的专长是研究印度文明，撰写过一部关于印度法律的综述。②

207

　　然而，他的这种态度在英国备受质疑，很大一部分议会议员坚持认为英国法和印度传统具有顽固性，也认为有必要在殖民地确立英国的范畴和制度。③ 这种思想是很多因素融合的后果，其中包括普世主义的抱负——那种认为英国价值观优于其他所有价值观的信念——以及更好地控制英属东印度公司的欲望。特别是议员、哲学家埃德蒙·伯克（Edmund

---

① Tapas Kumar Banerjee, *Background to Indian Criminal Law*, Calcutta, Orient Longman, 1963, p. 130; Harald Fischer-Tiné, Michael Mann (dir.), *Colonialism as Civilizing Mission*, Londres, Anthem Press, 2004.

② Jones to Arthur Lee, 1er octobre 1786, in *The Letters of Sir William Jones*, éd. Garland Cannon, 2 vol., Oxford, 1970, t. II, p. 712.

③ "Extract of the Proceedings of the Committee at Kishan Nugar (June 28, 1772)", in Seventh Report from the Committee of Secrecy (May 6, 1773), in *House of Commons Sessional Papers of the Eighteenth Century*, 348, éd. Sheila Lambert, 1975.

Burke），他批判黑斯廷斯和英属东印度公司的腐败，指责他们
随意地将权力强加于当地人民之上，完全忽视了英国法和当地
的风俗，这一点有悖于他们对外所声称的。事实上，伯克害怕
这种公开的专制做法会在继法国、欧洲和法属圣多明各之后，
点燃印度人民的怒火。[1] 他促使议会对黑斯廷斯发起弹劾，也
促使议会对英属东印度公司的活动采取了更为严格的管控措
施。伯克同样也致力于推广学习在印度通行的印度和穆斯林准
则，以便在设立一部借鉴英国法的世界法的过程中，将这些准
则更好地融入其中。[2] 他除了编著一些关于印度法的专著，还
编著了一部集合了穆斯林法和当地各种判决的专著（《指南：
穆斯林法评述》[3]）。

这种对于当地法律和风俗的兴趣，并不仅事关印度地区的
稳定与治理，还事关奴隶制和土地所有权。从 16 世纪 70 年代
开始，印度和英国本土的英国观察家们就开始反思，印度是否
存在一种"真正的奴隶制"。毫无疑问，因为债务、姘居、终
身为仆而产生的多种形式从属关系的大范围存在，也还有很多

---

[1] Elie Halevy, *The Growth of Philosophic Radicalism*, *1901 - 1904*；Douglas Hay, Albion's Fatal Tree：*Crime and Society in Eighteenth-Century England*, Londres, Pantheon Books, 1975；Daniel Lieberman, *The Province of Legislation Determined：Legal Theory in Eighteenth-Century England*, Cambridge, Cambridge University Press, 1989.

[2] Collector of Madura v Mutu Ramalonga 1868, 12 M. I . A. 397 quoted in George Rankin, "Custom and the Muslim Law in British India", *Transactions of the Grotius Society*, vol. 25：*Problems of Peace and War*（1939）, pp. 89~118, spéc. p. 91.

[3] Bernard Cohn, *Colonialism and Its Forms of Knowledge：The British in India*, Princeton, Princeton University Press, 1996.

依附于严重附庸关系的农业工人。① 这些都是奴隶制所涵盖的　208
吗？自 18 世纪的最后三十年起，关于这个话题众说纷纭。一
些人提及英国范畴的普遍性，认为这恰恰是奴隶制，认为英国
议会不应该容忍东印度公司坚持认为这些关系具有奴役特点的
那种态度。东方主义者们同意这些人的观点，但他们忽视了一
点，即对公司的管理者来说，将在印度的这些关系定义为
"奴役的关系"体现出双重利益：英属东印度公司可以继续参
与人口贩卖，并且将其"不含奴隶劳动"的甘蔗与建立在奴
隶劳动基础上的、与其形成激烈竞争的安的列斯群岛的甘蔗形
成对比。与此同时，还有一些人表达了不一样的看法：东印度
公司的很多成员和某些英国议会议员发现，批判奴隶制、批判
印度的从属关系相当于疏远了当地的大部分民众和社会上层人
士，有可能危害英国对当地的统治。这些不同的因素解释了为
什么 1843 年之前，印度没有采取任何一种真正的废奴主义政
策。1843 年之后，很多英国官员继续对当地的所作所为视而
不见，甚至鼓励东印度公司强迫印度人去阿萨姆、孟加拉的种
植园去劳动，在东印度公司被撤销之后，他们又怂恿英国政府
继续鼓励这种或多或少带有强迫意味的劳动，特别是在基础设
施的建设和维护领域。

　　对奴隶制这种模棱两可的态度与对"所有权"定义的模
棱两可同时存在。1793 年的《永久居留法案》将印度著名的

---

① Indrani Chatterjee, Richard Eaton（dir.）, *Slavery and South Asian History*, Bloomington, Indiana University Press, 2006; Andrea Major, Slavery, *Abolitionism and Empire in India*, *1772 - 1843*, Liverpool, Liverpool University Press, 2002.

"地税包收人"（Zamindar）变成了土地所有人。底层研究将之作为其核心论据，以证明英国征税的范畴是其所独有的，以便更好地掠夺印度人民。现实情况要更为复杂。首先，这项改革只涉及比哈尔和孟加拉，并没有扩展到整个印度（在历史文献中通常认为只存在于孟加拉）。例如，这些条款只适用于被西方统治的印度，特别是古吉拉特地区。在这里，迪赛人——婆罗门僧侣农场主——负责收税业务。与在孟加拉的所作所为不同，英国人认为迪赛人对当地人民进行了不公正的剥削。他们剥夺了当地人的土地所有权。但是，最终他们未能如愿以偿：迪赛人继续负责收税，而这一次是帮着英国人收税，最终，迪赛人占有了很大一部分农民的土地，即使这些农民在形式上仍然保留着土地所有权。①

即使与孟加拉相比，东印度公司的成员们和最初一些议会议员的态度也产生了分歧。一些人认为这些地方性制度应该被继续保留，而另一些人则坚持传统的欧洲中心主义观点，认为应该继续在这些领域内使用英国的准则。不得不提的是，仍然是在孟加拉，在东印度公司到来之前甚至在其管理之下，其所有权的概念和操作实践也在不断发生着变化。② 关于这一问题，当地的参与者们构造出一种新的解释；英国的到来为这个活力四射的社会锦上添花。从这一事实可以看出，英国改革的效果反映出这些多样的变化，而不仅仅是一个"自上而下"

---

① Johannes C. Breman, *Labor Bondage in West India*, Delhi, Oxford University Press, 2007.

② Andrew Sartori, *Liberalism in Empire : An Alternative History*, Berkeley, University of California Press, 2014.

强行开展的进程。

　　再一次，历史的重构带来了主权、法律和所有权的问题。为了判断这些地方性准则与英国法相比较的一致性，也为了证明这些所有权封号的有效性，英国的评论家们开始研究印度的历史。后殖民时期的历史研究强烈地抨击英国那种声称印度不存在任何一种真正科学的历史的态度，批判从这种态度出发而强行推广英国对印度历史的重新撰写。① 事实上，这些态度更为复杂。一些英国的官员和史学家实际上接受了这种非常具有欧洲中心主义色彩的立场；而其他人则相反，认为非常有必要学习地方性语言和史料，以便撰写一部真正的印度历史。② 最近，详细列举印度与英国在关于诸如考古学建构③的文本、手稿以及殖民时期文献方面的相互交流已成为可能。④ 因此，东印度公司的官员柯林·麦肯齐（Colin Mackenzie）（1753~1821）承担了两项额外的任务：一方面，他要辨别关于印度的史料（从广义上说包括：自然史、地理史、王朝史、地籍史、区域史，等等）；另一方面，他还要撰写一部关于领土和所有权的地理书籍。麦肯齐呈现了印度的一种理想面貌，包括我们所看到的、甚至可以作为蒙古帝国根基的印度人与穆斯林之间具有决定性意义的交汇。恰恰相反，他认为穆斯林"模糊"了印度真正的历史。因此，他致力于寻找真正的印

---

① Partha Chatterjee, *The Nation and Its Fragments : Colonial and Postcolonial Histories*, Princeton, Princeton University Press, 1993; Ranajit Guha, *An Indian Historiography of India : A Nineteenth-century Agenda and Its Implications*, Calcutta, Center of Social Studies, 1993.

② Nicholas B. Dirks, *Colonialism and Culture*, op. cit.

③ Sudeshna Guha, *Artefacts of History*, op. cit.

④ Rama Sundari Mantena, *The Origins of Modern Historiography in India*, op. cit.

210 度史料。在他看来，真正的印度史料并不完全忠于词汇上的西方
意义。从这一目的出发，他认为可以借助一些印度人来帮他找到
文献，并且帮他进行翻译。通过对这些史料的筛选和翻译，印度
和英国的真正相遇出现了。不仅是麦肯齐雇用的印度人，而且接
受过这些印度人访谈的村民们都开始寻找与英国人之间达成的一
些妥协：印度人给英国人提供的一些要素可能是为了取悦他们，
而不是用来帮助他们了解当地现实。正是这种参与者、兴趣以及
价值观的综合体，就像当地文本（karanam）的可塑性一样，让殖
民历史研究知识的特殊建构在印度得以形成。

　　一言以蔽之，印度的情况表明，东方主义与底层研究的论
据已经部分形成：一些英国人致力于树立欧洲中心主义规则的
权威，通过这一点，他们创造出一个智慧的、部分虚构的印
度。然而，这种态度也遇到了英国人自己设立的重大阻碍。他
们中的一些人实际上认为，"当地的价值观"有助于解决殖民
者面对的问题：帝国如何来实现一种灵活且有效的管理？无论
如何，这些思潮都必须面对本身就很包罗万象的印度社会所采
取的立场。结果可能会根据不同时期和印度不同的区域体现出
其差异性；但在所有情况中，各种等级的价值观、知识，以及
实践的交错都在所难免。

　　如果现在将印度的情况放在那个时代更为宽泛的全景中来
看，我们可以得出几个有趣的结论。启蒙运动远远不能构成一
个同质的整体；文明主义者和欧洲中心主义者的构想相比前几
个时期可能会形成一定的规模，但根据学者、地点和时期的不
同，他们之间也存在着强烈的差异；被称为"启蒙运动"的欧
洲思想相互作用的模式也因此随着环境的变化而变化；这些思

想在印度、俄国和美洲形成了不同的模式。诚然，启蒙运动是全球性的，但它更是相关联的，也是相互不一致的。例如，欧洲的思想家们在思考俄国、美洲或印度时，对"自由"的定义是不一样的。社会和地方性学者们对欧洲人的影响同样也是不尽相同的，尽管这种影响在任何地方都是非常重要的。在这种框架内，历史的方法和内容的重构在两种思潮之间摇摆：第一种思潮是普遍的，建立在哲学、法律和政治经济学的基础上；第二种思潮则在相当程度上受到了例外和"当地"的影响。这两种立场反映出 18 世纪不同世界内发生的变革，这些变革同样是丰富多彩的。日益重要的相互联系导致一种追求同质化的欲望的产生，以及拒绝所有来自"全球化"的元素。18 世纪至 19 世纪的革命是对这些相互补充、相互交错的变革的回答。

革命与档案：一种记忆的建构

　　为什么档案的使用以及历史学家的职业都会成为国家历史的代名词？为什么，就像皮埃尔·诺亚所言，国别史会与全球史形成对照？正如很多其他史学家所说的，全球史将革命、国家和档案联系起来；这种解释是否有可立足之处？

　　在讨论档案之前，我们先来谈谈革命。当前以及 19 世纪关于革命的历史研究正在飞速发生着变化。霍布斯鲍姆曾经编撰了一部跨越了国家边界的历史，但这部历史还是极具欧洲中心主义的：在他看来，先进的、资本主义的世界造就了一些革命，这些革命加速了旧制度秩序向资产阶级秩序的过渡。① 在法国，历史的引擎是政治思想；而在英国，历史的引擎则是经济。在法国，很大一部分史学家将关于革命的研究局限在国家变革中，例如财政、整体经济，在这个时代，政治和哲学思想甚至军事技术都不属于被广泛全球化的事物之列。②

美国的史学家们同样将重心置于殖民地与英国的紧张关系上，忽略了殖民地与拉丁美洲、伊比利亚半岛国家、亚洲、非洲当然还有法兰西帝国之间的联系。③ 对在19世纪初期震撼了拉丁美洲的一些重要事件也是如此：骚乱、独立战争或革命，对这些名词的选择每一次都导致无数政治议题的产生④；长久以来，自由主义者、民族主义者以及马克思主义者都将这些事件定义为"独立战争"，一些人是为了避免与革命运动产生一切联系，而另一些人则是为了证明马克思理论的普适性，以及只有当马克思主义处于先进资本主义背景下才能导致革命

---

① Eric Hobsbawm, *L'ère des révolutions : 1789 - 1848*, Paris, Fayard, 1970; Éditions Complexe, 1988（éd. orig.：*The Age of Revolution* 1962）*Les Bandits*, Paris, Maspero, 1972（éd. orig.：*Bandits*, 1968）*L'ère du capital : 1848-1875*, Paris, Fayard, 1978, rééd. 1994; Hachette, 1997（éd. orig.：*The Age of Capital*, 1975）; *L'ère des empires : 1875-1914* Paris, Fayard, 1989; Hachette, 1997（éd. orig.：*The Age of Empire*, 1987）. *L'Âge des extrêmes : le court xxe siècle 1914-1991*, Éditions Complexe, 1999（éd. orig.：*The Age of Extremes* 1994）.

② Jean-Joël Brégeon, *Écrire la Révolution française. Deux siècles d'historiographie*, Paris, Ellipses, 2011; Jacques Godechot, *Les Révolutions*, Paris, PUF, 1986; Jean-Clément Martin（dir.）, *La Révolution à l'oeuvre. Perspectives actuelles dans l'histoire de la Révolution française*, Rennes, PUR, 2005.

③ Robert R. Palmer, *The Age of the Democratic Revolution : A Political History of Europe and America, 1760-1800*, 2 vol., Princeton, Princeton University Press, 1959-1964.

④ Jeremy Adelman, *Sovereignty and Revolution in the Iberian Atlantic*, Princeton, Princeton University Press, 2006.

的可能性。①

　　只是在最近这些年间，历史研究才开始思考关于革命的跨国别史，无论是从词源学的层面，还是从社会经济以及政治的历史性变化层面。在这一点上，柯塞勒克成为一个不可动摇的标杆。② 尤其是通过参考汉娜·阿伦特的作品③，柯塞勒克认为，革命的概念在18世纪发生了变化，从一种受天文学启发（哥白尼的革命）而产生的概念转变为一种关于政治和社会变化的有效呈现。他认为，这种演变在洛克于17世纪40年代创作的作品中极为明显，当时正发生了第一次英国资产阶级革命，后来又发生了1688年的光荣革命。诸如王权复辟之类的革命让位于其他革命，例如赋予议会新的权力。④ 然而，为了让这种蜕变得以发生，就需要一种外部的变革：最初被定义为内战的冲突成了"革命"。循环时间（革命作为王权复辟）因此也让位于线性时间。⑤ 因此，时间也铺开了一种期望的视角，在柯塞勒克看来，这也与由秩序架构而成的旧制度社会过　213

---

①　David A. Brading, *The First America : The Spanish Monarchy, Creole Patriots and the Liberal State, 1492-1867*, Cambridge, Cambridge University Press, 1991.

②　Reinhart Koselleck, *Vergangene Zukunft. Zur Semantik geschichtlicher Zeiten*, 1979; *Futures Past. On the Semantics of Historical Time*, 1985; "The Modern Concept of Revolution as a Historical Category", in *Zeitschrift für die Einheit der Wissenschaften im Zusammenhang ihrer Begriffsbildungen und Forschungsmethoden*, *Studium Generale*, 22/8 (1969), pp. 825-838.

③　Hannah Arendt, *On Revolution*, New York, Viking Press, 1963.

④　Reinhart Koselleck, "*Revolution*", in Otto Brunner, Werner Conze, Reinhart Koselleck (dir.), *Geschichtliche Grundbegriffe. Historisches Lexikon zur Politisch-Sozialen Sprache in Deutschland*, 9 vol., Stuttgart, Ernst Klett Verlag, 1972-1990.

⑤　Alexandre Escudier, "Temporalisation et modernité politique: penser avec Koselleck", *Annales HSS*, 64/6 (2009), pp. 1269-1301.

渡到资产阶级社会进行了呼应。[1]

这种解释受到了史学家们的热烈欢迎，不仅包括研究史学史的历史专家（阿赫托戈针对这个主题进行过最具说服力的分析[2]），也包括政治史、经济史和社会史领域。[3] 类似的解释赋予事件和18世纪思想一种中心作用，一直到现在，它们都被喻为西方社会的基石。

但是最近，很多学者开始质疑柯塞勒克的解释。特别是大卫·阿米蒂奇指出，很难从革命的不同概念中找到一种清晰的过渡。通过分析英国和美国，阿米蒂奇指出，实际上这些解释在17世纪和18世纪就已经同时存在，他认为这种共存自古罗马时期开始就存在于其他欧洲国家的观念里。遵循着这种思路，最近出现了一部由众多人集体创作的作品，重新研究了柯塞勒克的成果。[4] 这些作品部分参考了后结构主义人类学的思想，非常明确地将重点放在关于时间概念的多样性上。[5]

这些研究范式的力量在于，它们可以让人脱离某种历史决

---

① Willibald Steinmetz, "Nachruf auf Reinhart Koselleck (1923-2006)" *Geschichte und Gesellschaft*, 32/3 (2006), pp. 412 - 432; Willibald Steinmetz, Michael Freeden, Javier Fernández-Sebastián (dir.), *Conceptual History in the European Space*, New York-Oxford, Berghahn, 2017.

② François Hartog, *Régimes d'historicité*, op. cit.

③ Witold Kula, *Les mesures et les hommes*, Paris, EHESS, 1985; Edward P. Thompson, "Time, Work Discipline, and Industrial Capitalism" *Past and Present*, 38 (1967), pp. 56-97.

④ Keith M. Baker, Dan Edelstein (dir.), *Scripting Revolutions*, Stanford, Stanford University Press, 2013.

⑤ Johannes Fabian, *Time and the Others. How Anthropology Makes Its Object*, New York, Columbia University Press, 1983, trad fr. Toulouse, Anacharsis, 2006.

定论，这种历史决定论可以从一种思想到来之时或从资产阶级的社会政治秩序中看到一种历史的必然。这些研究范式的主要缺陷在于它们想将这些概念的比较和流通以及实践限定在一种共时的维度内，因而忽视了所研究的两个世纪中这些概念与政治社会变革所产生的一切联系。我们对革命多元化概念在循环背景中的持续性了如指掌，但这些概念在与历史进程产生的关系之间发生着什么样的演变，对此我们一无所知。

特别是在涉及柯塞勒克及其追随者或阿米蒂奇的时候，相关讨论就被局限在欧洲世界，似乎欧洲世界占据了史学和政治学中关于时间性思考的唯一高地，更似乎欧洲世界与其他的世界彼此隔绝。实际上，正是在多个世界的夹缝中，革命的概念在 17 世纪和 18 世纪发生着演变。 214

历史书写是一种循环进程还是线性进程，是一种统一的进程还是一种遍布突然断裂的进程，这在欧洲、亚洲、非洲和美洲发生重大变革的时候，构成了一项根本性的挑战。革命，作为一种政治范畴或史学范畴的革命，并没有与法国大革命同时诞生，而是远在这之前就已经在存在于一种欧亚大流通的环境中。

在孟加拉的社会精英们遇到托马斯·潘恩及其《人权论》之前，从 18 世纪初开始，印度北部的锡克教信徒就宣称要进行"法"的革命，即他们的"权利"革命，也因此展开了与蒙古势力的斗争。同样，在阿拉伯半岛上，瓦哈比派穆斯林教徒展开了一场纯净伊斯兰教运动，以反对在开罗被"玷污"的伊斯兰教。1773 年在越南，西山起义的目标是重新建立富人和穷人之间的平等关系。十万全副武装的农民闯进东京（越南北部地区)，最终在夺取政权三年后结束了后黎朝的统治。中国人和暹罗人乘虚而入，双方都开始征用欧洲雇佣兵。在法国也是如此，国际财政的变革对法兰西帝国的财政收入产生了消极影响[1]，而七年战争也极大地削弱了法兰西帝国的势力。[2] 印度、中国和英国纺织业的全球性繁荣同样也将法国的生产者和商人推入绝境。[3] 面对进口的不断增加，君主阶层对此做出的回应是采取保护主义态度，这种态度鼓励了大范围的走私，导致民众对税收体系产生了强烈的不满。[4] 税收制度和资本的流动削弱了君主制度，而银行业的全球化和贸易的全球化也在同时不断发展。[5] 君主阶层因此提高了间接税以及贸易方面的税赋，以摆脱这些困境，但此举并未发挥作用，只是引起了民众的不满。[6] 这些抗议的最终结果是触及了各种特权，不仅是税务方面的，也包括贸易和政治方面的。[7]

在他们看来，西班牙反拿破仑斗争的失败刺激了反抗运

① Thomas E. Kaiser, Dale K. Van Kley (dir.), *From Deficit to Deluge : The Origins of the French Revolution*, Stanford, Stanford University Press, 2011.

② Bailey Stone, *The Genesis of the French Revolution : A Global Historical Interpretation*, Cambridge, Cambridge University Press, 1994.

③ Serge Chassagne, *Le coton et ses patrons*, *France, 1760 - 1840*, Paris, EHESS, 1991; Glenn Ames, Colbert, *Mercantilism and the French Quest for Asian Trade*, Dekalb, Northern Illinois University Press, 1996.

④ Jean Nicolas, *La rébellion française : mouvements populaires et conscience sociale*, *1661-1789*, Paris, Seuil, 2002.

⑤ Lynn Hunt, "The Global Origins of 1789", in Suzanne Desan, Lynn Hunt, William Max Nelson (dir.), *The French Revolution in Global Perspective*, op. cit., pp. 32- 43.

⑥ Paul Cheney, *Revolutionary Commerce : Globalization and the French Monarchy*, Cambridge, Cambridge University Press, 2010.

⑦ Annie Jourdan, *Révolution, une exception française ?*, Paris, Flammarion, 2004.

动和后来发生在拉丁美洲的独立战争。① 拉丁美洲地区与欧洲之间的贸易——无论是奴隶贩卖还是稀有金属的贸易——中断，都不仅在欧洲产生了重要的影响，也对亚洲产生了重要影响。在当时的亚洲，中国和日本都严重地依赖着美国的经济。②

18世纪的全球化同时导致了全球性冲击力的形成和民族主义者的强烈反应，在革命运动和反革命运动中，二者相互叠加、相互作用。最终，1815年崛起的世界严重地依赖着英国；"大英盛世"保证了欧洲和世界其他地区某种程度的稳定。在意识形态层面，旧帝国（奥匈帝国、俄国、奥斯曼帝国、中国）的顽固性与新帝国（英国、美国）共存，也伴随着作为一种政治和意识形态诉求的国家的出现。无论是在欧洲、亚洲还是美洲，国家的诉求成为贯穿整个19世纪的一个核心要义。我们必须从全球和国家之间的张力出发，来评判关于历史及其工具作用的讨论。

档案及其分类

与革命以及国家的建立一样，档案的建构也脱离不了全球化的进程。革命，后来发生在欧洲部分地区的重建，以及全球性的动荡，都用一种新的方式再次提出关于历史的意义及其方法的一些固有问题。中断与延续；神话与历史；哲学史与博学史；历史知识的来源：17世纪、18世纪已经开始了关于这方面的讨论，但在1800年之后，这些讨论才被赋予了新的意义。普遍来说，在经

---

① Jeremy Adelman, *Sovereignty and Revolution in the Iberian Atlantic*, *op. cit.*

② Man-Houng Li, *China Upside Down*, *op. cit.*

济和思想的交换、交通和生产的国际化成为一种新的全球浪潮的背景下，新的政治实体的诞生将历史的国家特征置于首位。历史，它的工具和它的论据反映出这些张力：革命进程的全球性及其同样全球化的根源，随着国家的诉求而部分被抹煞。

启蒙运动提出了一种历史概念，这种概念与政治哲学密不可分。这种概念体现出西方世界的一种全球性的雄心壮志。19世纪保留了这种世界性的立场，但也在寻求将这种立场从革命性的态度中剥离。① 国家作为主体，档案作为史料，文献学作为工具，这些都是19世纪历史书写与历史知识的远大抱负的首要方面。伴随着法国大革命的诞生，档案变成了公共资源，也成为记忆的场地。② 新的制度构建了其自己的记忆以及关于之前制度的记忆；档案的获取和分类也回应了这种需求。③ 不过，后革命时期的法国并没有将原始文献封锁在政府秘书处，或像中国那样将关于历代王朝的文献加以摧毁，而是从一种真正公共性的维度来看待国家的档案。④ 欧洲主要的国家纷纷效仿法国，19世纪上半叶各国开始陆续建立国家档案。公共档案的建立成为国家及其独立的一种象征，有时候甚至在国家的独立成

---

① Arlette Farge, *Le goût de l'archive*, Paris, Seuil, 1989; Ead., *Des lieux pour l'histoire*, Paris, Seuil, 1997.

② Pierre Nora, *Les lieux de mémoire. Ⅱ. La nation*, Paris, Gallimard 1986; Jean et Lucie Favier, *Archives nationales. Quinze siècles d'histoire*, Paris, Nathan, 1988; Lucie Favier, *La mémoire de l'État*, *histoire des Archives nationales*, Paris, Fayard, 2004.

③ Krzysztof Pomian, *Sur l'histoire*, Paris, Gallimard, 1999; Sophie Coeuré, Vincent Duclert, *Les archives*, Paris, La Découverte, 2001.

④ Michel Duchein, "The History of European Archives and the Development of the Archival Profession in Europe", *America Archivist*, 55/1 (1992), pp. 14-25.

为现实之前就已经进行。① 匈牙利就是一例。② 而在意大利，
档案和公共图书馆的建立在独立战争和统一战争之后极大地增
强了新政府的合法性。③ 在 19 世纪的理想化模型及其所表达
的用途之中，档案成为国家的同义词，与之相对照的是历史的　217
全球化视角。这些张力甚至存在于档案的组织架构中。④ 两种
分类原则由此产生：一种是来源原则（文献的来源），另一种
是事由原则（主题）。⑤ 档案工作者，特别是法国的档案工作者，

----

① Bruno Delmas, Christine Nougaret（dir.）, *Archives et nations dans l'Europe du xixe siècle*, Paris, École des chartes, 2004.

② Jean-Pierre Babelon, *Les archives*, *mémoire de la France* Paris, La Découverte, 2008；Monika Baàr, *Historians and Nationalism : East-Central Europe in the Nineteenth Century*, Oxford, Oxford University Press, 2010.

③ Giuseppe Di Costanzo（dir.）, *La cultura storica italiana tra Otto e Novecento*, Napoli, Liguori, 1990.

④ Étienne Anheim, "Singulières archives. Le statut des archives dans l'épistémologie historique. Une discussion de La mémoire, l'histoire, l'oubli de Paul Ricoeur", *Revue de synthèse*, 125（2004）, pp. 153‑182. Françoise Hildesheimer, *Les archives. Pourquoi ? Comment ?*, Paris, Éditions Christian, 1984；Ead., "Périodisation et archives" in Olivier Dumoulin, Raphaël Valéry（dir.）, *Périodes. La construction du temps historique*, *Actes du Ve colloque d'histoire au présent*, Paris, EHESS, 1989 *Sources. Travaux historiques*, n° 23 – 24, juilletdécembre 1990RHMC［Revue d'histoire moderne et contemporaine］, *Les historiens et les archives. Politiques et usages des archives en France*, hors‑série n°1（2001）（Daniel Roche, Christine Nougaret, Vincent Duclert, Éric Brian, Patrick Fridenson, Claude Liauzu, Jean-Marc Berlière 等人的文章）。

⑤ Françoise Hildesheimer, "Des triages au respect des fonds. Les archives en France sous la monarchie de Juillet", *Revue historique* CCLXXXVI/2（octobre-décembre 1991）*Introduction à l'histoire*, Paris, Hachette 1994；"Échec aux Archives：la difficile affirmation d'une administration", *Bibliothèque de l'École des chartes*, 156/1（1998）, pp. 91 – 106；*Les archives de France. Mémoire de l'histoire*, *Histoire et archives*, numéro hors série, Librairie Champion, 1997；"Les Archives nationales au xixe siècle. Établissement administratif ou scientifique ?", *Histoire et archives*, 1,（janvier-juin 1997）, pp. 105‑135.

喜欢强调要掌握好保存的原则，即要根据制造档案的部门的分类方式对档案进行分类。① 因此，档案工作者就将自我局限在保存原始的分类（原有次序）上。② 实际上，这条原则遇到了很多问题，首先就是藏品的物理位置：存储的限制导致出自同一机构的资源被划分在不同的区域，文献的标签通常会被迫产生区别。③

不过，保存原则也遇到了另外两种挑战：首先，必须决定，是否所有的机构都被记录进入档案；例如，由中央机构甚至地方机构的附属机构创作的文献并不一定都保存在国家档案中，或者，如果它们被保存在国家档案中，那也并不能确定这些文献会被保存在中央机构中的同一个存放点。④ 因此，必须决定是否将所有分支机构和它们的资源划分在同一个存储中，或将其分为不同的资源。

例如，在法国，很多与劳工相关的机构的档案都被存放在鲁贝，而关于殖民地劳工的档案都被存放在埃克斯，劳工部的档案有一部分属于国家档案馆。而不同的商会带有它们根据不同时期而体现出的近乎公共的或私有的性质，绝大部分都保存着自己的档案。

一旦做出这种决定之后，关于辨别档案的系列及其与资源

---

① Claire Béchu (dir.), *Les Archives nationales. Des lieux pour l'histoire de France. Bicentenaire d'une installation*, *1808 - 2008*, Paris, Archives nationales-Éditions Somogy, 2008.

② Lucie Favier, *La mémoire de l'État* op. cit.

③ Michel Duchein, "Le respect des fonds en archivistique: principes théoriques et problèmes pratiques" *La Gazette des archives*, 97/2 (1977), pp. 71-96.

④ Jean Favier, Danièle Nierinck, *La pratique archivistique française* Paris, Archives nationales, 1993.

关系的问题就出现了。① 来源原则并不总能解决这种问题，因此必须决定按照何种序列和顺序来对档案进行分类。例如，农业、商贸和工业部的职责分布在三个不同的部委，这就对这三个部门的档案分类方法提出了问题。② 最终，制度的变革影响了文献在档案中的布局以及对它们的清点。③

　　每一个国家采取的措施均有所不同。④ 因此，在俄国，从1718～1720 年彼得大帝的改革开始，每一个中央机构都有自己的档案（不面向公众），这些档案有时按照年代的顺序来组织，有时按照"事件"或主题来组织，有时按照所涉及的区域来组织。从 1765 年开始，两位学者——定居于圣彼得堡的德国人格哈德·弗里德里希·米勒和尼古拉·N. 班蒂什-卡缅斯基（Nikolai Bantich-Kamenski N.）（1737～1814）提议将这些分类方法归结为一种，即归结为——根据隶属于外交部的外交学院的分类方法——主题原则。因此，按照区域来组织的收藏资源出现了爆炸性增长，例如对西伯利亚地区的探究。然而，当俄国人想将这种原则运用于外交部所有分支的时候，他们遇到了很大的困难。面对这些困难，俄国人又

---

① Vincent Duclert, "La 'question archives' en France. Une approche bibliographique", *Histoire et archives*, 5 (janvier-juin 1999), pp. 163-177; Id., "Autour d'une politique manquée des archives en France. L'échec de la proposition de loi de 1904 et le 'laboratoire des historiens'", *Histoire et archives*, 10 (2e semestre 2001), pp. 85-123.

② Oliver W. Holmes, "Archival Arrangement: Five Different Operations at Five Different Levels", *The American Archivist*, 27/1 (1964), pp. 21-41.

③ Jean-Louis Gaulin, "L'ascèse du texte ou le retour aux sources", in Jean Boutier et Dominique Julia (dir.), *Passés recomposés. Champs et chantiers de l'histoire*, Paris, Autrement, 1995, pp. 163-172.

④ Paul Delsalle, *Une histoire de l'archivistique*, Québec, Presses universitaires du Québec, 2000.

想将部分档案按照来源原则进行分类，至少对其中一部分档
案进行这样的分类。通过按照档案的地理来源分类，他们完
善了这条标准，在这条标准内，他们又找到了一些主题。[①] 换
言之，他们同时采取了三条准则：来源、主题和相关区域
（这一次又在地理区域和行政区域之间发生了摇摆）。整个 18
世纪和 19 世纪，俄国的其他中央机构遵循着来源原则，尽管
这种分类方式的局限性已经不言自明。深受法国启发的俄国档
案工作者们所谓的与法国相比的特殊性，在于这些档案并不面
向公众。一直到 1905 年，俄国国家杜马才下令将国家档案向
大部分民众开放。

在巴西，皇家图书馆自 1810 年才开始建立，随后，深受
英国公共档案馆的启发，巴西于 1824 年建立了公共档案馆。[②]
这种组织架构同时带来了一种既是独立的，又是自由的历史
认识；自此以后，档案及其分类必须要体现出与葡萄牙的不
同，避免那种可能会声明改革性原则有效的类似法国式的档
案分类方法。英国在巴西的存在感不仅局限于经济与外交层
面，也一直延伸至一种远离雅各宾激进主义的国家记忆的建
构中。因此，巴西的档案分类方法与英国的档案分类方法非
常相似。

同样的，在日本，早在 1868 年明治维新之后，新的执政
当局就提出了创立国家档案的问题。这项重任被授予收集历史

① Victoria Prozorova-Thomas, "Le classement selon le principe de pertinence comme reflet de la commande d'État: les archives soviétiques", *Matériaux pour l'histoire de notre temps*, 82/2 (2006), pp. 58-64.

② José Honorio Rodrigues, *Historia da historia do Brasil*, Sao Paolo, 1979; Id., *Historia e Historiadores do Brasil*, Sao Paolo, 1965.

资料和编撰民族国家历史的部门。① 他们对这些资料按照江
户、幕府、新政府等年代顺序组织建立，这成为历史重构的根
基，一直到现在都影响着日本历史的分期。②

　　自 19 世纪开始，荷兰和美国展开了对档案分类来源原则
的论战，德国后来也加入其中。学者们提出的理由千变万化：
国家的"年轻"、社会科学在史学家和档案工作者的培养工作
中发挥的重要性（尤其是在荷兰）。这些因素一直到现在都有
助于我们理解这些国家的史学家们按照"主题"分类的思潮。
这些思潮广泛蔓延，例如在法国或意大利，按照年代的划分就
产生了尊重来源原则这一档案思想。③

　　无论档案是按照来源地还是目的地进行分类，最终都是民
族国家（état-nation）被展示在公众面前。④ 对档案的分类反映
出民族国家按照部委和区域影响力进行的组织架构。然而，我
们必须要避免将这种建构看作历史现实，因为我们通常非常容

220

---

① Margaret Mehl, *History and the State in Nineteenth-Century Japan*, New York, Macmillan, 1998.

② Axel Schneider, Stefan Tanaka, "The Transformation of History in China and Japan", in Stuart Macintyre, Juan Maiguashca, Attila Pók (dir.), *The Oxford History of Historical Writing*, *vol. 4: 1800-1945*, Oxford, Oxford University Press, 2012, pp. 491-519.

③ Barbara Craig (dir.), *The Archival Imagination: Essays in Honour of Hugh Taylor* Ottawa, Association of Canadian Archivists, 1992; André Burguière (dir.), *Dictionnaire des sciences historiques*, Paris, PUF, 1986; Gérard Noiriel, "Naissance du métier d'historien", Genèses, 1 (1990), pp. 58-85.

④ Marc-Olivier Baruch, Denis Peschanski, "Pouvoir politique et a/Archive (s): question (s) d'actualité?", 让·莫奈学院（Sceaux 校区）2000 年 5 月 25～26 日研讨会报告，"Les archives et le droit"; Sebastian Jobs, Alf Lüdtke (dir.), *Unsettling History: Archiving and Narrating in Historiography*, Frankfurt am Main, Campus, 2010。

易按照福柯的方式来这样做。① 档案体现的是一种评定，同时也是一种准则：按照来源原则而对文献进行精心梳理的分类方式，赋予了国家更多的协调性和理性。诚然，这些机构——各类部委、政府、官僚机构——折射出一种相关的社会秩序和书写的程序。② 然而，这些机构并不能构成一个同质的整体，或者至少构成一个理性的整体，就像韦伯所想象的那样。③ 大部分公共机构和它们的档案实际上表现出的是杂乱无章而不是韦伯式的理性；文献和信息不仅在这些机构内部毫无秩序地流通着，而且通常在同一个官僚机构内部的流通也是如此。贴在文献上的两张"标签"有助于我们理解这项进程的复杂性。第一张标签是"复印版"批注。相关文献上的这种标识的出现，可以让人抓住信息流通的特性及其局限性。复印版被认为可以让其他机构或同一行政机构里的其他机构或部门得以获得信息。然而，在有碳复印被引入之前，人们有可能会发现文献以及之后的信息最终被修改的方式，无论是在不同机构之间的"水平"流通中，还是在同一机构中的"垂直"流通中。复印技术被发明之前，"复印版"并不是真正的复印版本。我们可以通过几个例子来证明这方面的冲突，例如，19世纪后半叶

221

<hr />

① Knut Ebeling, Stephan Günzel（dir.）, *Archivologie. Theorien des Archivs in Philosophie*, Medien und Künsten, Berlin, Kadmos Kulturverlag, 2009; Carolyne Steedman, *Dust : The Archive and Cultural History*, Manchester, Manchester University Press, 2001.

② Mary Douglas, *Comment pensent les institutions*, Paris, La Découverte, 1999（orig. Syracuse, 1986）.

③ Alain Blum, Martine Mespoulet, *L'anarchie bureaucratique* Paris, La Découverte, 2003; Adam Tooze, *Statistics and the German State, 1900 - 1945*, Cambridge, Cambridge University Press, 2001; Éric Brian, *La mesure de l'État, op. cit.*

商务部与外贸部，或外贸部与农业部之间的冲突。这几个部门相互指控彼此扣留了信息；当原版文献及其复印版在档案中被发现的时候，那就有可能证明（更为通常的做法）这些指控的有效性，或确认这些指控。①

另一个位于某些文献空白处的标注是将其认定为"秘密"，原则上力求限制文献的流通性。② 这样的文献流通于——且并不仅仅流通于——极权国家或警方的档案里。③ 在某些情形中，这种秘密的特性倾向于自我淡化，特别是在几乎所有文件都被定义为秘密文件的苏联时期。④ 最终的结果是，一些机构制造着一些自生信息（auto-génératrice）（撰写信息的人按照高级阶层所期待的信息来撰写）。众多历史学家混淆了档案机构、国家机构以及社会生活对国家的控制。这是混淆了意图和现实。⑤ "老大哥"希望能管控一切；至于是否能够实现目标，就又是另一回事了。

这种差距在殖民地的档案机构里更为切实存在。⑥ 无论是在法国、葡萄牙，还是在英国和西班牙，对档案的分类看起来

---

① Alessandro Stanziani, *Histoire de la qualité alimentaire*, Paris, Seuil, 2005; Dominique Margairaz, Philippe Minard (dir.), *L'information économique op. cit.*; Éric Brian, *La mesure de l'État*, *op. cit.*

② Sébastien Laurent (dir.), *Archives "secrètes", secrets d'archives? Historiens et archivistes face aux archives sensibles*, Paris, CNRS Éditions, 2003.

③ Jean-Marc Berlière, "Richesse et misère des archives policières", *Les cahiers de la sécurité intérieure*, 3 (1990–1991), pp. 165–175.

④ Sophie Coeuré, Vincent Duclert, *Les archives*, op. cit.

⑤ Joan M. Schwartz, Terry Cook, "Archives, Records, and Power: The Making of Modern Memory", *Archival Science*, 2 (2002), pp. 1–19.

⑥ Thomas Richards, *The Imperial Archive: Knowledge and the Fantasy of Empire*, Londres-New York, Verso, 1993; Isabelle Dion, "Les archives coloniales", *Histoire et archives*, 13 (janvier-juin 2003).

更预示着一种清晰的、"自上而下"的帝国组织。这种机构长久以来曾是殖民时期历史和后殖民时期历史的一种支撑，经常将行政机构和社会精英的意图看作实际情况。[①] 诚然，反抗、对殖民地及殖民地居民的开拓、既得利益、最粗暴的文明天性都在档案中有所呈现，特别是在系统化的文献、法令以及条例中有所表露。但是，只要再仔细研究一下信件、文献和信息的传输就可以发现，这就是混淆、信息缺失和对信息所蕴含意义的误解占了上风。[②] 从这一点来看，档案及档案的分类对我们和我们的学生来说，并非一种从短语的实证主义意义上来说去了解"真相"的工具，而是一种建立一部国家认知的人种志的工具。档案及档案的分类，信息流通中的混淆和不完善，有助于我们了解"权力"如何进行推理，当然，也有助于我们了解涉事其中的参与者如何影响这并非一种同质整体的同一种"权力"的最终结果。[③] 当然，这并不是说殖民主义、一国对一国的依赖关系和对人类和资源的开发正是一种程式化的理想，但只有避免"自上而下"地来研究这些档案，我们才可以形成一种关于历史变革的更为复杂的形象。在这些有可能成为真实史料的档案与这些表现殖民者不可一世的档案中，可能会存在一条中间道路，这条道路首先将所有这些档案看作不同

---

① Richard Price, *Convict and the Colonel: A Story of Colonialism and Resistance in the Caribbean*, Boston, Beacon Press, 1998.

② Christopher Bayly, *Empire and Information: Intelligence Gathering and Social Communication in India, 1780 – 1870*, Cambridge, Cambridge University Press, 1996.

③ Ann Laura Stoler, "Colonial Archives and the Art of Governance", *Archival Science*, 2 (2002), pp. 87–109.

权力之间的协商行为。对这些档案的复杂创造是一种领域，有助于理解权力、知识和历史建构之间相互联系的方式。对档案的分类表现出正在日益形成的历史记忆的建构。

归根结底，19 世纪表现出档案与国家之间的深刻联系[1]；这种联系一直持续到现在，在历史实践（民族史占主导地位）中找到了诠释，在关于史料的合法性和真实性的概念于 19 世纪的体现中找到了诠释。与此同时，在理想与现实之间，还存在着切实的差距；通过档案来实现一种记忆的建构是一种社会进程，这种进程不能局限于俯视的视角。[2] 诚然，如福柯所言，档案反映出权力的建构；然而，在思考这种建构的同时，我们无法考虑到国家的构建、权力的建构以及历史认识的建构。如果说档案是社会和政治建构，那国家和民族国家更是社会和政治建构。档案在 19 世纪获得的巨大成功当然属于政治意识形态层面和官僚机制构建层面；在国家——联邦国家、中央集权国家、地方政权——的力量及其含义发生变革的实践层面，档案所取得的成功并不明显。尽管重点都在国家-民族层面上，但各个帝国在 19 世纪仍然主导着政治舞台。[3] 这些因素在档案的建构和组织中发挥着作用，中央档案、市镇档案、区域档案以及殖民地档案之间纷繁复杂的联系就足以证明。来源原则与目的地原则、主题原则之间的不确定性也反映出这种多层级的进程。因此，我们不应该忘记档案知识抑或更广泛的

223

---

① Anne-Marie Thiesse, *La création des identités nationales. Europe xviiie – xixe siècle*, Paris, Seuil, 1999.

② Maurice Halbwachs, *Les cadres sociaux de la mémoire*, Paris, Alcan, 1925.

③ Jane Burbank, Frederick Cooper, *Empires in World History*, *op. cit.*

历史知识的循环和国际维度①；正是在民族国家被更多提及的
19世纪，档案建构才不可避免地变为跨国家的、跨帝国的、
全球性的。国际会议、史学和档案协会翻越了国家藩篱。② 这
种流通经由图书馆、史学杂志和知识渊博的协会的增加而得到
了增强。③ 国家档案的创作是一项跨国进程，而革命通常是其
产生的根源。和国家档案一样，国家是一种主题，一个目标，
而不是现实；皮埃尔·诺拉有时候尝试着去混淆这二者，这也
是为什么他将国别史和全球史相对照的原因，而这二者是紧密
联系在一起的。

19世纪历史的时间与语言

革命带来了一种新的历史性体系，历史学家们也开始更深
入地投身到政治生活中，从此，历史、当下与未来之间也产生
了一种新的张力。"当下主义"，一些耳熟能详的事件对质疑
历史的方式产生的影响，历史的政治价值，都随着革命的产生
在19世纪获得了力量和一种新的意义。同样，也得益于媒体，
"当下-未来"成为思考和产生历史分析的一个关键性因素。

随着时间的流逝，历史教职席位的增多也带来了历史课程

224

---

① Jean-Yves Rousseau, Carole Couture (dir.), *Les fondements de la discipline archivistique*, Québec, Presses universitaires du Québec, 1994

② Paul Delsalle, *Une histoire de l'archivistique*, *op. cit.*

③ Gabriele Lingelbach, "The Institutionalization and Professionalization of History in Europe and the United States", in Stuart Macintyre, Juan Maiguashca, Attila Pók (dir.), *The Oxford History of Historical Writing*, *vol. 4: 1800 - 1945*, *op. cit.*, pp. 78-96.

的专业化以及对时间的特殊划分；新的历史分期应运而生：古代史、中世纪史、现代史。这些范畴不断得到增强；在法国六年级的教程里，一直到 1852 年，历史课程都是以《创世纪》为开端；1857 年，历史课程是由宇宙起源论为开端。一直到1865 年，历史课程才开始由原始历史（histoire primitive）开始。但是，史学家们将原始历史排除在学科之外：没有书面的文献，就不足以被称为历史。在 19 世纪的最后几十年里，古代史、中世纪史与现代史之间最终形成了一种划分。① 也就是在这时候，当代史逐渐被引入学校的课程之中。相反，大学里的历史课程一直到 20 世纪初几乎都是面向所有学生的通识课程。现代史与当代史之间的区分一直到 1945 年才真正被承认。尽管如此，在 19 世纪所确立的划分方法中占核心地位的古代史与现代史之间的明显区分，其目的正是按照一种严格意义上的欧洲中心主义的观点凸显人类的进步。

　　历史著作体现了这种新的时间范式：很多学者致力于从中世纪那种带有一定想象色彩的视角来展开研究。如果说某些学者在第一次浪漫主义的影响下将其理想化——例如对民族和国家的真正价值观的表述——那么大部分史学家则将中世纪的野蛮与进步及现代性进行了对照。随处可见的日期和时间记录法，尤其在兰克及其追随者的著作中反复出现，被内嵌在历史分期之中，在民族实证主义的时代中寻求为主流论据进行辩护。进步与国家是历史叙事中的两个主角；时间建构的目的是承认这种范式。在这种框架内，研究者与背景自然是占决定性

---

① Jacques Le Goff, *Faut-il vraiment découper l'histoire en tranches ?*, *op. cit.*

因素的。阿赫托戈与其他很多学者明确指出：夏多布里昂（René Chateaubriand）同时诠释了文艺复兴的精神与大革命的不可逆性，从他自身的记忆里、个体的时间性里、更广泛的变革里同时汲取灵感，目的是突出大革命带来的翻天覆地的决裂。基佐对时间性的运用同样也是在寻求证明这种决裂，而且也是在寻求证明革命的跨越和新制度的稳定性。而米什莱提出的历史分期，不会与文艺复兴的关键问题或波拿巴主义相冲突，也不会与民族国家的主张相冲突。

实证主义史学增强了其所批判的神话与文学史的一个关键方面：赋予国家的角色。这成为历史的主题和主要的史料。[1]德国的兰克、英国的麦考莱以及法国的米什莱都创作了具有奠基意义的民族史。历史的局限性与国家领土的局限性相吻合。[2] 意大利的皮埃蒙特大区和德国的普鲁士地区所扮演的角色也在朝着这个方向发展。在政变之后被定义为英国辉格党史学的历史著作将英国推动现代化的角色置于首位，也将英国经过 1688 年光荣革命后对现代性产生的期待置于首位。[3] 这种历史研究的思潮倾向于将"英国性"与英国的历史联系起来，重点放在王权、议会以及其他制度作为现代化的因素等方面。[4]

---

[1] Hayden White, *Metahistory: The Historical Imagination in Nineteenth-Century Europe*, Baltimore, John Hopkins University, 1973.

[2] Stefan Berger, Christoph Conrad, Guy Marchal (dir.), *Writing the Nation*, 8 vol., Basingstoke, Macmillan, 2008-2010.

[3] Michael Bentley, *Modernizing England's Past: English Historiography in the Age of Modernism, 1870-1970*, Cambridge, Cambridge University Press, 2005.

[4] Christopher Parker, *The English Historical Tradition since 1850*, Edinburgh, 1990.

对意大利史学家来说，无论是在统一前还是统一后，他们的关注点都在于古代史以及历史、古代史与文献学之间的联系。① 国别史很快就遇到了对过去的国家进行定义的问题，因为缺乏一种共同的语言，领土边界也错综复杂。除了德国，国家及其历史编纂的问题同样也出现在意大利，在区域史和地方主义历史中，当一种以皮埃蒙特为中心的国别史被提出时，很多人产生了强烈的抵触情绪。②

在西班牙，在尝试建立国别史的过程中，天主教的影响是显而易见的，分歧常常出现在一种世俗化的研究范式与一种更多面向上帝角色的范式之间。③ 亚历山大·埃尔库拉诺（Alexandre Herculano）被视为那个时代的葡萄牙历史编纂学的奠基人，他同时从兰克和基佐的思想中受到了启发。④ 此外，正如我们在关于档案的段落中所提及的，拉丁美洲新成立的独立国家⑤及俄国⑥和日本⑦都出现了民族主义的历史编纂学。只

① Giuseppe Di Costanzo（dir.）, *La cultura storica italiana tra Otto e Novecento op. cit.*

② Enrico Artifoni, *Salvemini e il Medioevo : storici italiani tra Otto e Novecento*, Napoli, Liguori, 1990; Gian Maria Varanini（dir.）, *Carlo Cipolla e la storiografia italiana tra Otto e Novecento*, Verona, 1994.

③ Carlos Dardé, *La idea de Espana en la historiografia del siglo XIX*, Santander, 1999.

④ Sergio Campos Matos, *Historiografia e memoria nacional no Portugal do século XIX, 1846-1898*, Lisbonne, Ediçoes Colibri, 1998.

⑤ Laura Angelica Moya López, *La nación como organismo. México su evolución social, 1900-1902*, Mexico, 2005.

⑥ N. V. Illeritskaia, *Istoriko-iuridicheskoe upravlenie v russkoi-istoriografii vtoroi poloviny XIX veka*［L'orientation historique-juridique dans l'historiographie russe de la seconde moitié du xixe siècle］, Moscou, 1998; Thomas Sanders（dir.）, *Historiography of Imperial Russia*, op. cit.

⑦ Sebastian Conrad, *The Quest for the Lost Nation : Writing History in Germany and Japan in the American Century*, Berkeley, University of California Press, 2010.

要这项进程没有质疑西方特别是欧洲的霸权——就像日本或俄国或拉丁美洲的"现代化的推崇者们"的叙事中所做的那样，那么它就没有提出历史性论据层面或地缘政治层面的问题。问题在于，至少在那个时代，大部分的历史编纂学都开始强烈地依赖欧洲的研究范式和欧洲对历史时期的划分。日本因此感觉受到了两面夹击，一方面是展示其现代化的必要性并因此要接受欧洲的历史分期，另一方面又想将其自己的国别史发扬光大。日本面临着选择，例如，关于幕府时期的命名方式，是将其看作军政府还是看作封建主义；答案是丰富多彩的，日本历史加入世界史是一种例外还是对西方变革的证实是一项关键因素。这种进退两难的境地也出现在日本明治时代，将其定义为复兴还是革命，这个问题存在于不同的观点中。[1]

在这里，语言与历史的关系问题再一次被热议，就像在之前几个时代中那样。实际上，19世纪将语言置于第一要位，就像浪漫主义和民族主义所做的那样[2]；语言和文学构成了民族主义运动的两项基本原则。[3] 夏多布里昂、沃尔特·斯科特（Walter Scott）以及其他很多人都为将这种观察方式大众化做出了贡献[4]；赫尔德（Johann Gottfried Herder）和诺瓦利斯式的浪漫主义和民族主义神话也结合了这种方向。语言与"民族精神"之间的关系尤其在一些仍然处于分化状态的国

① Masashi Haneda, *Toward Creation of a New World History*, op. cit.

② Diego Lanza, Gherardo Ugolini, *Storia della filologia classica*, Roma, Carocci, 2016; Hans Ulrich Gumbrecht, *The Power of Philology: Dynamics of Textual Scholarship*, Champaign, University of Illinois Press, 2003.

③ Pascale Hummel, *Histoire de l'histoire de la philologie*, Genève, Droz, 2000.

④ François Hartog, *Régimes d'historicité*, op. cit.

家——例如德国或意大利——中得到了增强，或在一些从属于宏大帝国的国家——从希腊到匈牙利，从捷克到波兰——中得到了增强。在所有这些国家中，将语言视为民族"文化"而进行捍卫，与独立或统一的诉求正在齐头并进。①

　　语言、民俗及历史之间的联系也是如此。② 关于乡土语言、语法、词典编纂以及更为宽泛的文献学的研究取得了前所未有的成功。③ 这种突飞猛进给欧洲帝国和跨帝国的家庭带来了问题，例如将结盟作为其权力主要王牌之一的哈布斯堡家族。这种战略从某种程度上来说，同时也是对不同帝国的语言和人民的开放，特别是在奥地利帝国和俄国。现在，情况有所改变：面对民族主义，庞大的皇族以及他们的帝国放弃了普天之下合为一体的思想；德语被强加给奥地利帝国④，泛俄主义在罗曼诺夫王朝再度兴起⑤，维多利亚女王自封为印度女王。

　　这种趋势在历史的实践中得到了回响。很多史学家追随文学家的步伐，也追随着他们的民族主义。文献学和语言被兰克及其崇拜者置于首位：他们所推崇的思潮是，在历史研究的范式中只存在唯一一种可能借助语言的范式，这种范式与当时实

227

---

① Sheldon Pollock, Benjamin A. Elman, Ku-ming Kevin Chang (dir.), *World Philology*, *op. cit.*; Benjamin A. Elman, *From Philology to Philosophy*, Cambridge, Cambridge University Press, 1984.

② Michel de Certeau, *L'écriture de l'histoire*, Paris, Gallimard, 1975.

③ James Turner, *Philology: The Forgotten Origin of Modern Humanities*, Princeton, Princeton University Press, 2015.

④ Monika Baàr, *Historians and Nationalism*, *op. cit.*

⑤ Alexander Kappeler, *The Russian Empire: A Multiethnic History*, New York, Pearson Education, 2001; Michael Rywkin (dir.), *Russian Colonial Expansion to 1917*, Londres, Mansell, 1988.

证主义的信念不同，被认为是科学的范式。这些学者同时也坚持将自己与文学区分开来，在他们看来，文学是从神话中汲取的灵感；他们希望能将自己的科学信念带入民族主义运动中。诠释学和文献学因此成为基本的支点；兰克认为，古罗马的大部分历史都不可信，因为这些历史都不是建立在原始史料的基础上的。[1] 原始史料和二手史料之间的区别可以让口述的档案与现存的历史文献形成对立。[2] 兰克认为，通过这种对立，史学家可以叙述事实而非观点，正如从那以后我们所做的。换句话说，档案、"事实"，以及历史真相都是对等的，无论是对档案建构还是对史学家所选择的文献，都不附带批判性的思考。语言的加入是为了检验文献的有效性，而不是为了质疑这些文献中所体现的范畴。

17世纪就已经出现的欧洲中心主义，在之后的几个世纪中不断增强，在19世纪的主导地位更是越来越强大，以至于它的影响都已经蔓延至欧洲以外的领土上。日本[3]、俄国、印度尼西亚[4]，以及奥斯曼帝国[5]和拉丁美洲的改革家们力图按照欧洲那种方式来创造一部历史，建立在欧洲的方法论基础上，接受欧洲那种普世性的范畴。因此，在日本，由于兰克甚至启蒙运

---

[1] Leopold von Ranke, *The Theory and Practice of History*, recueil de textes, éd. Georg Igger, Indianapolis, 1973.

[2] Leonard Krieger, *Ranke : The Meaning of History*, Chicago, University of Chicago Press, 1977; Siegfried Bauer, *Versuch über die Historik des jungen Ranke*, Berlin, 1998.

[3] Margaret Mehl, *History and the State in Nineteenth-Century Japan*, op. cit.

[4] Anthony Reid, David Marr（dir.）, *Perceptions of the Past in Southeast Asia*, Singapore, Singapore University Press, 1979.

[5] Tarif Khalidi, *Arabic Historical Thought in the Classical Period*, op. cit.

动的影响，中国历史研究的影响被大规模地摒弃。① 对 19 世纪末
的中国来说亦是如此，当时德国对中国的影响也是非常广
泛。② 这种态度有其弊端，特别是在语言的问题上：对当地和国
家语言的捍卫与一些被欧洲化的改革家的热情产生了对立。

　　事实上，一方面是历史的全球化，另一方面是对语言、民
族国家的历史甚至区域历史的捍卫，这都属于同一种进程的一
部分。在 19 世纪，历史书写越来越倚重于一国的语言③；过去
学术价值很高的交际共同语（lingua franca）——拉丁语——
从此几乎消失了踪影；替代它的是国家的语言；德语、意大利
语、西班牙语、葡萄牙语、土耳其语等语言相继出现。④ 历史
开始制度化：大部分国家开始建立大学，新的历史教职也开始
出现，尤其是在 19 世纪后半叶，历史学科开始通过不同的时
期和地理范畴变得专业化。⑤

　　这些变革将国家化置于历史的核心地位，但也并未局限于
此；史学家们参加各种国际研讨会，并且成为各种享有国际声

229

---

①　Takahiro Nakajima, Xudong Zhang, Hui Jiang（dir.）, *Rethinking Enlightenment in Global and Historical Contexts*, *op. cit.*

②　Xiaobing Tang, *Global Space and the Nationalist Discourse of Modernity: The Historical Thinking of Liang Qichao*, Stanford, Stanford University Press, 1996.

③　Matthias Middell（dir.）, *Historische Zeitschriften im internationalen Vergleich*, Leipzig, 1999; Pim den Boer, *Une histoire des historiens français*, Paris, Vendémiaire, 2015.

④　Giuseppe Di Costanzo（dir.）, *La cultura storica italiana tra Otto e Novecento*, *op. cit.*; Piero Treves, *Tradizione classica e rinnovamento della storiografia*, Milano, 1992; Carolyn Boyd, *Historia Patria: Politics, History, and National Identity in Spain, 1875-1975*, Princeton, Princeton University Press, 1997; Ignacio Peiró Martín, *Los guardianes de la historia: la historiografía académica de la Restauración*, Zaragoza, 1995.

⑤　Matthias Middell（dir.）, *Historische Zeitschriften im internationalen Vergleich*, *op. cit.*

誉的协会的成员。① 在拉丁语缺席的情况下，英语和法语竞相脱颖而出，但两种语言并没有得到大家的一致认可。越来越多由欧洲人创作的历史著作被翻译成其他语言，以便向欧洲以外的地区输出"科学化的历史"，而其他在欧洲以外地区创作的史学著作，或者被忽视，或者被归在神话或文学之列。② 也许这种进程有待弱化，翻译总是一种挪用、一种碰撞；对概念的融合是至关重要的，我们之后会再来讨论这一点。然而，这恰恰是一种被划分了等级的融合：随着日本明治维新的改革③，也随着拉丁美洲④和亚洲（印度、中国、东南亚）⑤ 的改革，正是用欧洲语言撰写的史学著作需要被翻译，而不是相反。在国际层面流通的参考书目都是用法文、德文和英文写成的，只有极少一部分用西班牙文和葡萄牙文写成，世界其他地区都被认为是这些国家的追随者。欧洲对世界的征服，无论是其力量还是缺陷，都毫无遗漏地通过史学家所运用的语言体现出来。

在这种背景下，对"异域"语言的研究发生了变化。东方语言课程开始在法国占据一席之地，就像英国和荷兰自 19

---

① Ilaria Porciani, Johan Tollebeek (dir.), *Institutions, Networks and Communities of National Historiography : Comparative Approaches*, Basingstoke, Palgrave, 2015.

② Stuart Macintyre, Juan Maiguashca, Attila Pok (dir.), *The Oxford History of Historical Writing*, vol. 4: 1800-1945, op. cit.

③ Leonard Blussé, "Japanese Historiography and European Sources", in Peter C. Emmer, Henri L. Wesseling (dir.), *Reappraisals of Overseas History*, Leiden, Brill, 1979, pp. 193-322.

④ Germán Colmenares, *Les convenciones contra la cultura : Essayos sobre la historiografia hispanoamericana del siglo XIX*, Bogotà, 1987.

⑤ Siba Pada Sen (dir.), *Historians and Historiography in Modern India*, Calcutta, 1973; Romain Bertrand, *L'histoire à parts égales*, op. cit.; Q. Edward Wang, *Inventing China through History*, op. cit.

世纪中期开始研究东方语言一样，1880 年以后这种风气更加兴盛，与之相呼应的还有欧洲的新殖民主义，交换的国际化，以及西方国家里流行的异域风情。早期的课程主要涉及宗教和语言，后来逐渐扩展到"文明"。这些研究也参考了大量的出版物和译作：在他们自己的殖民地里，英国人、荷兰人，以及数量较少的俄国人、法国人和西班牙人，都在继续研究地方性法律、文学或宗教文本，并且对它们进行编辑。这样的文献至今仍然被西方，以及曾为殖民地国家的史学家大量地挖掘出来。诚然，萨义德及其追随者曾经批判过这些著作：在他们看来，东方主义为创造一种东方、一种中国、一种神秘的印度提供了便利，而西方挪用和改造了这些地区的文化。正如我们在讨论印度时所提出的，这种分析中或许隐含着一种真相。东方主义确实有助于通过强调西方的优越性来塑造某种国家和文化的刻板形象。但同时，最近众多的研究开始弱化这种判断。我们因此也发现，西方的东方学家与被研究区域中的参与者之间体现出一种非常重要的互动：这涉及宗教文本、法律文献、铭文、地图绘制或植物学，当地参与者发挥的介质作用是基础性的，欧洲人编撰的著作构成了他们自己的观念和认知与当地参与者的观念和认知之间的集合。[①] 19 世纪的问题并不是这种相

---

① Kapil Raj, *Relocating Modern Science*, *op. cit.*; Rama Sundari Mantena, *The Origins of Modern Historiography in India*, *op. cit.*; Pierre Singaravélou (dir.), *Les empires coloniaux*, Paris, Points, 2013; Matthew Edney, *Mapping the Empire : The Geographical Construction of British India*, *1765-1843*, Chicago, University of Chicago Press, 1997; Hélène Blais, Romain Bertrand, Emmanuelle Sibeud (dir.), *Cultures d'empire. Échanges et affrontements culturels en situation coloniale*, Paris, Karthala, 2015.

互影响，而是由于殖民主义和西方的主导，这种相互影响都被双方束之高阁。

　　因此，口述材料和书面文本之间的对立由此出现。[①] 我们已经讨论过 17 世纪和 18 世纪这种划分的重要性。19 世纪占主导地位的档案和历史性文化想通过改造这种划分而使其变得更加明显。赋予书面文献和档案的优越性将所有属于口述史料的事物都排斥在历史之外。[②] 这种态度具有普遍性：19 世纪的历史性文化排除了所有被认为处于文献创造之外或位于文献创造边缘的东西，后来又延伸至进步、现代性——即欧洲农民以及欧洲之外那些"没有历史的人民"——之外或边缘的东西。[③] 在所有这些情形中，解决问题的目的在于形成一部部关于习俗、惯例和口述传统的汇编；历史、法律和社会科学都以此为目的而被汇集在一起。因此，从司法层面来说，关于商贸、劳务、遗产的当地惯例的汇编在属于民法法系的欧洲大陆国家得以问世。这些汇编出版的时机恰逢立法干预措施在寻求挪用和超越这些惯例。[④] 将一些"传统"转为书面的东西，可

231

① Jack Goody, *La raison graphique. La domestication de la pensée sauvage*, Paris, Éditions de Minuit, 1979（orig. Cambridge, 1977）.

② Walter Ong, *Orality and Literacy: The Technologizing of the World*, New York, Meuthen, 1982, 法译本：*Oralité et écriture*, Paris, Les Belles Lettres, 2014; Martin de la Soudière, Claudie Voisenat（dir.）, *Par écrit. Ethnologie des écritures quotidiennes*, Paris, MSH, 1997。

③ James Clifford, *The Predicament of Culture: Twentieth-Century Ethnography, Literature, and Art*, Cambridge（Mass.）, Harvard University Press, 1988, 法译本：*Malaise dans la culture*, Paris, éditions ENSB-A, 1996; Sean Hawkins, *Writing and Colonialism in Northern Ghana: The Encounter between the LoDagaa and "the World of Paper"*, Toronto, University of Toronto Press, 2002.

④ Louis Assier-Andrieu, *Une France coutumière op. cit.*

以使它们更为稳定，使它们从属于学术、城市和国家指令。[1]
这些以经济和法律世界为目的的汇编，还带来了类似对法国、
德国或意大利某些地区的农民的惯例和习俗的研究。

在西方国家的殖民地里，无论是印度还是印度尼西亚，非
洲还是中亚，地方性习俗也同样成为这些学术汇编的主题，内
容涵盖广泛，从法律到宗教、民俗，之后又逐渐扩展至人类学
和人种志。殖民法从此凌驾于当地人民的习惯法之上。[2] 但
是，自我管制和法律多元化也获得了发展的空间：地方参与者
可以选取与他们的价值观和规则相近的法庭。然而，我们不能
忽略的是，这些平行的法律并不是都具有同样的价值观：它们
必须由殖民当局授权，也受殖民当局支配。当地法律的使用通
常被限制在低一级的法庭和本地人之间的争端中。[3] 法律与历
史因此又一次产生了交集：如同口述文化被视为虚构的神话一
样，口述文化与书面文献形成了对照，而同时关于法律的口述
资料也从属于落在纸面上的法律。

口述性因此或者被社会学家们用于关于欧洲或美国的研究
中（采访、调查），或者被人种学家或人类学家所使用，特别

---

[1] Alessandro Stanziani, *Rules of Exchange. French Capitalism in Comparative Perspective, 18th-20th Centuries*, New York, Cambridge University Press, 2012.

[2] Urban Yerri, *L'indigène dans le droit colonial français*, Paris, Fondation Varenne, 2010; Emmanuelle Saada, *Les enfants de la colonie. Les métis de l'Empire français entre sujétion et citoyenneté*, Paris, La Découverte, 2007; Martine Fabre, "L'indigénat: des petites polices discriminatoires et dérogatoires" in Bernard Durand, Martine Fabre, Mamadou Badji (dir.), *Le juge et l'outre-mer*, vol. 5, Lille, Centre d'histoire judiciaire, 2010, pp. 273-310; Olivier Le Cour Grandmaison, *De l'indigénat*, Paris, Zone, 2010.

[3] Richard Roberts, *Litigants and Households. African Disputes and Colonial Courts in the French Soudan, 1895-1912*, Portsmouth, Heneimann, 2005.

232 是在殖民地国家里。[1] 在 19 世纪，这种学科的区分还同时带来了调查目标的划分：一方面是文明（西方的）、城市和国家，另一方面是农民世界和殖民地世界。[2] 这方面的影响一直持续到现在：非洲的史学家和部分印度及中亚的史学家批判殖民地的档案，强调有可能也有必要去创造一部口述历史，来替代西方殖民者和史学家们所创作的历史。[3]

　　我试着来给我们的观点做一个综述：19 世纪的结构性变革改变了历史创作的特性。西方与其他世界之间的对立围绕着一些关键问题不断增强：东方主义；口述性/书面性的二元结构，野蛮/开化。国家档案与国家和民族主义历史的建构映射出这种进程。这恰恰是因为历史知识与书写联系在一起，也因为档案占据了决定性分量，更因为口述史料被排除在外，与口述史料一起被摒弃的，还有"没有历史"的人民，无论他们

233 存在于欧洲遥远的过去，还是当下的"野蛮"世界里。

① John Edward Philips (dir.), *Writing African History*, Rochester (N. Y.), Rochester University Press, 2006.

② George Stocking, *The Ethnographer's Magic and Other Essays in the History of Anthropology*, Madison, University of Wisconsin Press, 1992; Emmanuelle Sibeud, *Une science impériale pour l'Afrique ? La construction des savoirs africanistes en France, 1878-1930*, Paris, EHESS, 2002.

③ Andreas Eckert, "The Burden of Peculiarity: History and Historical Thought in Africa" art. cit.

第十章　历史的大转型

　　波兰尼的"大转型"通常被错误阐释。在作者的思想中，这个短语首先是用来指代自由主义的终结、国家与极权制的崛起；而波兰尼思想的继承者从福柯和马克思主义的阅读框架出发——资本主义和自由社会在 18 世纪和 19 世纪之交时的出现——来谈论大转型。波兰尼的重点当然也是放在这些决裂上，尤其强调国家在自主监管市场的出现时发挥的作用。但对他来说，区分这种决裂与两次世界大战之间发生的决裂的不同非常重要。

　　在 20 世纪上半叶，这些分析更为普遍地质疑了历史书写及其发挥的政治作用。我们因此也可以了解这些研究范式更加标准的方面——历史的意义、进步和发展的意义，特别是经济方面的意义。现在，我们必须近距离审视史料、档案的获取甚至文本分析和文献学在这个时代里发生转型的方式，特别是在政治层面，在俄国革命、印度的独立浪潮和中国的动荡发生之时，这一切都呼吁我们不仅要质疑叙事，也要质疑西方历史认知的工具。这场转型的规模如此巨大，它没有仅仅局限在欧洲，就像波兰尼所希望的那样。

革命、民族主义与历史（1917~1945）

在世纪之交，档案学家的研讨会和围绕着档案而展开
235 的讨论风靡一时：处处都在讨论保存的原则及其与国家转
型之间存在的联系。无论是从世界层面（日本和拉丁美洲
的入侵）来说，还是从社会国家理念不断扩散的西方自身
的层面来说，国家的转型都是根本性的，官僚机构提出了
文献的组织架构问题。一些新的指南不断问世，力图回答
这些问题。[1]

同样，在俄国，围绕档案产生的讨论此起彼伏。鉴于获得
档案的渠道被严格管控，俄国的档案学家们开始思考，他们是
否应该开始接受欧洲的分类方式。[2] 革命和内战令很大一部分
沙皇时期的史学家消失了踪影，他们或成为反抗运动的牺牲
品，或被驱逐流放。[3] 在留下来的人当中，只有极少的一部分
敢于批判新的政权；在这些人中，不得不提到谢尔盖·普拉托
诺夫（Serguei Platonov）（Serguei Platonov）（1860~1933），他
是继克柳切夫斯基（Vassili Klioutchevski）之后俄国最伟大的

---

[1] Samuel Muller, Joseph Cuvelier, Johan Adriaan Feith, Robert Fruin, Henri Stein, Henri Pirenne, *Manuel pour le classement et la description des archives*, La Haye, Jager, 1910.

[2] D. Ia. Samokvasov, *Tsentralizatsiia gosudarstvennykh arkhivov Zapadnoj Evropy sviazi arkhivnoi reformoi v Rossii* [La centralisation des archives en Europe occidentale en relation avec la réforme archivistique en Russie], Moscou, 1899.

[3] Konstantin Shteppa, *Russian Historians and the Soviet State*, New Brunswick, Rutger University Press, 1962.

史学家之一。在一位杰出的熟识欧洲历史编纂学和欧洲哲学的老师的帮助下，普拉托诺夫借鉴文献学和兰克的研究方式，深入研究了自 17 世纪以来的俄国历史，但这都是在一个更宽泛的历史哲学框架内进行的。其他人，例如叶甫根尼·塔尔列（Evgenil Tarle）（1875~1955）则大量借鉴了马克思主义的范畴。[①] 他们深谙档案，同时也借助战前接受过专业训练的档案学家们的帮助[②]，为苏联档案的建立做出了贡献。塔尔列从历史及法国的档案分类学中得到了启发。[③] 1789 年之后在法国出现的问题此时也出现在他们面前，即：如何将被分类用于官僚体制或企业、学会、个体的文献转变为对史学家和其他读者有用的资料？就像自 19 世纪初在法国和其他地方出现过的情况一样，旧制度与新制度之间中断还是继续的问题突然从档案文献的分类中凸显出来。[④]

苏联第一批档案学家们的目标主要有三方面：对沙皇时期的文献进行分类并确保其可获得的渠道畅通；突出有关革命运动的文献，即关于党、工人、工会以及农民运动的文献；组织收集新政权的文献。[⑤] 曾经在法国和欧洲发生过的论战此时又在俄国露出痕迹：一些史学家和档案学家更倾向于尊重来源原

236

---

① Robert Byrnes, "Creating the Soviet Historical Profession, 1917-1934", *Slavic Review*, 50/2 (1991), pp. 297-308.

② V. N. Samoshenko, *Istoriia arkhivnogo dela v dorevoliutsionnoi Rossii*, Moscou, 1989.

③ A. I. Alatortseva, Galina D. Alekseeva (dir.), *50 let sovetskoi istoricheskoi nauka : Khronika nauchnoi zhizni, 1917-1967*, Moscou, Gosizdat, 1971.

④ Patricia Grimsted, "Lenin's Archival Decree of 1918: The Bolshevik Legacy for Soviet Archival Theory and Practice", *American Archivist*, 45/4 (1982), pp. 429-443.

⑤ Antonella Salomoni, "Un savoir historique d'État. Les archives soviétiques", *Annales HSS*, 50/1 (1995), pp. 3-27.

则，而另一些人则更推崇目的地原则。因此，早期的档案学家们致力于将沙皇时期按照部委对文献进行分类的方式用于人民委员会。然而，苏联的官员则推崇第二种方式，以体现出革命式的决裂。起初，双方达成了妥协。档案被按照国家的行政组织机构来整理，即来源原则（财政的、内政的、司法的，等等）。然而，除了与沙皇制度的决裂或延续这一老生常谈的问题，一个全新的领域又滋生出来，即革命档案的问题。这被视为可以展示党和革命者的作用。① 但是这种雄心壮志遇到了档案的流散问题，大部分档案都散落在国外。自此开始，收回这部分流浪在外的文献成为苏联外交机构和档案机构的主要任务之一。

　　在此期间，执政当局希望能迅速培养出一批革命派的档案学家，以逐渐将那些在沙皇时期接受过专业培训的档案学家边缘化，因为后者被定义为"小资产阶级"，甚至是"反革命"。因此，从1922年开始，《红色档案》杂志开始发行；这本杂志的主要目标是发表一些经过严格挑选的文献，以"全方位"展示革命的根基和意义。史学家波克罗夫斯基负责从政治和知识层面推动这项行动的合法化。② 对革命记忆的建构遇到了另外两个问题：革命的政治哲学及革命政治哲学的国际化。但是，由于受到了审查和反抗，这种对历史的意识形态的操控最终以一种自相矛盾的方式而终结，即鼓励博学派的发展和鼓励

① Vasilii V. Maksakov, *Istoriia organizatsiia arkhivnogo dela SSSR 1917 - 1945 gg.* [Histoire et organisation de l'archivistique en URSS, 1917 - 1945], Moscou, Nauka, 1969.

② Mikhail Pokrovskii, "Politicheskoe znachenie arkhivov" [L'importance politique des archives], *Arkhivnoe delo*, 2 (1925) p. 15.

研究未曾公开过的档案资料。对原始资料的研究成为苏联历史研究的一项当务之急。这种思潮曾被波克罗夫斯基批判并置于一边。但在中世纪史研究学家米尔哈伊·蒂霍米罗夫的努力下，这种思潮在 20 世纪 30 年代中期又获得了新的发展，继米尔哈伊·蒂霍米罗夫之后，它很快又得到了拉波·达尼列夫斯基（Lappo-Danilevskii）弟子们的支持。① 这种"苏维埃式"的研究范式，以近乎无休止的方式持续着对史料的坚持，而完全不顾分析，这经常被西方史学家作为攻击的对象。尽管对这种研究范式的批判并不完全错误，但这种批判忽视了一个关键要素，即在苏联，重视档案资料的做法产生了两种后果：一方面，这种研究范式可以减少被迫害的风险，这种迫害通常与一些与当局指令不相符的阐释联系在一起；另一方面，这些资料本身也是一种跨越官方历史编纂学及揭穿其谎言的工具。历史实证主义对"事实"的执着因此在极权主义制度内部获得了一种特殊的价值。我们不应该忘记这一点，因为在西方，我们总在批判俄国史学家缺乏批判精神，批判他们摒弃了后现代主义。

也是在这两次世界大战之间的同一时期，在英国，历史研究的论战通常主要集中在国别史的特性上，集中在其政治影响（1688 年的光荣革命）和经济影响（工业革命）上。当时大部分辉格派史学家强调的是他们国家作为先驱者的特性，即国

---

① Mikhail Tikhomirov, Sergei Nikitin, *Istochnikovedenie istorii SSSR* [Les sources primaires de l'histoire de l'URSS], Moscou, Gosizdat, 1940; Aleksandr Andreev, *Ocherki po istochnikovedeniiu Sibiri : XVII vek* [Essai sur les sources primaires de l'histoire de Sibérie, xviie siècle], Leningrad, 1940.

家的现代性，无论是在制度方面还是在资本主义和革命方面。这种自我恭维，部分体现在面对政治民族主义的崛起，以及面对共产主义和法西斯主义时的尝试，这种尝试不仅发生在欧洲，也发生在英国国内。[①]。

这种完美的历史研究却遭遇了越来越多的批判。爱尔兰历史研究的兴起掀开了论战的篇章，特别是爱尔兰的大学开始遍地开花，以及诸如《爱尔兰历史研究》之类的期刊开始崭露头角。[②] 苏格兰也开启了类似的进程[③]；这两种运动再次质疑了英国这些历史性阐释的合理性，即将英国的特性——被英国史学家们拿来与英国的整体性进行比较——与其早熟的民主制度联系在一起。相反，爱尔兰和苏格兰的史学家们则致力于展示英国人在他们各自的国家里所进行的权力滥用。

第二种批判来自殖民地国家和印度。在这些地区，多种变革在第一次世界大战之后产生了碰撞。民族主义和独立运动的兴起通过战争期间在旁遮普和孟加拉地区发生的骚乱得到了增强。印度士兵在冲突中的惨重伤亡，加上战后传染病大肆蔓延，以及在英国对印度统治时期内为了补偿军事开支而攫取的资源，刺激了独立运动的兴起。正是在这种背景

238

---

① Nigel Copsey, Andrzej Olechnowicz (dir.), *Varieties of Anti-Fascism : Britain in the Interwar Period*, *Basingstoke*, Palgrave Macmillan, 2010.

② Mo Moulton, *Ireland and the Irish in Interwar England*, Cambridge, Cambridge University Press, 2014.

③ Richard Finlay, "The Interwar Period: The Failure of Extremism", in Thomas M. Devine, Jenny Wormald (dir.), *Modern Scottish History*, Oxford, Oxford University Press, 2012, pp. 569-584.

下，印度的历史书写获得了一个关键的政治要素；论战的范围涉及资源、方法和提出的论题。因此，在《剑桥印度史》的序言中，亨利·多德维尔（Henly Dodwell）将印度士兵的暴动定义为对英国带来的积极变革的忘恩负义的回报。与此同时，韦恩·洛维特也在批判甘地和印度的民族主义。[1] 众多刻有民族主义烙印的印度历史研究对此做出了回应。[2] 这些研究的重点是印度独有的民主传统，是在东印度公司到来之前印度经济的力量，或是被英国人置于危险之地的印度国家的根本性统一。[3]

　　这些张力再一次经历了历史认知工具的洗礼。传统的历史文献调查工具再一次受到质疑，首先便是用当地语言撰写的各种印度"当地"资料的真实性。一些英国史学家将这些资料定义为神话，将它们排除在历史调查之外，认为它们属于文学和民俗研究的范畴。与此同时，我们也发现，这些资料中的一部分从 18 世纪末开始就被一些东方学家翻译出来，这些翻译工作一直贯穿整个 19 世纪。因此，远在底层研究之前，有一个问题在两次世界大战期间就被提了出来：使用这些资料、将这些资料合法化是否可行？这些资料是"印度传统"的阐释吗？抑或它们体现出了东方主义的一种变体？

---

[1] Verney Lovett, *A History of the Indian Nationalist Movement*, Londres, 1920.

[2] Rakhal D. Banerjii, *The Age of the Imperial Guptas*, *Benares*, Benares Hindu University, 1933; Dipesh Chakrabarty, *The Calling of History: Sir Jadunath Sarkar and His Empire of Truth*, Chicago, The University of Chicago Press, 2015.

[3] Cyril H. Philips (dir.), *Historians of India*, Pakistan and Ceylon, Londres, 1961; Siba Pada Sen (dir.), *Historians and Historiography in Modern India*, op. cit.

　　我们发现，这样的讨论在 18 世纪和 19 世纪就已经展开，当时英国的东方学家和普遍主义者不是赋予了这些资料合法的地位，就是将其排除在他们的调查研究资料之外。第一次世界大战之后，这些争议陷入了一个不同的境地：东方学家与普遍主义者的争论遇到了印度民族主义的崛起，甚至是英国的崛起。在伦敦，亚非学院（SOAS）开始推出梵文和印度历史课程。亚非学院成立于 1916 年，目的是培养殖民地的行政官员、军官以及想在亚洲和非洲做生意的商人。当然，自 19 世纪开始，伦敦大学和剑桥大学就已经开设了东方语言的课程，但仅仅培养出了极少的一部分学生，主要面对的是一个具备研究兴趣的大众，并没有特别针对官僚体制和商业团体。亚非学院的成立因此满足了更好地培养殖民地官员的需求，也刺激了英国的投资深入殖民地国家。[①] 然而，从 20 世纪 20 年代中期开始，亚非学院的教授们也开始寻求将他们自身的知识与因印度民族主义的崛起而导致的偏离进行对照。亚非学院因此想要为大英帝国的变革找到一种即具智慧性又包含制度性的答案。

　　实际上，在印度，安拉阿巴德大学的历史系开展了一系列的当地语言翻译课程，也创办了《印度历史报》。从第一期开始，《印度历史报》就将重点聚焦在殖民前和殖民时期印度各个公国的手写史料等书稿上。贾杜纳斯·萨卡尔（Jadunath Sarkar）是这场运动的主要参与者之一，编辑了很多马拉地语的文献，为研究马拉地人的历史做出了贡献。而戈文德罗·萨

① Ian Brown, *The School of Oriental and African Studies : Imperial Training and the Expansion of Learning*, Cambridge, Cambridge University Press, 2016.

哈拉姆·萨德赛则质疑"西方"对史料的批判式分析。作为历史的根基，自 18 世纪开始的文学与历史、档案与谱系学之间的张力，一直延续到 20 世纪中期，在印度学者中也形成了对立。1926 年，阿萨姆地区的资深历史学者苏利亚·库马尔·布扬（Surga Kumar Bhuyan）主张"布兰吉"研究（当地历史的编年史）以及对它们进行翻译的目的是阐明文明的不同形式，[①]；在孟加拉地区，印度和英国的研究者们则在当地谱系学的价值上产生了分歧。[②] 这是一种"真正的"历史的问题吗？

问题在于，这些研究不仅需要语言学知识，还需要历史学知识。我们必须试着去理解——正如我们在之前的篇章中所提到的——在殖民桎梏的束缚以前及其间，是谁在印度塑造了语言的种种用途，这又是如何发生的？但是，在两次世界大战期间，这种调查不可能进行，因为印度的档案当时仍处于不对印度大学生和研究者开放的状态。他们只有通过参考文献学和对语言的认知（通过不受批判的译作），或者通过政治哲学，甚至通过借鉴昙花一现的观念学，来找到答案。在历史建构和档案的获取方面，英国人的态度和印度学者的态度则达成了一致。[③]

---

① Sumit Guha, "Speaking Historically: The Changing Voices of Historical Narration in Western India", art. cit.

② Dipesh Chakrabarty, "Romantic Archives: Literature and the Politics of Identity in Bengal", *Critical Inquiry*, 30（2004）, pp. 654-683.

③ Robin Winks, *The Historiography of the British Empire-Commonwealth: Trends, Interpretations, and Resources*, Durham（N.C.）, University of North Carolina Press, 1966.

其他学科也是如此，首先是考古学和人类学。[1] 从 20 世纪 20 年代末开始，英国的考古学家和人类学家开始考察印度人、苏美尔人与雅利安人之间的联系。[2] 印度文明形成的方式是孤立的，还是离不开与其他文明的相互作用，关于这一问题，人们讨论得如火如荼。这一时期的论战非常激烈，主要是关于一种印度-欧洲文明的存在——这种文明受到英国、德国和法国很多学者的支持。与历史领域的论战一样，论战也转移到了方法领域内：一些考古学家和人类学家认为这个问题属于解释范式，而另一些人则强调称应该由经验材料来决定。[3]

这个问题也超越了印度人与英国人之间的相互影响和传统张力。对印度-欧洲文明的探寻实际上也激发了德国人的兴趣；关于雅利安人的讨论主战场因此从欧洲转移到了殖民国家。当时的特点是，德国和印度的研究者们在对英国人的仇视方面找到了共同点。德国的民族主义者、一些民族-社会主义者和拥护希特勒思想的人，与一些印度的民族主义者在某些观点上达成了一致，竞相批判英国式的傲慢。德国和印度的马克思主义者之间也形成了一种类似的一致，他们纷纷批判英国的帝国主义。[4]

---

[1] Sudeshna Guha, *Artefacts of History*, *op. cit.*

[2] V. Gordon Childe, *The Aryans: New Light on Indo-European Origins*, Londres, Kegan, 1926.

[3] 莫蒂默·惠勒爵士是第一种思潮的主要代表人物之一（特别是他的作品《印度文明》，1953 年出版），而柴尔德和斯图尔特·皮戈特（《印度的一些古老城市》是他的作品，1945 年出版）更支持第二种思潮。

[4] Kris Manjapra, *Age of Entanglement: German and Indian Intellectuals across Empire*, Cambridge（Mass.），Harvard Historical Studies, 2014.

印度并非个例：两次世界大战期间的特点还包括拉丁美 241
洲、中国以及非洲部分地区这对民族国家历史研究的发展。美
洲地区出现了两种思潮：一方面是前殖民时期考古学的发展以
及由此展开的关于历史悠久的美洲文明的历史；另一方面是建
立在档案基础之上的社会历史的首次真正的发展，特别是西尔
维奥·扎瓦拉的研究著作，他不遗余力地借鉴各种方法，向历
史学和社会科学取经，来回溯墨西哥的社会历史。[①] 大学里的
历史课程涉猎更广，呼应着不同的诉求：与欧洲和西班牙相
比，该如何讲授墨西哥的历史？同样，面对美国时，该如何讲
授墨西哥的历史？从长时段来研究国家特性——要借鉴考古
学，也要参考"真正的"见证人，因此诞生了口述史料——
也加入了这场革新运动。

另一种与墨西哥这种发展过程有一定相似性的进程也在
巴西露出迹象。在巴西的大学里，历史的制度化正深受法国
的影响，从克洛德·列维-斯特劳斯到费尔南·布罗代尔，
从埃米尔·科纳特（Émile Coornaert）到亨利·奥瑟（Henri
Hauser），法国人的影响无处不在。但这些影响丝毫没有阻挡
巴西自主发展的脚步；巴西历史的"新的阐释"因此被提了
出来，其中一些阐释的影响一直持续到现在。[②] 特别是吉尔贝
托·弗雷雷（Gliberto Freyre）及其《奴隶主与奴隶》，在
1888 年奴隶制正式被废除期间以及之后，为大众提供了一种

---

① David A. Brading, "Historical Writing in Mexico: Three Cycles", in Stuart Macintyre,
　Juan Maiguashca, Attila Pok (dir.), *The Oxford History of Historical Writing*,
　vol. 4: 1800-1945, *op. cit.*, pp. 428-447.

② Jean Glénisson (dir.), *Iniciaçao aos estudos historicos*, 2e éd., Sao Paolo, Difel,
　1977.

关于奴隶制和庄园的先驱性研究。①

欧洲历史研究的方法与地方性研究范式之间的类似互动也在阿根廷出现了萌芽，在战争之前，德国就已经对阿根廷产生了强大的影响。同样出于对博学和档案学的兴趣，战后的制度背景导致了具有重要意义变革的产生。② 阿根廷的大学，同样也包括玻利维亚、智利和秘鲁的大学，获得了一种相对于中央政权的独立自主的地位，以维持他们在招聘和研究主题方面的独立性。③ 在这一基础上，这些国家开始进行重大的创新：区域史同时被置于国际化和长时段的背景中进行研究。1933年，埃兹奎尔·马丁内斯·埃斯特拉达发表了一篇散文《潘帕斯草原上的 X 光》(Radiografía de la pampa)，立即受到了布罗代尔的高度评价。④

同样，在中国，对历史的阐释也成为激烈论战的主题。因此，在第一次世界大战之后，梁启超（1873~1929）提出，中国为全球文明和人类的进步做出了贡献。以此为目的，他提出了一种历史方法论的比较性研究；他将历史方法论的演变与相关的社会变革联系在一起。与西欧的研究范式不同，梁启超并

① Ciro Flamarion Cardoso, "Brazilian Historical Writing and the Building of a Nation", in Stuart Macintyre, Juan Maiguashca, Attila Pok (dir.), *The Oxford History of Historical Writing*, vol. 4: 1800-1945, op. cit., pp. 447-462.
② Fernando Devoto, *La historiographia argentina en el siglo XX*, 2 vol., Buenos Aires, 1993-1994.
③ Leopoldo Zea, "La autonomia universitaria como istitucion latinoamericana", in *Universidad Nacional Autonoma de México. La autonomia universitaria en México*, vol. 1, Mexico, 1979, pp. 317-334.
④ Ezequiel Martínez Estrada, *Radiografía de la pampa*, Buenos Aires, Losada, 1933.

没有局限于将口述性和书写对照，而是对实物史料（宗教纪念品、口述证明、考古学材料）和书面史料（家谱、朝代史、档案）进行了区分。[1]

章太炎（1868~1936）起初赞同梁启超的观点，但他支持的是一种非机械论的研究范式，这种研究范式由人类活动控制，根据不同的时代和国家而有所不同。他并不是摒弃中国的经典，而是将其历史化。他试图去发现民族国家的历史特性，通过将汉族传统与满族传统相对照，最终发现民族国家的历史特性存在于民族中而非经典中。[2] 最终，他将民族、佛教经典以及马克思主义融合在一种想要成为中国特色的革命理论中。在中国的经典以及中国最新的发展中，反对资本主义被认为是合理的。通过研究《瑜伽师地论》（盛行于印度、中国、朝鲜半岛和日本），章太炎批判西方关于进步的线性观点。

在驳斥西方关于历史的理论的过程中，日本的很多学术著作被翻译并引进了中国。然而，第一次世界大战改变了这种格局。人们就方法、历史哲学以及历史分期展开了激烈的讨论，这些讨论尤其集中在针对朗格诺瓦和瑟诺博司的教材上，以及杜威、巴克尔和兰克的著作上。特别是这两位法国史学家，他们成为那个时代大部分中国史学家毋庸置疑的参照典范。有趣的是，这场论战在法国和中国导致了两种截然不同的结果。在法国，年鉴学派展开了对朗格诺瓦和瑟诺博

---

[1] Chang Hao, *Liang Ch'i-ch'ao and Intellectual Transition in China*, *1890-1907*, Cambridge (Mass.), Harvard University Press, 1971.

[2] Viren Murthy, *The Political Philosophy of Zhang Taiyan*, Leiden, Brill, 2011.

司的思想残余的斗争。相反，在中国，这两位史学家成为一
种重要的参照，他们介绍史料分析的批判性方法，但并没有
陷入兰克式的实证主义，而是与中国传统的方法展开了全面
的互动。

正是在这样的背景下，新的史料被挖掘出来，特别是考古
学资料，这迅速更新了关于中国古代历史的阐释。[①] "五四运
动"领袖之一——傅斯年（1896~1950）——创立了历史语言
研究所，他坚持发掘新史料的必要性，特别是考古学资料，以
超越传统的编年史所带来的局限性。考古学及其带来的重塑中
国古代历史的方法产生了深远的政治影响。中国主要的领导人
很快就明白了其中的利害关系。因此，孙中山（国民党领导
人）鼓励在广州大学成立了历史语言研究所。后来，随着傅
斯年抵达北京，研究所也随之迁移。

然而，在历史研究内部，其他思潮以方法论特别是历史
阐释的名义朝着另一种不同的方向发展。因此，在顾颉刚
（1893~1980）的领导下，"五四运动"开始激烈地批判中国
古代史学史的主要成果。这场运动的目的是创造一种包容日
本的和西方的历史研究成果的国别史。这些学者解构了史料
及其阐释，力图证明很多谬误的存在，目的是根据"西方的
方法"重新塑造历史真相。反对者们认为，他们沉迷于对文
本的危险性分析中，依靠的是投机。通过将对一些史料的博
学派分析与其产生的背景联系在一起，顾颉刚对此进行了反

---

① Philip Kohl, "Nationalism and Archeology: On the Construction of Nations and
Reconstruction of the Remote Past", *Annual Review of Anthropology*, 27 (1998),
pp. 223-246.

驳。他也认为，某种类型的史料的生产与某个主导的团体存在着联系。

同样，在五月四日这场运动中，在纽约的哥伦比亚大学接受过专业训练的胡适（1891~1962）醉心于杜威（1919~1921年旅居中国）的科学方法，希望能将他"可遗传的"历史方法运用于国家的历史研究上面。他认为史学家应该先构思一些假设，然后来证明这些假设，就像科学家所做的那样；他所捍卫的是一种跨文化的、跨国家的历史，一种开放面对多种影响和相互影响的历史。因此，他认为，对史料的批判应该围绕五种主要因素来展开：内容、语言、风格、思想，以及与同时期其他著作的比较。① 胡适的弟子之一——傅斯年——同样从对文本和假设的实证性要求出发，想找到一种相反的解决办法，即回归到兰克的思想。尽管他们之间存在分歧，但无论是傅斯年还是胡适，都表现出了强烈的民族主义倾向，这种倾向在日本侵占满洲的过程中表现得更为明显。傅斯年笔耕不辍，出版了一本旨在证明满洲"历史上"属于中国的著作。跨越这些汉族人占主流的省份之外——也包括诸如满洲的一些地区——的中国特性，与两次大战期间全球的地缘政治变革产生了反应，特别是对日本的帝国主义的回击。亚洲一股强大的力量可以像西方帝国那样为所欲为的事实，不仅在欧洲形成冲击，也在亚洲形成了冲击，随之而来的，是中国民族主义的再次蓬勃发展，以及在这种背景下赋予历史的核心政治作用。

---

① Q. Edward Wang, *Inventing China through History*, *op. cit.*

最终，越来越多的史学家重新提出针对欧洲范式的批判，特别是针对欧洲范式的线性观点及其蕴含的历史进步主义。中国学生在德国、美国和英国的留学促进了这些讨论的散播。由北京大学的教授们发起的"新文化运动"，就是受到了这些国家历史研究的启发。北京大学的史学家们于1918年推出的期刊《新潮》大获成功（每期大约发行一万本）。这些学者将重点放在对史料的批判、一手史料和二手史料之间的差异以及由此衍生的历史与小说之间的差异上。他们发现自己不仅面对着"现代化推动者"的崛起，也面对着最早一批的马克思主义史学家。这些马克思主义史学家起初接受的是被视为"正统派"的马克思主义研究范式，因此坚持的是由《资本论》的作者马克思提出的历史模式的普遍性。因此，郭沫若（1892～1978）尝试着将中国古代历史的时期用奴隶制度、封建社会以及最终的现代化来表述。

帝国的衰落（1945～1989）：
什么样的历史性记忆？

我们已经提到过底层研究的论据以及他们想要证明西方思想所特有的历史角度的企图。实际上，这些思潮的历史悠久，影响广泛。这些张力反映出过去的殖民地和殖民国家之间磕磕绊绊的政治关系。在法国，对殖民主义罪行的揭发或承认的记忆成为众多讨论的主题，特别是21世纪关于阿尔及利亚战争和奴隶制历史的讨论。① 在关于奴隶制这个问题上，多里尼、菲利奥特（Philippe Filliot）和其他一些学者的奠基性著作已经发现了该领域中法国的特性，尤其是多米尼加的革命性解放与法国殖民地对奴隶制度的官方对抗这二者之间形成的对照，充分展示了法国的特性，这种官方对抗至少一直延续至1848年，完全忽视了革命的准则。② 奥利维·格努约关于人口贩卖的作品极大地刺激了这场讨论。这种全球性的假设聚焦于人口贩卖的悠久历史，聚焦于亚洲和非洲奴隶制度的重要性，甚至是欧洲人到来之前的亚洲和非洲的奴隶制度的重要性，也聚焦于废奴进程的复杂性。③ 这本书在法国和英美国家中激起了千层浪，最终，书中的主要观点在这些国家里被广泛传播：同样被传播的观点，还有奴隶制在非洲的出现，奴隶制在伊斯兰教国家的持续，法国废奴运动的缺陷，等等。这本书的作者最近又重归这个话题，再次谈及被他定义为"革命性"的废奴主义运动。④ 因此，这体现了他的作品与其他众多著作的不同，二十多年来，其他作品关注的焦点都在于法国废

246

---

① Renaud Hourcade, "L'esclavage dans la mémoire nationale française: cadres et enjeux d'une politique mémorielle en mutation", *Droit et cultures*, 74/2 (2017), pp. 71-86.

② Yves Benot, Marcel Dorigny (dir.), *Rétablissement de l'esclavage dans les colonies françaises: 1802*, Paris, Maisonneuve et Larose, 2003; Yves Benot, *Les Lumières, l'esclavage, la colonisation*, Paris, La Découverte, 2005; Marcel Dorigny, Bruno Gainot, *La Société des amis des Noirs (1788-1799)*, Éditions Unesco, 1998; Frédéric Régent, *La France et ses esclaves*, Paris, Grasset, 2007.

③ Olivier Grenouilleau, *Les traites négrières* Paris, Gallimard, 2004.

④ Olivier Grenouilleau, *La révolution abolitionniste*, Paris, Gallimard, 2017.

奴主义的局限性。[①]

这些诉求与其他一些非洲国家在前些年向英国和美国提出的诉求大体上是一致的。[②] 然而，在法国，由于对阿尔及利亚战争和奴隶制度持续的沉默，也由于当局一直反对这方面的话题——尼古拉·萨科齐对此的态度就是例证之一——这方面的论战上升到一个极其激烈的层面。[③] 关于殖民事实的讨论实际上变成了关于共和主义事实的讨论，甚至是关于国家的讨论。[④] 因此，在去殖民化时代以及之后的时代里，回溯殖民历史研究的演变显得至关重要。

---

① 还有其他众多题目：Marcel Dorigny（dir.），*Les abolitions de l'esclavage*，Saint-Denis，Presses universitaires de Vincennes，1995；Yves Benot，*La révolution française et la fin des colonies*，*op. cit.*；Myriam Cottias，Élisabeth Cunin，Antonio de Almeida Mendes（dir.），*Les traites et les esclavages. Perspectives historiques et contemporaines*，Paris，Karthala，2010；Emmanuelle Saada，*Les enfants de la colonie*，等等。

② Joseph C. Miller，*Slavery and Slaving in World History：A Bibliography，1900 - 1996*，Armonk，（N. Y.），M. E. Sharpe，1999；Rebecca Scott，Thomas Holt，Frederick Cooper，Aims McGuinness，*Societies after Slavery：A Selected Annotated Bibliography of Printed Sources on Cuba，Brazil，British Colonial Africa，South Africa and the British West Indies*，Pittsburgh，University of Pittsburgh Press，2004；Seymour Drescher，*Abolition：A History of Slavery and Antislavery*，Cambridge，Cambridge University Press，2009.

③ Hue-Tam Ho Tai，"Remembered Realms：Pierre Nora and French Historical Memory"，*American Historical Review*，106/3（2001），pp. 906 - 923；Daniel Lefeuvre，*Pour en finir avec la repentance coloniale*，Paris，Flammarion，2006.

④ 关于这一点：*Les temps de la mémoire coloniale：entre production d'un savoir scientifique et espace public de la controverse*，*Temporalités*，5（2006）。为了体现历史研究的角度：Romain Bertrand，*Mémoires d'empire. La controverse autour du fait colonial*，Bellecombe-en-Bauges，Éditions du Croquant，2006；Jean-Frédéric Schaub，"La catégorie ' études coloniales ' est-elle indispensable ?" art. cit. ；Martin Evans（dir.），*Empire and Culture：The French Experience，1830 - 1940*，Basingstoke，Palgrave Macmillan，2004。

　　与去殖民化一起开始的，还包括在前殖民地地区创建档案以及在宗主国重新组织殖民档案。对于后者来说，过程则更为艰辛。[1] 一直到 20 世纪 90 年代，法国军队关于阿尔及利亚战争的档案才被公之于众。短短十年之后，2004 年，一本集体的结晶《遗忘的终结》最终问世。[2] 从那以后，诸多作品接二连三出版，形成了一场真正的"记忆的较量"，一方面是关于殖民化的"利益"的意义，另一方面是关于殖民化的毁灭性影响。[3]

247

　　尽管阿尔及利亚最吸引眼球，但其他的旧殖民地也成为历史研究的新的重要目标，无论是印度尼西亚还是塞内加尔，刚

---

[1]　Pascal Blanchard, Isabelle Veyrat-Masson（dir.）, *Les guerres de mémoires：la France et son histoire：enjeux politiques, controverses historiques, stratégies médiatiques*, Paris, La Découverte, 2008；Véronique Dimier, *Le gouvernement des colonies. Regards croisés franco-britanniques*, Bruxelles, Éditions de l'Université de Bruxelles, 2004；Benjamin Stora, *La guerre des mémoires. La France face à son passé colonial. Entretiens avec Thierry Leclère*, La Tour-d'Aigues, Éditions de l'Aube, 2007；Cécile Vidal, "The Reluctance of French Historians to Address Atlantic History", art. cit.；Marc Ferro（dir.）, *Le livre noir du colonialisme, xvie - xxe siècle. De l'extermination à la repentance*, Paris, Laffont, 2003；Pierre Singaravélou（dir.）, *Les empires coloniaux*, op. cit.；Hélène Blais, Florence Deprest, Pierre Singaravélou（dir.）, *Territoires impériaux. Une histoire spatiale du fait colonial*, Paris, Publications de la Sorbonne, 2011.

[2]　Mohammed Harbi, Benjamin Stora, *La guerre d'Algérie, 1954 - 2004. La fin de l'amnésie*, Paris, Laffont, 2004.

[3]　从浩瀚的书目中，仅选取几个例子：Charles-Robert Ageron, *Les Algériens musulmans et la France* Saint-Denis, Bouchène, 1968；Id., *De l'Algérie française à l'Algérie algérienne*, Saint-Denis, Bouchène, 2005；Raphaëlle Branche, *La torture et l'armée pendant la guerre d'Algérie*, Paris, Gallimard, 2001；Olivier Le Cour Grandmaison（dir.）, *Le 17 octobre 1961. Un crime d'État à Paris* Paris, La Dispute, 2001；Sylvie Thénault, *Une drôle de justice. Les magistrats dans la guerre d'Algérie*, Paris, La Découverte, 2001。

果还是新喀里多尼亚。① 在所有这些国家中，无论是关于刚果的暴力行为②还是关于印度尼西亚的战争③，历史研究的沉默以及档案的获取都成了问题。

这些问题部分程度上与同时期英国产生的问题如影随形④。在英国，一直到 20 世纪 50 年代，都很难为展示殖民化最终形成的有利影响的辉格派历史划上终点。一直到 20 世纪 60 年代初，随着约翰·罗宾逊（John Robinson）和罗宾·加拉赫（Robin Gallagher）等史学家以及霍布斯鲍姆的出现，新的观点才逐渐问世。殖民主义从此以后也被披上了帝国主义和剥削的外衣。印度和非洲的一部分地区集聚了关注的目光：论战的触角延伸至殖民化的成本和利益，延伸至暴力，不久之后也开始延伸至殖民主体的"政府"。这同样也涉及去殖民化过程中所发生的暴力行为等问题，特别是在肯尼亚。⑤

---

① Pierre Brocheux, Daniel Hémery, *Indochine. La colonisation ambiguë, 1858–1954*, Paris, La Découverte, 1994; Isabelle Merle, *Expériences coloniales. La Nouvelle-Calédonie, 1853–1920*, Paris, Belin, 1995; Catherine Coquery-Vidrovitch, *Le Congo（AEF）au temps des grandes compagnies concessionnaires, 1898–1930*, Paris-La Haye, Mouton, 1972; Jean Meyer, *Histoire de la France coloniale, I. Des origines à 1914*, Paris, Armand Colin, 1991.

② Catherine Coquery-Vidrovitch, "Préface", in *Le rapport Brazza*, Paris, Le Passager clandestin, 2014.

③ Jacques Dalloz, *La guerre d'Indochine, 1945–1954*, Paris, Seuil, 1987; Lucien Bodard, *La guerre d'Indochine*, Paris, Grasset, 1997.

④ Robin Winks, *The Oxford History of the British Empire, vol. 5: Historiography*, Oxford, Oxford University Press, 1999.

⑤ Daniel Branch, *Defeating Mau Mau, Creating Kenya: Counterinsurgency, Civil War, and Decolonization*, Cambridge, Cambridge University Press, 2009; Frederick Cooper, *Decolonization and African Society: The Labor Question in French and British Africa*, Cambridge, Cambridge University Press, 1996, trad. fr.: *Décolonisation et travail en Afrique*, Paris, Karthala, 2004; Marie-Emmanuelle （转下页注）

　　围绕着殖民历史而产生的张力、诉求以及沉默并没有绕过其他殖民国家，无论是西班牙和葡萄牙，荷兰和日本，还是土耳其和后来的俄国。[①]

　　殖民史自我消除（或不消除）隔膜的模式和旧殖民国家内历史研究著作的诞生相互产生着影响。这些相互交织在很多层面上都显而易见，从由档案产生的关于历史记忆的建构，到非洲、亚洲和拉丁美洲的思想精英向北方国家、过去的殖民者的流动。在新的独立国家中，持有一些国家档案的行为几乎与拥有一家航空公司或货币公司具有同等的意义。但是在实践中，这些演化取决于去殖民化的模式，取决于他们所经受的暴力的不同程度，也取决于新的当权者所占有的文献。围绕着档案和记忆的张力覆盖了殖民研究的所有范畴。有的时候，例如在东非，在独立战争以及之后的内战中，档案被简单地付诸一

（接上页注⑤）Pommerolle，"Une mémoire vive. Débats historiques et judiciaires sur la violence coloniale au Kenya"，*Politique africaine*，102/2（2006），pp. 85 – 100；Caroline Elkins，*Britain's Gulag：The Brutal End of Empire in Kenya*，Londres，Jonathan Cape，2005；John Lonsdale et Atieno E. S. Odhiambo（dir.），*Mau Mau and Nationhood*，Londres，James Currey，2003；Gérard Prunier，"Mythe et histoire：les interprétations du mouvement Mau Mau de 1952 à 1986"，*Revue française d'histoire d'outre-mer*，74/277（1987），pp. 401-429.

① Jean-Frédéric Schaub，"Historia colonial de Europa. De civilización a barbarie"，*Istor* 16（2004），pp. 45-71；Marc Aymes，"Provincialiser l'empire：Chypre et la Méditerranée ottomane au xixe siècle"，*Annales HSS*，62/6（2007），pp. 1313-1344；Stuart B. Schwartz，"Brazil：Ironies of the Colonial Past"，*Hispanic American Historical Review*，80/4（2000），pp. 681-694；Jeremy Adelman（dir.），*Colonial Legacies：The Problem of Persistence in Latin American History*，New York，Routledge，1999；João Luís Ribeiro Fragoso，*Homens de grossa aventura：acumulação e hierarquia na praça mercantil do Rio de Janeiro，1790-1830*，Rio de Janeiro，Civilizaçao Brasileria，1998；Romain Bertrand，*L'histoire à parts égales*，op. cit.

炬，其目的是自我激励。^① 有的时候，殖民当局会将很大一部分文献遣送回国内，但并非所有国家都这样做。^② 塞内加尔和
249 法属西非国家普遍都采取了后一种做法，而法属赤道非洲则更多地陷入第一种境地。阿尔及利亚的一部分档案也被送到了法国，尽管在后来很长一段时间，这些档案几乎销声匿迹了。^③

围绕着档案的一个根本性问题开始在南非出现。^④ 档案不仅对于历史建构来说处于核心地位，对"公平正义"（justice）和"全国和解"（national reconciliation）的担忧来说也是如此。^⑤ 在这种情况下，与阿尔及利亚不同，档案的组织和收回不仅体现出南非与宗主国之间的紧张关系，也体现出南非这个刚刚结束内战的国家内部的压力。

在非洲大部分国家里，就档案问题而言，通常会遇到专业人才缺失的局面，以及因为待遇有限而产生的专业人才不稳定

① Marie-Aude Fouéré, Lotte Hughes, "Heritage and Memory in East Africa Today: A Review of Recent Developments in Cultural Heritage Research and Memory Studies" *Azania: Archaeological Research* in Africa, 50/4, 2015, pp. 542-558; Marie-Aude Fouéré, *Remembering Julius Nyerere in Tanzania: History, Legacy, Memory*, Dar es Salaam, Mkuki na Nyota, 2015.

② Alistair Tough, "Archives in Sub-Saharian Africa Half a Century after Independence" *Archival Science*, 9/3（2009）, pp. 187-201.

③ Claude Liauzu, "Note sur les archives de la guerre d'Algérie", *Revue d'histoire moderne et contemporaine*, 48/5（2001）, pp. 53-56; Raphaëlle Branche, *L'armée et la torture pendant la guerre d'Algérie*, Paris, Gallimard, 2001.

④ Verne Harris, *National Archives of South Africa*, Pretoria, National Archives, 2000.

⑤ Verne Harris, "The Archival Sliver: Power, Memory, and Archives in South Africa", *Archival Science*, 2（2002）, pp. 63-86.

的问题，有时候还会产生腐败现象①，甚至是将有关国内局势紧张的档案置于管控之下。② 从 20 世纪 90 年代开始，很多非洲国家内部的局面有所改善；相当多的资源，无论是国内的还是国际的——人员培训、文件保存、数字化和分类——都被分配给档案部门来调配。人员的迁移，通常是指过去的宗主国与其殖民地之间的迁移，也成为这些资源的一部分。新的联系随之建立起来，跨越了后殖民的背景框架；例如，在苏丹，中国的资本也介入了苏丹国家档案的建设和保存。③

　　然而，以书写非洲历史为目的而借助档案并不是顺理成章的。很多新成立的国家采用了殖民国家的分类体系，以方便与宗主国相对应的档案进行比较。这种分类方法很有权威性，因为这些国家的档案学家们通常都在宗主国接受过培训，都采用了宗主国的分类标准，特别是对原法国的殖民地来说，它们都普遍接受了来源原则。④ 其他一些观察家质疑这种方式的合理性，认为这种方式掩盖了"底层人士"、被殖民者

① 肯尼亚反腐委员会（2007）。肯尼亚反腐委员会给在档的管理委员会成员提供培训证明，网址：http://www.kacc.go.ke/archives/PressReleases/PRESS-RELEASE-RECORDS.pdf。

② Alistair Tough, "Archives in Sub-Saharian Africa Half a Century after Independence" art. cit.; Florence Arès, *Rapport final sur le développement des archives nigériennes*, ONU, 1991.

③ Albert Mban, *Les problèmes des archives africaines. À quand la solution ?*, Paris, L'Harmattan, 2007.

④ Carol Couture, Marcel Lajeunesse, "L'archivistique, instrument de développement: le cas de la Côte d'Ivoire", *Archivaria*, 29（1989-1990）, pp. 18-32; Saliou Mbaye, "Problèmes des archives et de la gestion des dossiers en Afriquede l'Ouest francophone", *La Gazette des archives*, nouvelle série, n° 127（4e trimestre 1984）, pp. 287-298.

和社会边缘人士的作用。鉴于此，有人建议通过关键词来进行分类，以便提出一些与殖民历史所呈现的观点相异的主张。①

如果说档案的分类影响着研究及其结论的产生②，那殖民历史的遗留以及欧洲旨在联系非洲、口述性与"没有历史的人民"三者的意图，在非洲某种后殖民思想中再次出现，后来也在非洲的民族主义思想中再次体现。③ 首先是将当地认知与殖民建构和从殖民建构中产生的档案进行对照的西方人类学家。④ 格尔茨的立场，再加上德里达和福柯从东方主义到结构主义的思想，在埃里克·沃尔夫的后殖民主义批判中达到了顶峰，一直延续到底层研究。⑤

在印度和非洲，对殖民档案的摒弃都被完美地体现出来。⑥ 很多著作都强调非洲存在真正的文明和经济学，但被殖

---

① Jeannette Allis Bastian, "Reading Colonial Records through Colonial Lens: The Provenance of Place, Space, and Creation", *Archival Science*, 6 (2006), pp. 267-284; Ahmet Ndiaye, "Les archives en Afrique occidentale francophone. Bilan et perspective", *La Gazette des archives*, 39 (4e trimestre 1987), pp. 223-231.

② Caroline Hamilton, Verne Harris, Michèle Pickover, Graeme Reid, Razia Saleh, Jane Taylor (dir.), *Refiguring the Archive*, Cape Town, New Africa Book, 2002.

③ Pierre Singaravélou, "Des historiens sans histoire ? La construction de l'historiographie coloniale en France sous la Troisième République", *Actes de la recherche en sciences sociales*, 184/5 (2010), pp. 30-43.

④ Edward E. Evans-Pritchard, "Social Anthropology: Past and Present, The Marett Lecture, 1950", *Social Anthropology and Others Essays*, New York, Free Press, 1951 Claude Lévi-Strauss, *La pensée sauvage*, Paris, Plon, 1962.

⑤ Eric Woolf, *Europe and the People without History*, Berkeley, University of California Press, 1982; Thomas Richards, *The Imperial Archive*, *op. cit.*; Roberto Gonzalez Echevarria, *Myth and Archive: A Theory of Latin American Narrative* Cambridge, Cambridge University Press, 1990.

⑥ Jean et John L. Comaroff, *Ethnography and the Historical Imagination*, Boulder, Westview Press, 1992.

民当局驯化和消灭了。由于缺少这方面的殖民史料，口述史料
不断涌现，被非洲的史学界视为"真实的史料"。[①] 史料方面
的张力也逐渐聚焦在学者的出身问题上：必须只有非洲学者才
能写出一部正确的非洲历史吗[②]？

　　在欧洲，去殖民化通过对非洲历史的支持被诠释（例如：
伦敦大学亚非学院的非洲史课程、法国的一些非洲史研究中
心）；1962 年，联合国教科文组织强调在全世界发展非洲史的
必要性。然而，越来越多新成立的非洲国家强调必须能够依靠
非洲史学家；这些非洲史学家通常在欧洲和美国接受过专业培
训，他们倾向于站在民族主义的立场上。这种民族主义的倾向
在那些于非洲接受过专业训练的史学家之间仍然存在，他们经
常被那些在别处学习过的同行所诟病，认为他们还处于殖民思
想的笼罩之下。[③] 事实上，民族主义与泛非洲主义相互混杂；
如果说非洲的同质性根据不同背景时而被呼吁，时而又被否
定，那么民族主义则是大部分非洲历史研究中持续存在的一股
力量。[④] 这种民族主义被演绎成不同的思潮：在 20 世纪 60 年

251

---

①　Jan Vansina, *De la tradition orale. Essai de méthode historique*, Tervuren, Musée royal de l'Afrique centrale, 1961; Daniel F. McCall, *Africa in Time Perspective : A Discussion of Historical Reconstruction from Unwritten Sources*, Boston, Boston University Press, 1964; Toyin Falola, Christian Jennings (dir.), *Sources and Methods in African History*, op. cit.

②　Catherine Coquery-Vidrovitch, Odile Goerg, Hervé Tenoux, *Des historiens africains en Afrique*, Paris, L'Harmattan, 1998.

③　Lidwien Kapteijins, *African Historiography Written by Africans*, *1955 – 1973*, Leiden, Brill, 1973; Caroline Neale, *Writing " Independent" History : African Historiography*, *1960-1980*, Westport, Connecticut, 1985.

④　请参见综述：Catherine Coquery-Vidrovitch, "À l'origine de l'historiographie africaine de langue française", *Présence africaine*, 173/1 (2006), pp. 77–90; Jean-Loup Amselle, *L'Occident décroché*, Paris, Stock, 2008.

代和 70 年代之交，一些学者在努力证明，在奴隶制度和帝国主义之前，非洲比欧洲更为文明和先进。从这一点出发，数不胜数的研究正努力去证明非洲自身出现的那些构建了西方的要素——国家和市场。

但是，从 20 世纪 70 年代中期开始，后殖民国家疲软的经济发展带来的幻灭导致了一种新的历史研究，这种研究更关注人类学，而不是经济增长。这方面的著作强调了与西方的不同，而不是去寻找与西方的相似之处。关于去中心化的社会的研究以及关于"身份认同"——非洲的、地方的，等等——的研究获得了前所未有的发展。[①] 自此，研究的重点仍然聚焦于口述史料，而非洲的历史期刊也在不断增发关于精神状态、身份认同和历史人类学刊物的期数。

一直到 2000 年末，更复杂的思潮才开始出现；首先是按照类似社会史[②]或经济史的研究范式将非洲历史嵌入全球角度的尝试。在使用经济史的研究范式时，研究者们并非致力于展示一种不同于西方的非洲的"经济理性"，而是致力于展示非洲与西方的相似性——即研究非洲参与者的所得。因此，差异被归结为缺乏有效的经济制度——对私有财产的保护——以及政府的腐败。这就是努力通过采用无论是在范畴领域内还是在

① Molefi Kete Asante, *The Afrocentric Idea*, Philadelphia, Temple University Press, 1987.

② Andreas Eckert, "Fitting Africa into World History: A Historiographical Exploration", in Benedikt Stuchtey, Eckhardt Fuchs (dir.), *Writing World History 1800-2000*, New York, Lanham, 2002, pp. 99-118; Erik Gilbert, Jonathan Reynolds, *Africa in World History from Prehistory to the Present*, Upper Saddle River, Pearson, 2004.

分析工具领域内都被认为是普遍适用的标准，来使非洲历史
"规范化"。对一直到彼时都处于被忽视状态的档案——关于
传教士、法律①、回忆录的档案——的重新发现，甚至对来自
不同殖民当局档案的纷繁交错的观点，都成为这场运动的一部
分，希望借此使非洲人民重获采取行动的能力。② 按照这种观
点，无论是史料还是对史料的阐释，档案的组织与内容都成为
一种正在自我形成记忆的人种志材料，而不是用于反对殖民者
与被殖民者。这些文献的生产和分类也与当地参与者和殖民制
度之间各种支离破碎的协商产生了呼应。③ 人们认为史学家应
该展现这些要素。这种方法超越了对史料的非批判性实证主
义，也超越了结构主义和后殖民时期的立场。

印度遇到的问题，部分与这些问题类似，但有些又具有印
度特性：在印度，口述文化和在地文化备受关注，就像身份认
同问题、民族主义、殖民主义的经济史和社会史问题在印度备
受关注一样。但是，这些因素的体现与在非洲背景下的体现呈
现出差异。首先，蒙古人的档案和印度次大陆国家档案的出现
从部分程度上弱化了书写（殖民的）与口述性之间的对立。
史料和档案的这种多样性在前殖民时期至关重要，也使得印度
的背景与大部分非洲国家的背景产生了差异。

另一方面，对史料和"印度式"历史研究范式的再次审

---

① Richard Roberts, *Litigants and Households*, op. cit.

② Frederick Cooper, Ann Laura Stoler (dir.), *Tensions of Empire: Colonial Cultures in a Bourgeois World*, Berkeley, University of California Press, 1997.

③ Ann Laura Stoler, *Capitalism and Confrontation in Sumatra's Plantation, 1870 - 1979*, Ann Arbor, University of Michigan Press, 1995; Shahid Amin, *Event, Metaphor, Memory: 1922-1992*, Berkeley, University of California Press, 1995.

视引发了一场关于历史定义的论战，论战的内容也涉及区分历史与文学的局限性，而不是像非洲那种口述文化和书写文化之间的简单对立。其中一例便是《时间的纹理》一书，它完美地解释了这种研究范式。

253

这种差异同样也通过印度历史研究的演变体现出来。在独立之后的三四十年间，印度出现了至少三种思潮：百年民族主义历史研究；印度民族主义历史研究；马克思主义历史研究。[1] 第一种思潮受到了新政府的支持，目的是通过借助西方历史研究的工具，表明"印度"传统以及印度文明的力量：在塔拉·昌德领导下编辑出版的《印度自由运动的历史》，将档案的用途和史料的实证主义放在了首要地位。[2]

第二种思潮启发了多卷《印度人民的历史与文化》的诞生。这种思潮受到了一家私人基金会的支持，力图体现印度主义关键和持续性的作用，而无视伊斯兰的"入侵"。这项研究声称受到了西方古典历史研究方法的启发，特别是兰克的研究方法；它聚焦于印度国王的继位和印度-欧洲人的印度起源问题。[3]

最后，第三种思潮寻求将马克思主义的历史分期理论运用到印度身上；对印度封建主义的研究[4]因此也带来了对殖民主

① Supriya Mukherjee, "Indian Historical Writing since 1947", in Alex Schneider, Daniel Woolf (dir.), *The Oxford History of Historical Writing*, vol. 5: *Historical Writing since 1945*, Oxford, Oxford University Press, 2011, pp. 515-538.

② Tara Chand (dir.), *History of the Freedom Movement in India*, 4 vol., New Delhi, 1961-1972.

③ Vinay Lal, *The History of History: Politics and Scholarship in Modern India*, New Delhi, 2003.

④ Ram Sharan Sharma, *Indian Feudalism*, c. 300-1200, Calcutta, 1965.

义和帝国主义的研究。这种思潮引发了一些重要的论战：除了一些马克思-列宁主义者和正统派在努力指明工业化和资本的作用之外，还有一些人大幅展开了关于印度农民的研究，后者当时更支持列宁和新的国际农民运动。正是在这方面，新的趋势层出不穷：一方面是"恰亚诺夫派"，另一方面是底层研究，都在试图使马克思主义的研究范式适用于印度。底层研究的奠基人之一拉纳吉特·古哈，明确支持农民的抵抗形式以及他们的革命性作用。① 将葛兰西作为参考成为这些研究的必须，就如他们对档案的反东方主义式的、后现代式的运用。古哈提出了一种多元文本式研究范式，重点研究史料所未能表现的方面。查卡拉巴提的研究将历史主义的范畴和跨越了欧洲中心主义的社会科学作为出发点。② 这种范式引发了一些史学家的批判，他们担心会重归一种更接近社会性的、马克思主义思潮的分析：因此，底层研究被批判为采取了一种本质主义的立场（对"下等人"及穷人等非历史主义的身份认同）以及将印度模式特别是印度农民理想化，学者们尤其批判其仅仅依赖于丰富的史料，而非"来自于底层"③ 的档案。

254

　　这些讨论产生的背景，跨越了印度民族主义的界限，也跨越了印度因领土分割而与孟加拉国和巴基斯坦之间的紧张关系。印度史学家们与西方世界保持着对话的优先权，特别是与英美国家，这也是因为他们获得了流散在美国和英国的印度知

① Sumit Guha, "Speaking Historically: The Changing Voices of Historical Narration in Western India" art. cit.

② Dipesh Chakrabarty, *Provincialiser l'Europe*, *op. cit.*

③ Sumit Sarkar, *Writing Social History*, Delhi, Oxford University Press, 1997.

识分子的支持。他们所参照的依然是马克思、爱德华·帕尔默·汤普森，当然也包括布罗代尔和葛兰西的著作。相反，除了甘地在南非的经历，印度与南方国家的联系依然非常边缘化。[①] 只是在近些年，一些学术著作才开始研究印度与非洲之间的联系，既包括殖民前，也包括殖民时期。[②] 充实着这种关联史学的各种思潮，还包括关于印度兵侨居非洲的研究，非洲兵侨居印度的研究，印度的奴隶进口和非洲兵的引入，以及艺术、舞蹈和音乐的相互迁移，宗教的传播和调整，通婚，等等。[③]

在拉丁美洲，情况更是不一样：拉丁美洲自 19 世纪起就已经获得了独立自主，在冷战时期，人们更为关注的是发展的问题，而不是与旧的宗主国之间关系的问题。史学家们根据两种主要思潮来演绎这些问题：马克思主义与法国的历史研究，特别是年鉴学派的历史研究。尤其是在巴西，在马克思主义历史研究的引导下，一大批关于经济依赖性的研究相继产生。[④] 1964 年的政变和镇压同时带来了大学数量的不断增加和大量巴西知识分子的散居国外，随着时间的流逝，他们在美国的影响力逐渐壮大。

---

① Maureen Swan, *Gandhi : The South African Experience*, Ravan Press of South Africa, 1985; Robert A. Huttenback, *Gandhi in South Africa*, *British Imperialism and the Indian Question*, *1860-1914*, Ithaca, Cornell University Press, 1971.

② Thomas R. Metcalf, *Imperial Connections*, Berkeley, University of California Press, 2007.

③ John C. Hawley, *India in Africa*, *Africa in India : Indian Ocean Cosmopolitanism*, Bloomington, Indiana University Press, 2008.

④ Celso Furtado, *Formação econômica do Brasil*, Rio de Janeiro, Companhia das Letras, 1959.

阿根廷所呈现的历史有一定的相似性，其中包括庇隆主义、庇隆主义的目的，以及从 1966 年开始的新的独裁统治。在这段时期，除了高度审查之下的民族主义史学，具有主要影响力的还有马克思主义（特别是莫里斯·多布、皮埃尔·维拉尔和维图德·库拉的影响）和年鉴学派，年鉴学派的主要推介人是鲁吉罗·罗曼诺（Ruggiero Romano）。

拉丁美洲、印度和非洲的这些历史研究，用不同的方式归纳概括了世界自 1945 年以来发生的变化。民族主义在身份认同的分析和依赖性分析里都得到了体现。西方主要的研究范式在一些反过来影响西方思想的背景中被进行了转化和消化。通过在拉丁美洲地区发展起来的关于依赖性的理论，马克思主义和经济分析因此被重新深刻地进行了评估；同样，西方后殖民主义思想也受到了印度研究著作的影响。关于分析的范畴本身也受到了影响：权力、从属、自由、屈服、农民、国家、经济-世界、全球化、市场、资本主义等这些概念，在经历了论战和"南方"学者的思考之后，发生了深刻转变。如果没有这些研究著作，我们当今世界的这种全球史，这种融合了多种思潮的全球史，就不可能被创作出来。

乍一看，来自社会主义世界的历史研究也是如此。我们知道，尽管发生了冷战，东-西方之间的相互接触都是至关重要和意义非凡的，这些交流不仅通过国际共产主义者产生，也通过科学会议进行。在斯大林逝世之后，苏联的历史发生了天翻地覆的变化；诚然，这些研究总是以列宁或马克思针对资本主义及其理论家的批判为开端。然而，西方这些研究范式的出镜率越来越高，人们的借口是为了更好地对它们进行批判。新一代的史学家因此致力于修正苏联传统的阐释，特别是关于国别史的阐释。① 在斯大林的集体化遭受批判的同时，列宁的新经济政策受到了大力支持，这也促使 20 世纪 60 年代苏联发生了相似的改革。② 由安娜·潘克拉托娃（Anna Pankratova）于 1953 年领导创办的一本新的杂志——《历史的问题》——成为呼声日益高涨的历史自由的喉舌。③ 1956 年匈牙利发生了一系列事变之后，这本杂志的编委会被迅速解散。面对镇压，苏联史学家的反应之一，特别是米哈伊尔·蒂霍米洛夫的反应，随即通过史料研究体现了出来。对史料的研究在 20 世纪初由拉波·达尼列夫斯基深入发展，20 世纪 30 年代第一代苏联史学家又重拾这种研究范式。这种对史料的回归，其合理性通过其意图借助"真实文献"而不是官方随意的历史而得到了体现。④ 从那时起，史学家们创作了大量关于档案文献的专著和合集；这些作品构成了苏联解体后历史研究的根基与核心出发点之一。1955 年至 1962 年，《历史档案》（Istoricheskii arkhiv）杂志发表了很多关于档案的文献，通常都是饱受争议的。对档案文献的出版一直持续到苏联解体。从 20 世纪 90 年代开始，

256

---

① Roger Markwick, *Rewriting History in Soviet Union. The Politics of Revisionist Historiography, 1956-1974*, New York, Palgrave, 2001.

② Liubov Sidorova, *Ottepel' v istoricheskoi nauke : sovetskaia istoriograpfiia pervogo poslestalinskogo desiatiletiia* [Le dégel dans l'historiographie soviétique : la première décennie après la mort de Staline], Moscou, Rosspen, 1997.

③ Reginald E. Zelnik, *Perils of Pankratova : Some Stories from the Annals of Soviet Historiography*, Seattle, University of Washington Press, 2005.

④ Viktor A. Chernyk, "Tsentr izucheniia minuvshikh vremen : k 50-letiiu arkeograficheskoi komissii RAN" [Centre d'études du temps passé : 50 ans de commission d'archéographie de l'Académie des sciences], *Vestnik Rossiskoi Akademii Nauk*, 76/9 (2006), pp. 837-842.

为了自我发展，档案文献的出版又具有了新的形式。

在赫鲁晓夫和勃列日涅夫统治时期，最具批判性的史学家的研究主题是边远农村地区的社区（与斯大林式的集体化相对立）或知识分子，以及沙皇时期的政党和被列宁和斯大林免职的人。例如 A. M. 安菲莫夫[1]，特别是维克托·彼得罗维奇·丹尼洛夫[2]，他可能是那一代学者中最伟大的农业史学家，也是短暂的苏联时期最杰出的史学家之一。

这股涌动的暗流也延伸至社会主义阵营。在波兰和匈牙利，通常是由经济史提出新的阐释，部分是因为从马克思主义的立场看，经济史具有正当性，部分是因为它有可能通过一种能躲避更多审查的"技巧"范式而与一些西方的研究范式产生联系。波兰的维图德·库拉、匈牙利的吉尔吉·兰基（Györgi Ranki）与伊万·拜伦德（Iván Berend）撰写的一些著作，在相当长的一段时期内影响了他们的西方同行。对被社会史吸引的史学家们来说也是如此，例如，布罗尼斯瓦夫·盖莱梅克（Bronislaw Geremek）或其他知识分子［安杰伊·瓦利茨基（Andrzej

257

---

① A. M. Anfimov, "K voprosu ob opredelenii ekonomicheskikh tipov zemledel'cheskogo khoziaistva" ［Le problème de la détermination des types économiques d'exploitation agraire］, in *Voprosy istorii sel'skogo khoziaistva, krest'ianstva i revoliutsionnogo dvizheniia v Rossii* ［Problèmes d'histoire agraire, du paysannat et du mouvement révolutionnaire en Russie］, Moscou, 1961, pp. 362-379.

② Viktor P. Danilov, "O kharaktere sotsial'no-ekonomicheskikh otnoshenii sovetskogo krest'ianstva do kollektivizatsi sel'skogo khoziaistva" ［Sur le caractère des rapports socio-économiques de la paysannerie soviétique avant la collectivisation］, in *Istorija sovetskogo kret'ianstva i kolkhoznogo stroitel'stva v SSSR* ［Histoire de la paysannerie soviétique et de l'édification des kolhozy en URSS］, Moscou, Nauka, 1961; *Sovetskaia dokolkhoznaia derevnia* ［Les campagnes soviétiques avant la collectivisation］, 2 vol., Moscou, Nauka, 1977, 1979.

Walicki）］，他们的作品随即都被翻译并最终在法国和美国被大众所接受。在接二连三地遇到系统性的审查和无法获取档案的困难后，这些史学家惊诧于后现代主义对档案的激烈批判。在苏联，官方历史研究的超越更多体现在档案所证明的东西，而不是档案所否定的东西，这与过去殖民世界的历史研究有所不同。

如同在苏联一样，在苏联改革时期以及后来的衰落时期，至少是衰落初期，这些"附属"国家的史学家们也发挥着根本性的作用，无论是在政治方面还是在科学方面。他们保证了与国际社会的联系，培养了一些年轻的史学家以从事档案研究。实际上，就像 20 世纪 60 年代的改革者所认为的那样，苏联改革对社会主义改革来说也带来了利益的重新获得，在这种背景下，对长期受斯大林冷落的马克思主义学者来说也是如此。戈尔巴乔夫所采取的第一批措施带来的是对恰亚诺夫和布哈林的平反昭雪。[①] 如果说在这场行动中，诸如丹尼洛夫等这些"60 年代的人"（支持过 20 世纪 60 年代改革的那一代知识分子）发挥了重要的作用，也并不过分。[②] 无论是重新制定规划，还是再次引进合作社和市场份额，或继续掀开苏联历史中隐藏的一些方面。[③] 特别是

---

① Alessandro Stanziani, "Politische Elite und Agrarianspezialisten in der Sowjet-Union der Zwanziger Jahre. Bucharin, Tschajanow und das Genossenschaftswesen" in Theodor Bergmann, Gert Schäfer (dir.), *Liebling der Partei. Nikolai Bukharin*, Hamburg, VSA-Verlag, 1989, pp. 244-254.

② Donald J. Raleigh, *Soviet Historians and Perestroika: The First Phase*, Londres, Routledge, 1990; Maria Ferretti, "Le stalinisme entre histoire et mémoire: le malaise de la mémoire russe" art. cit.

③ Viktor P. Danilov, "Iz istorii perestroiki: perezhivaniia Shestidesiatnikakrest' ianoveda" [L'histoire de la perestroïka: les préoccupations d'un progressiste des années 1960 expert en paysans], *Otechestvennye zapiski*, 1 (2004).

丹尼洛夫（在克尔布莱的帮助下）撰写了一部恰亚诺夫及其主要合作者的完整传记，为第二次世界大战时期苏联的土地与政策的历史的更新做出了具有决定性意义的贡献①。

258

然而，随着叶利钦的登台，20 世纪 90 年代初期的特征变为对"社会主义改革"时期和 20 世纪 20 年代历史的兴趣锐减。对自由模式和市场经济的研究将关注点转向其他经济学家（西方的，更多的是俄罗斯的）和俄国历史上的其他时期（更多的是沙皇对农民土地的私有化，而不是新经济政策）。对这种转向的批评相对较少，也通常是来自这些"60 年代的人"，在这转瞬即逝的光辉岁月里，他们发现自己再一次被边缘化，而这一次他们被定义为"怀念马克思主义的人"。丹尼洛夫从 1991 年起开始发起对私有化的批判，这也是他的与众不同之处，他毫不犹豫地从斯托雷平的高度（1906～1911 年对农民土地进行私有化）出发，对两次改革进行了比较。② 在这期间，他也编辑了一些具有奠基性意义的关于集体化的档案文献的著作。不久之后，丹尼洛夫驾鹤西归，他没能看到普京登上权力的宝座。

自 20 世纪 90 年代起，俄罗斯就开始不断出版档案文献，这是在沿袭一项自苏联时期就已经发展成熟的传统。③ 这些文

① Viktor P. Danilov, T. Shanin（dir.）, *Krest'ianskoe vosstanie v Tambovskoj gubernii v 1919-1921 gg. "Antonovshchina"*［Les insurrections paysannes à Tambov en 1919-1921. L'Antonovshchina］, Tambov, 1994; Viktor P. Danilov（dir.）, *Sovetskaia derevnia glazami VtsKOGPU-NKVD, 1918-1939*［Les campagnes soviétiques dans les rapports du VtsK-OGPU-NKVD］.

② 请特别参考丹尼洛夫的发言，见 *Kuda idet Rossija?*［Où va la Russie ?］3 vol., Moscou, Interpraks, 1994。

③ Patricia Grimsted, *Archives of Russia Five Years After : "Purveyors of Sensations" or "Shadows Cast to the Past"*, Amsterdam, International Institute of Social History, 1997.

献的内容涵盖一些基础领域。[①] 俄罗斯新一代史学家开始崭露
头角。他们的研究范式仍然是"经典的"：从文献来源及其真
实性的角度来讨论档案。文献学和博学指导着这些研究范
式。[②] 相反，对"史料的实证主义"的批判仍然处于边缘化状
态。专业的史学家仍然在借助这些阐释来捍卫档案的"真相"
和档案的"客观性"。这在俄罗斯是一个至关重要的问题，媒
介中历史的政治用途和民族主义用途从来没有像现在这样与权
力紧密地联系在一起。

　　然而，也同样是由于这些特殊性，俄罗斯的历史文献研究
259 难以摆脱民族维度的束缚。一些主要的事件和变革，例如农奴
制度的废除，1917 年的大革命，都几乎仅仅从民族主义的基
石上进行解释。与其他世界的联系在俄罗斯仍然处于次要地
位。这些联系或者用于定义背景，例如欧洲的变革与彼得大帝
的改革、克里米亚战争、第一次世界大战、冷战、有可能回到
内部的变革，等等；或者是以共产国际的史料为基础来展示十
月革命的国际遗留的问题。即便是在经济史领域，这也是一种
国际性的开端，这成为与全球其他地区的唯一联系，而一些新
的研究范式，例如大分流，仍然在俄罗斯不为人所知。这种不
屑一顾的背后的有很多原因：政治权力对国别史的重视；国别
史在大学和学术机构中的主导权；国际层面上大规模的研究缺

① Oleg V. Khlevniuk, *Stalinskoie Politburo v 30-ye gody* [Le Politburo de Staline pendant les années 1930], Moscou, 1995; Id. , *Le cercle du Kremlin. Staline et le Bureau politique dans les années 1930*, Paris, Seuil, 1998.

② Nicolas Werth, "De la soviétologie en général et des archives russes en particulier" *Le Débat*, 77/5 (nov. -déc. 1993), pp. 127-144.

乏可使用的资金支持；外国语言的流通仍然存在局限性。英语有所发展，但俄罗斯的史学家们使用英语的程度远远低于俄罗斯其他领域的研究者。文化领域的研究者们通常通晓各种语言，但精通英语的人很少。从俄罗斯目前的环境来看，短期内冲破这方面束缚的可能性微乎其微。

260

结语　面对全球化与民族主义回归的全球史

　　思考全球史时，一个值得我们注意的问题是，流通从来都不是对等的。这些流通反映出历史变革中流动着的等级制度：汉人相对于蒙古人，俄国人相对于草原民族和东欧民族，欧洲人面对其他世界，以及"英美"区域相对于世界的整体，等等。这些地缘政治方面和经济方面的等级划分伴随着同样被等级化的历史研究的建构。

　　这些力量之间的较量从来不会凝固：历史分析的维度与关于全球性的多种概念，至少从 16 世纪开始，就反映出全球化的多样性。17 世纪见证了世界不同地区之间产生的重要联系，其中包括欧洲，也包括美洲，还包括亚洲。西方远远不能主导整个世界。例如，在亚洲，其他的强国也在不断萌芽，就像在近东地区一样。交流的重要性因此在世界层面显得不是那么重要，因为短距离的贸易和区域性的变革抢占了上风，而且全人类在当时几乎也只会短暂和近距离的频繁流动。但是联系已经成为工具、技巧与历史阐释的一部分。文献学和博学并非欧洲的专利，在那个时代，历史分析已经与法律产生了紧密的联系。

　　欧洲各个帝国、中华帝国、蒙古帝国、奥斯曼帝国以及俄罗斯帝国的扩张在这种一贯追求大一统的历史研究中自我诠释，但在欧洲，这种历史研究已经开始尝试着将"我们"与"他者"进行对立。在这段时期，全球史展现出一场特殊的较量，一场亚洲帝国与欧洲帝国之间的战斗，亚洲帝国吸收了精英和构成不同世界的价值观，而欧洲帝国里的欧洲人则建立了等级制度，用包容（我们）和排外（他者）这样的词语来进行思考。

随着 18 世纪对不同文明形成了划分，与其他世界的互动转变为价值观的分级——至少是在某些欧洲国家内。历史开始普遍化，同时，它也开始变得特殊化，越来越显得与众不同。欧洲哲学的价值观影响着历史认识，表现出的不是与其他现实的相遇，而更多的是一项欧洲中心主义的标准化大业。一种新形式的普遍性逐渐问世：它的宗旨不是对不同世界进行一种归纳概括，而是将欧洲的价值观作为世界的价值观来向众人展示。对"他者"的一种新的包容形式出现了：这种包容以西方特有的价值观为出发点。启蒙运动想将事实上属于当地的东西变成属于世界的东西。在这种背景下，全球史就不是一种对其他世界的发现，而更像一种文明的模范化。

欧洲发生的商业、土地"革命"以及后来的工业革命为这些变革增添了一项重要因素：亚洲成为欧洲可兹利用的一部分，首先是亚洲的纺织品被出口到欧洲，其次，亚洲也是一个可以进口英国纺织品的大市场。① 也是在这个时代，美洲殖民

① Giorgio Riello, *Cotton, the Fabric that Made the Modern World*, Cambridge, Cambridge University Press, 2013; Prisanan Parthasarathai, *Why Europe Grew Rich and Asia Did Not*, op. cit.

时代的种植园为在大西洋地区形成一块领地做出了贡献，后来这块领地又发展成一种三角地区（与非洲一起），实际上也是一个全球性的地区（亚洲也是这场运动的一部分）。[1] 这涉及人，主要是奴隶，也涉及产品，例如糖与棉花。全球化的世界首先是资本主义的世界，也是奴隶制的世界。关于这个主题，启蒙运动和自由主义的模棱两可的态度，无论是在这种无法明确反对奴隶制的普遍性中，还是在留给"没有历史"的人们的狭窄空间的历史的重新建构中，都体现了出来。

革命的到来，同时确认和改变了这场根本性的运动。工业革命增加了相互依赖的程度，以至于包括马克思和李嘉图在内一些学者都认为，可以从中找到资本主义循环的、世界性的危机的存在。1870年之后，大资本和股票逐渐兴盛，伴随着交通的革命和经济真正的全球化，特别是在北大西洋地区。[2] 北大西洋的"全球化"是一种特例，而不是一种规则，至少在其模式方面是如此，因为联系的其他形式在19世纪的欧亚地区、在非洲与亚洲之间，或在亚洲的内部已经出现。19世纪的民族主义既是对这种革命性的普遍性的一种回应，也是这种普遍性在这些帝国内部的一种延伸。独立主义运动，特别是东欧和拉丁美洲的独立主义运动证实了这种变革：这些国家在与宗主国分离的同时，保留了它们的价值观，有时候也保留了自身的制度。档案的创建有利于国家，加深了国家与口述史以及被认为是落后世界（欧洲的农民、非欧洲大陆）之间的鸿沟，这些领域从此以后都被抛给了民族志和民俗研究。欧洲对世界

---

[1] Sven Beckert, *Empire of Cotton*, op. cit.

[2] Kevin O'Rourke, Geoffrey Williamson, *Globalization and History*, op. cit.

的主导的诠释因此是一种构思和实践历史的特殊方面。19 世纪的问题并非导致国家化与全球化产生了对立，但在欧洲中心主义的历史中又增添了更具欧洲中心主义色彩的社会科学。这些学科继承了启蒙运动的大业，提出了一些地方性范畴和模式，但又想把这些范畴和模式都变成世界性的。自由主义和马克思主义都按照各自的方式体现出这种趋势。其他世界里精英阶层内部的自由主义和马克思主义的输出，欧洲以外的社会政治冲突，都在主要由欧洲刻画的蓝图和思想中逐渐形成。19 世纪的民族主义和普遍性，无论是在历史学还是在政治学中，目标都是为西方主导的世界而服务。

　　19 世纪末和 20 世纪初的政治、经济和社会动荡是这项进程的一个产物。欧洲的农民和手工业者正在消失，移民的规模越来越大，旧帝国——奥斯曼帝国、奥地利帝国（autrichien）、俄罗斯帝国等——正在坍塌，而第一次世界大战为这些变革画上了一个圆满的句号。1918 年之后，世界迈入一个新阶段，危机和动荡四伏。两次世界大战之间的紧张关系，法西斯主义与共产主义以及之后的第二次世界大战见证了这种延续，同时也见证了全球变革的加速，忽视了这个时代国民经济的逐渐封闭，而国民经济的逐渐封闭或许恰恰是造成这场变革的原因。在 20 世纪前半叶，全球史是一部西方的衰落史。作为整体变革的全球史和作为不同世界之间相互联系和影响的全球史，在激进民族主义、极权主义以及它们对历史的工具化不断高涨的意志面前，逐渐失去了光辉。历史研究的极端民族主义反映出 20 世纪上半叶的悲剧，同时也助长了这些悲剧的发生；其中，今天最具代表性的极端危险就是这些偏移的再次抬头。

在这些紧张关系的基础上，在第二次世界大战的灰烬之上，去殖民化和冷战造就了一种历史，再次有力地将历史与社会科学联系在一起。"黄金三十年"的历史再次掀开了一项标准化大业的序幕：现代化主导着史学家和社会科学家们的术语。这种自负笼罩着一种紧随着东-西或南-北之间紧张关系的趋势而产生的一种紧绷的、脆弱的全球化。然而，尽管共产主义与资本主义之间存在着对立，世界之间的联系还是越来越紧密。这些四分五裂的根基之间的联系与"黄金三十年"有所不同。去殖民化在发展，而亚洲、非洲及拉丁美洲的一些国家与西方之间的联系仍然很紧密——通常是依赖于西方——在殖民主义时期却并不存在这样的局面。①

然而，从 20 世纪 70 年代开始，这些平等交换向西方提出了条件，过去被殖民的国家尤其是近东国家，有史以来第一次将自己的条件强加于西方。新的世界危机伴随着社会国家理念的衰落和西方新的财政工具的发展。去殖民化的终结与柏林墙的倒塌给前所未有的全球化打开了一扇门。像金融一样，整个世界似乎都生活在唯一一种时间性之中。虚拟产品在世界的天涯海角被同时进行着买卖。在过去的二三十年里，巨额利润被捆绑在一些纯粹的投机性活动的根基上：房地产，金融业，土地，原材料。西方市场充斥着欢欣鼓舞，这种欢欣鼓舞随后又延伸至"金砖五国"——巴西、俄罗斯、印度、中国、南非——一直到 2007~2008 年经济危机的出现。

20 世纪 90 年代初期"文明的冲突"刚被提出时，就被视

---

① Odd Arne Westad, *La guerre froide globale. Le tiers-monde, les États-Unis et l'URSS (1945-1991)*, Paris, Payot, 2007.

为一种反动的力量，然而它最终并非如此。随着时间的流逝，文明的冲突这一概念逐渐转变为一种态度，这种态度不仅是真实的，也具有主导性，不仅诞生在西方，在其他地方也逐渐显现。原因很简单：西方通过树立蛮横的新自由主义的威信，取得了冷战的胜利而失去了和平，新自由主义为一些人带来了幸福，但为地球上其他绝大部分的人带来的却首先是欢喜，随后又是地位的降低。全球化本可以被用来跨越这些从历史遗传而来的分化；但相反，它所呈现的却是一小撮参与者对地球及其居民进行的疯狂掠夺。最终结果是民族主义在历史和政治上的回归，无论是在欧洲、东欧①、美国、俄罗斯、其他原苏联国家②，还是在非洲③和亚洲④。 264

全球史与国别史之间的张力，国别史在其民族主义变体中的成功，都加剧了人类的灾难。通过维系一种在定义上与"他者"相对立的民族精神的存在这一信念，民族主义历史加速了故步自封。我们深知其后果。

---

① László Deme，"Liberal Nationalism in Hungary, 1988 - 1990", *East European Quarterly*, 32/1 (1998), pp. 57 - 82; François Fejtö, Ewa Kulesza-Mietkowski (dir.), *La fin des démocraties populaires. Les chemins du post-communisme*, Paris, Seuil, 1997.

② 请特别参考 Marlène Laruelle 关于中亚及其特性的著作，以及：Muzaffar Suleymanov, "The Role of History in the Creation of National Identities in Central Asia: Uzbekistan and Kyrgyzstan Case Studies", *Peace and Conflict Review*, 1/1 (2008), pp. 1-33。

③ Terence Ranger, "Nationalist Historiography, Patriotic History, and the History of the Nation: The Struggle over the Past in Zimbabwe", *Journal of Southern African Studies*, 30/2 (2004), pp. 215-234.

④ John Zavos, "Searching for Hindu Nationalism in Modern Indian History: Analysis of Some Early Ideological Developments", *Economic and Political Weekly*, 34/32 (7-13 août 1999), pp. 2269-2276.

　　全球史可以适度地阻挡这些偏离的发生；首先，可以强调不同社会与世界在长时段内紧密的相互联系，它们之间的根本融合或非欧洲国家的力量。与此同时，这种自我定位的立场如果不考虑其对立面，就具有局限性；一方面是融合与排外，另一方面是全球维度与民族精神，二者齐头并进。融合同样也会产生对立面，即通常依赖于民族主义的排外。这种消极趋势的给养是经济、社会和公民的不平等。在一个饱受严重不平等折磨的世界里，很难去推动融合。皮凯蒂和其他学者的著作已经强调了这个问题的重要性：对经济增长（靠过度的不平等来获得增长）来说，缩减不平等是至关重要的，而对社会公平正义来说也是如此。历史学、历史课程以及历史分析将这些因素——长时段内不同世界之间的相互影响——置于思考的中心已刻不容缓。全球史、社会科学与经济学必须再次找到一个共同的基石。在学校里，历史课程几乎只关注国别史；个别关于其他世界的概念只是在近些年才开始出现，尽管它们势单力薄，但还是激怒了右派及其政治代表。对全球史的学习，对多样化世界的认知，了解多样化世界在时间流逝中的联系，对下一代人来说都是一种必需，有利于他们采纳一种能够适应世界复杂性的态度。

　　这种观点应该同时带来高等教育领域内对这些学科及其内容的重组。目前，国别史的教育大规模地主导着局面；对他们来说，区域研究采取的是一种完全僵化的态度，从区域研究内颇有争议的"特性"这一概念出发，相关利益者坚决地捍卫着对它的财政支持和人员聘用。诚然，我们应该了解不同世界之间的差异；但与此同时，我们也应该意识到，这些"世界"

并不是纹丝不动的整体。大学和高等机构里历史系的组建应该
反映出历史在空间层面和时间层面存在差异的特性。我们应该
给学生们提供关于多种"文化领域"的课程，例如跨领域课
程、全球史与关联史课程。但我们同样也应该在其中加入社会
科学。历史不应该成为一种独立的学科。思考历史工具的可能　265
性：文献学、博学，等等，都可以与社会科学形成互动。正如
我们所指出的，这种多学科的维度从 17 世纪开始就成为一种
恒量，不用等到布罗代尔的诞生！在对史料及与过去相关分析
的建构中，文献学、博学、法律、哲学和社会科学一直在相互
产生着影响。

　　学习历史的大学生应该接受其他学科的培养，反之，法
学、经济学、社会科学领域的大学生们也需要在针对他们的培
养中，再次注入大量历史的、全球化方面的知识。大学生们应
该明白，他们所学习的这些概念和范畴并不是唯一可能的东
西。这些概念和范畴的历史建立在分歧与碰撞之上。消除社会
科学、法学特别是经济学之间的隔膜同样刻不容缓。没有这种
开放，就会不可避免地将世界看作一种文明的冲突。

　　这些研究范式指明了发展这些分析——以及大学的培
养——的可能性，这些分析建立在三个支柱之上：历史学；经
济学与去中心化的社会科学；语言与世界。所有层级的课程体
系从来都不会同时依赖于这三个支柱。有时，是历史学作为人
文科学来反对社会科学；有时，是国别史反对文化领域的历
史；有时，又是"科学的"经济史反对社会学家和史学家。
知识及其课程都是支离破碎的，但从我们自始至终都想通过这
本书来呈现的意义来说，它们应该是全球化的：就像不同学科

与不同国家之间的紧密联系一样。一直到现在，这种归纳模式
都从来没有实现过，其中的原因复杂多样；这种归纳模式也从
来没有如此唾手可得，它是一项艰难的工程，但也是不可或缺
的，因为传统的经济学自身并不能解释这些真实的变革，更不
会考虑潜在的社会关系，而是完全轻描淡写地忽视这些"非
最佳的"价值观和态度。这些"非最佳的"价值观和态度不
仅存在于被经济学定义为"异域的"世界里，也存在于西方
本身。对于跨越历史学中的民族主义和"我们"与"他者"
之间的冲突来说，这种归纳模式也是必不可少的。历史学中的
民族主义和"我们"与"他者"之间的冲突是过去最痛苦之
灾难的根源，也是我们当今世界日益增加的紧张关系的根源。
正是从当今世界以及当今世界的历史出发，我们得以找到不同
的解决方式；如何撰写一部资本主义史，让其在相互存在差异
但又相互联系的世界中重视其多种意义？如何跨越范畴与西方
政治实践之间的张力，例如民主、世界主义，以及它们向欧洲
266 之外的艰难输出？

　　如此定义的全球史无法提供能覆盖所有问题的答案，但幸
运的是，它在某种"文明"价值观的优越性上播撒了怀疑的
种子；它指明了这种优越性的偶然性、历史性根源以及最终的
融合。是时候运用这种发现学（heuristique）来孕育一个充满
267 着相遇而非冲突的世界了。

主要人名索引

（索引页码为原著页码，即本书边码）

A

Adelman, Jeremy : 101, 135, 213, 216, 249
Akbar : 171-172
Al-Biruni : 152-153, 158, 163
Alembert (d'), Jean Le Rond : 37
Al-Tabari : 152
Amin, Samir : 50
Anfimov, A. M. : 257
Arendt, Hannah : 71, 213
Armitage, David : 34, 135, 189, 192, 214
Aron, Raymond : 31, 69, 72-76, 83-84
Arrighi, Giovanni : 49-50
Aurangzeb : 166-167, 172
Aymard, Maurice : 123, 131-132

B

Bacon, Francis : 113, 190
Bantich-Kamenski N., Nikolai : 219
Battuta, Ibn : 154-156
Bayle, Pierre : 35-36
Beaujard, Philippe : 23, 50
Beckert, Sven : 12, 24, 51, 262
Bédarida, François : 71-72
Bentham, Jeremy : 113
Berend, Iván : 257
Berger, Laurent : 23, 50
Bernier, François : 35, 165-167
Berr, Henri : 117, 119
Bertrand, Romain : 23, 26, 230-231, 247, 249
Bessner (baron de), Alexandre Ferdinand : 43-44
Bhuyan, Surya Kumar : 240
Blackstone, William : 46, 192
Bloch, Marc : 15-16, 29, 89, 118-121, 123-124, 126, 130, 132, 135, 137
Bodin, Jean : 149, 182-184, 186
Boisguilbert (Le Pesant de), Pierre : 113

Bossuet, Jacques-Bénigne : 169
Boucher, Pierre : 187
Boucheron, Patrick : 8, 24-25, 137
Boukharine, Nikolaï : 62, 102, 258
Boulainvilliers, Henri de : 36
Bozan, Jian : 79
Braudel, Fernand : 10, 23-24, 27, 50-51, 96-97, 114, 120-129, 131-133, 135, 137-138, 242-243, 255, 266
Buffon (Leclerc de), Georges-Louis : 37
Burckhardt, Jacob : 53
Burke, Edmund : 208

C

Carlyle, Thomas : 53
Catherine II : 42, 46, 201
Celebi, Katib : 157
Chakrabarty, Dipesh : 20, 51, 98, 239-240, 254-255
Chand, Tara : 254
Chang Kaï-Chek : 244
Chateaubriand (de), René : 225, 227
Chaudhuri, Kirti, N. : 128-129
Chayanov, Alexandre : 102-103, 110, 258
Chicherin, Boris : 60
Chtcherbatov, Mikhaïl : 46
Cioran, Emil : 68
Cohen, Yves : 27
Colley, Linda : 135
Collingwood, Robin George : 70
Comte, Auguste : 94, 118
Condillac, Étienne Bonnot de : 45
Condorcet, Nicolas de : 44
Conrad, Joseph : 77
Cooper, Fred : 13-14, 16, 50, 66, 102, 127, 130, 185, 224, 247-248, 253
Coornaert, Émile : 242
Croce, Benedetto : 69
Cujas, Jacques : 182

D

Danilov, Viktor Petrovich : 257-259
Danto, Arthur : 76-77
Darwin, Charles : 94
Derrida, Jacques : 77, 251
Descartes, René : 165
Dewey, John : 27, 84, 243-244
Di Cosmo, Nicola : 12, 128
Diderot, Denis : 37-38, 42, 45-46
Dilthey, Wilhelm : 69, 73
Dodwell, Henry : 239
Dorigny, Marcel : 44, 246-247
Du Pont de Nemours, Pierre Samuel : 43
Duby, Georges : 132
Durkheim, Émile : 10, 90, 95, 114-119, 137

E

Espagne, Michel : 25-26, 67, 120
Estrada, Ezequiel Martínez : 243

F

Fan Wenlan : 79
Febvre, Lucien : 68, 117-119, 123, 126, 132
Ferguson, Adam : 39
Feuerbach, Ludwig : 91
Filliot, Philippe : 246
Fontenelle (Le Bouyer de), Bernard : 83
Foucault, Michel : 72, 75-76, 221, 223, 251
Freyre, Gliberto : 242
Fu Sinian : 244-245
Fukuyama, Francis : 9, 31, 83
Fustel de Coulanges, Numa Denis : 53

G

Gallagher, Robin : 248
Gassendi, Pierre : 165
Geertz, Clifford : 110, 136, 251
Geremek, Bronislaw : 258
Gerschenkron, Alexander : 101, 103-104, 106-107, 132
Ghosh, Amitav : 77, 99, 145
Giannone, Pietro : 36
Gibbon, Edward : 38, 126
Ginzburg, Carlo : 78, 135, 141

Gipouloux, François : 129
Goody, Jack : 90, 98, 231
Grafton, Anthony : 78, 142
Gramsci, Antonio : 20, 69, 254-255
Greenblatt, Stephen : 78, 144, 181
Grenouilleau, Olivier : 41, 246
Grotius, Hugo : 206
Gruzinski, Serge : 27, 137
Gu Jiegang : 244
Guha, Ranajit : 77, 210, 254
Guignes, Joseph de : 149
Guildi, Jo : 135
Guizot, François : 53, 118, 225-226
Guo Moruo : 78, 245

H

Hahn, Frank : 109
Han, Wu : 79
Hartog, François : 59, 130, 133, 142, 169, 214, 225, 227
Hastings, Warren : 207-208
Hauser, Henri : 242
Hazard, Paul : 69
Hegel, Georg Wilhelm Friedrich : 31, 53-55, 69, 73, 83, 91
Heidegger, Martin : 68
Herculano, Alexandre : 226
Herder (von), Johann Gottfried : 227
Hilaire-Perez, Liliane : 28
Hildebrand, Bruno : 91-92, 94, 102
Hintze, Edwige : 100
Hintze, Otto : 100
Hirschman, Albert : 110
Hitler, Adolf : 66, 70, 74, 241
Hobsbawm, Eric : 14, 212, 248
Hu Shi : 244
Huecheng, Zhang : 197-198
Huizinga, Johan : 126
Hume, David : 38-39, 46, 113
Hunt, Lynn : 135, 215

J

Jacques Ier : 189
Jdanov, Andreï : 63
Jin Guantao : 80
Joyce, James : 66

K

Kant, Emmanuel : 83
Kareev, Nikolai : 61
Kautsky, Karl : 60
Kerblay, Basile : 103, 258
Khaldoun, Ibn : 68, 154-156, 158-159
Kirov, Serguéï : 63
Klioutchevski, Vassili : 236
Knies, Karl : 91-92, 94
Kornilov, Aleksandr : 60
Koselleck, Reinhart : 133, 136, 166, 213-214
Kovalevsky, Maksim : 59-60
Krzysztof, Pomian : 72, 183
Kula, Witold : 214, 256-257

L

Lamprecht, Karl : 100
Lappo-Danilevskii : 238, 257
Le Play, Frédéric : 95-96
Lee, Samuel : 154-155
Lénine (Vladimir Ilitch Oulianov) : 60, 62, 70, 81, 254, 256-257
Levi, Giovanni : 110, 135-136
Lévi-Strauss, Claude : 25, 124, 126, 242, 251
Li Zhi : 149
Liang Qichao : 243
List, Friedrich : 91, 102
Locke, John : 46, 113, 191-192, 213
Lombard, Denys : 27, 128-129, 131
Lomonosov, Mikhail : 201
Lovett, Verney : 239

M

Mabillon, Jean : 183-184
Macaulay, Thomas Babington : 226
Mackenzie, Colin : 210
Maddison, Angus : 113
Maine, Henri : 59, 61
Malebranche, Nicolas : 35
Malthus, Thomas : 54, 113
Maluet (officier colonial à la Guyane) : 44
Marrou, Henri-Irénée : 69, 72-73
Martini, Martino : 149

Marx, Karl : 9-10, 31, 49-60, 69, 73-74, 76, 81, 83-84, 90, 92-94, 98-99, 101-103, 105-106, 113, 116, 213, 255-256, 262
Mehmet II : 157, 171
Meinecke, Friedrich : 100
Menger, Carl : 93
Michelet, Jules : 53, 126, 225-226
Mikhailovskii, Nikolai Konstantinovich : 57-58
Milioukov, Pavel : 60
Miller, Joseph : 127, 130, 247
Minard, Philippe : 12, 24, 113, 132, 150, 222
Minsheng, Wang : 197
Mirabeau, Victor Riquetti, marquis de : 43
Montesquieu, Charles-Louis de Secondat, baron de : 36-37, 41, 43, 46, 118, 120-121, 126
Morin, Edgar : 133
Moyn, Samuel : 51, 135
Müller, Gerhard F. : 200, 219
Mussolini, Benito : 66

N

Nadir Shah : 202
Nasir al-Din al-Tusi : 153
Necker, Jacques : 42, 44
Negri, Toni : 50
Nehru, Jawaharlal : 81
Nora, Pierre : 132-133, 135, 212, 217, 224
Norel, Philippe : 23, 50
Nurhachi : 174

O

Ossian : 38

P

Pankratova, Anna : 256
Pascal, Blaise : 83
Patrizi, Francesco : 142
Pauw (de), Cornelius : 37-38
Pessoa, Fernando : 66
Piketty, Thomas : 111-114, 137, 265
Pirenne, Henri : 126-127, 236
Platonov, Serguei : 236
Plekhanov, Gueorgui Valentinovitch : 60

Pocock, John G. A. : 33, 78, 193
Pokrovsky, Mikhail : 61-63, 237
Pol Pot : 82
Polanyi, Karl : 67, 96, 103-105, 110, 235
Polo, Marco : 155
Pomeranz, Kenneth : 17, 19, 23-24, 35,
    90, 97, 105-106, 115, 195
Popper, Karl : 76
Postel-Vinay, Gilles : 105, 113, 132
Prévost, abbé Antoine François : 38
Prokopovich, S. : 60
Proust, Marcel : 66

Q

Qianlong : 149, 174, 197
Qinfeng, Liu : 80
Quesnay, François : 36, 42, 44

R

Radishchev, Nikolaï : 45
Raj, Kapil : 12, 28, 231
Ranke, Leopold von : 53, 69, 75, 93, 100,
    126, 225-226, 228, 236, 243, 245, 254
Ranki, Györgi : 257
Raynal, Guillaume-Thomas (abbé) : 37-38,
    45, 165
Ricardo, David : 54, 91, 93, 262
Ricœur, Paul : 71-73, 77, 83, 133, 168
Robertson, William : 39
Robinson, John : 248
Romano, Antonella : 28, 35, 148-149
Romano, Ruggiero : 256
Roscher, Wilhelm : 91-92, 94
Rostow, Walt : 102-103, 113, 132
Rothschild-Sen, Emma : 92, 135-136
Rousseau, Jean-Jacques : 37-39, 83
Rousso, Henry : 72
Rushdie, Salman : 154

S

Said, Edward : 9, 34, 75, 83, 181, 207, 231
Sardesai, Govind Sakharam : 240
Sarkar, Jadunath : 240
Sartre, Jean-Paul : 72
Schiller, Friedrich von : 91
Schlözer, August : 46, 200-201
Schlözer, Christian : 46

Schmoller, Gustav : 93-95, 102, 116
Scott, Walter : 227
Seignobos, Charles : 115-116, 118-119,
    243
Senior, Nassau William : 54
Simiand, François : 95, 115-116, 118-119,
    132
Singaravélou, Pierre : 22, 24, 231, 247, 251
Skinner, Quentin : 78
Smith, Adam : 39, 42-43, 46, 49, 93, 113
Sombart, Werner : 89, 93, 96, 106, 123-
    124, 137
Somersett, James : 46
Spengler, Oswald : 31, 66-68, 74, 124, 126
Spinoza, Baruch : 35-36, 142
Staline, Joseph : 63, 66, 70, 78, 102,
    256-259
Stewart, Dugald : 39
Stiglitz, Joseph : 108
Subrahmanyam, Sanjay : 21, 34, 51, 131,
    136, 143, 164, 169, 202
Sun, Yat-sen : 244
Svevo, Italo : 66

T

Tamerlan : 154, 156, 163, 171-172, 202
Tarle, Evgenii : 236
Tatichtchev, Vassili : 200
Tawney, Richard H. : 124
Testot, Laurent : 23
Thompson, E. P. : 214, 255
Thucydide : 92, 152, 159
Tikhomirov, Mikhail : 177, 237-238, 257
Tkachev, Pyotr : 57
Tocqueville, Alexis de : 118
Toynbee, Arnold : 68, 74, 124
Turgot, Anne Robert Jacques : 37-38, 43

V

Valla, Lorenzo : 141
Vico, Giovan Battista : 39, 92, 156
Vinogradov, Pavel : 61
Voltaire : 35-39, 42, 44, 46

W

Walicki, Andrzej : 258
Wallerstein, Immanuel : 50-51, 83, 128
Wang Shizen : 147

Weber, Max : 10, 18-19, 29, 51, 67, 70, 73, 89-90, 96-97, 99, 101, 104-106, 114-116, 119-120, 124, 137, 221

White, Hayden : 76-77, 226

X

Xiaoping, Deng : 80

Z

Zasulich, Vera : 57-58, 81

Zemon Davis, Natalie : 77, 136

Zhang Taiyan : 243

Zweig, Stefan : 67

概念和地名索引

（索引页码为原著页码，即本书边码）

A

Abbasside : 151
Algérie : 247-248, 250
Anthropologie : 39, 43, 53, 110, 124, 130, 137-138, 141, 170, 181, 214, 232, 241, 252
Anthropologie économique : 43
Archive : 11, 22, 59, 72, 77, 113, 122, 147, 150, 163, 176, 178, 185, 200, 202-203, 210, 212, 216-224, 226, 228-229, 231, 233, 235-238, 240, 242-243, 247-251, 253-255, 257-259, 263
Astrologie : 159, 166
Astronomie : 213

B

Bengale : 162, 172, 201, 209-210, 239-240
Bouddhisme : 20, 148, 160-162, 243
Brésil : 52, 220, 242, 264
Byzance : 177-178, 201

C

Capitalisme : 12, 14, 16-17, 19, 24, 29, 49-51, 54-58, 60, 66-67, 78-79, 81, 84, 90-92, 95-99, 101, 103-104, 106-110, 114, 120, 125, 128, 191, 213, 235, 243, 256, 262-263, 266
Caste : 55
Cipaye : 56, 206, 239
Civilisation : 8, 19, 21, 26, 33, 35, 37, 39, 42, 45, 47, 56, 66-69, 71, 74, 84, 99, 124-129, 149, 197-198, 201-202, 204, 207, 230, 233, 240-243, 251, 254, 261-262, 264, 266-267
Colonialisme : 34, 44, 50, 55, 78, 81, 106-107, 127, 223, 230-231, 246, 248, 253-254, 264

Colonisation : 11, 17, 41, 175, 179, 188, 190, 205, 248
Confucianisme : 18, 35, 98-99, 146, 148, 199
Constantinople : 144, 156, 171
Cosmographie : 166

E

East India Company : 56, 58, 206

F

Fascisme : 70, 84, 238, 263

H

Han : 134, 145, 175-176
Hindou : 8, 20-21, 81, 154, 160-161, 163-164, 166-167, 172-174, 201-202, 207-208, 210, 254
Hindouisme : 20, 35, 98, 160-162, 194, 254
Histoire : 11
Humanisme : 37, 45, 75, 142, 181, 195

I

Iran : 150, 153, 159, 171
Irlande : 189-190, 192, 238
Islam : 8, 12, 20-21, 36, 131, 143-144, 151, 155, 157-158, 162, 164, 173-174, 194, 204, 215
Italie : 7-8, 24, 69, 75, 95, 124-125, 144, 170, 183, 217, 221, 226-227, 232

J

Jésuite : 35-37, 148-149, 169, 187

L

Libéralisme : 16, 27, 58-59, 67, 69-70, 76, 83-84, 94-95, 104, 112, 192, 235, 262-264

Longue durée : 12, 16, 22, 44, 92, 94, 97, 110, 119, 123-127, 129-132, 135, 137, 143, 145, 184, 190, 198, 201, 242-243, 265

M

Mandchou : 148, 174-176, 197-198, 243
Marathe : 164, 201-202, 240
Meiji : 220, 227, 230
Mexique : 242
Ming : 130, 135, 147-148, 171, 174-176, 198
Mongol : 129, 134, 146-148, 150, 153-154, 174, 176, 178-179, 197-198, 261

N

Nationalisme : 11, 24, 66, 68, 75, 78, 81, 92, 100, 160, 228, 235, 238-239, 245, 252-253, 255-256, 261-266
New Delhi : 201

O

Oral/oralité : 38-39, 159, 186, 193, 205, 228, 231-233, 242-243, 251-253, 263
Ottoman : 65, 128, 150-151, 154-158, 162, 164-165, 167, 169-173, 177, 181, 185, 201-204, 216, 229, 249, 261, 263

P

Pendjab : 163-164, 239
Périodisation : 12, 23, 52, 78, 80, 131, 134, 137, 199, 218, 220, 225, 227, 243, 254
Perse : 35, 145, 147, 153, 158, 164-165, 167, 169, 172-173
Portugal : 177, 191, 220, 222, 226, 249

Positivisme : 60, 69, 76, 84, 94, 115, 127, 225, 238, 243, 253-254, 259
Prosopographie : 152
Purana : 161

R

Ramayana : 160-161
Renaissance : 53, 70, 78, 94, 132, 141-143, 158, 169, 184
Retard : 10, 41, 43, 59, 63, 83, 100-101, 103-104, 136, 204
Révolution : 11, 14-15, 19, 24, 34, 36, 41, 44-45, 54, 57, 59-63, 65, 71, 79-81, 84, 92, 94-95, 99-100, 103-106, 125, 127, 132-133, 136, 159, 166, 184, 189, 191-192, 212-217, 220, 224-227, 235-238, 243, 245-247, 257-258, 260, 262

S

Samarcande : 154, 178
Sanskrit : 153, 161-162, 164, 240
Scepticisme (en philosophie) : 38, 42, 45, 119, 143, 149-150, 165, 169-170
Science : 12, 15, 27-28, 57, 62, 66, 78, 80, 97, 113, 115, 155, 165-166, 204
Sharia : 171-173
Shoah : 9, 71-72, 74, 82-83
SOAS : 240, 252
Souveraineté : 21, 184, 186-187, 190, 206, 210
Subalterne : 11, 251, 255

U

Universalisme : 40, 69, 92, 149, 181, 262-263

图书在版编目（CIP）数据

世界的交织：全球历史和全球思维：16~21世纪／
（法）亚历桑德罗·斯坦齐亚尼（Alessandro Stanziani）
著；马秀钰译. --北京：社会科学文献出版社，
2024.6
（思想会）
ISBN 978-7-5228-2929-6

Ⅰ.①世… Ⅱ.①亚… ②马… Ⅲ.①世界史-研究
-16-21世纪 Ⅳ.①K10

中国国家版本馆 CIP 数据核字（2023）第 236225 号

· 思想会 ·
世界的交织：全球历史和全球思维（16~21世纪）

著　者／〔法〕亚历桑德罗·斯坦齐亚尼（Alessandro Stanziani）
译　者／马秀钰

出 版 人／冀祥德
责任编辑／刘学谦
责任印制／王京美

出　　版／社会科学文献出版社·文化传媒分社（010）59367004
　　　　　地址：北京市北三环中路甲29号院华龙大厦　邮编：100029
　　　　　网址：www.ssap.com.cn
发　　行／社会科学文献出版社（010）59367028
印　　装／三河市东方印刷有限公司

规　　格／开本：880mm×1230mm　1/32
　　　　　印张：11.5　字数：256千字
版　　次／2024年6月第1版　2024年6月第1次印刷
书　　号／ISBN 978-7-5228-2929-6
著作权合同
登 记 号　／图字01-2020-5179号
定　　价／89.00元

读者服务电话：4008918866